普通高等学校"十三五"省级规划教材
高职经管类精品教材

市场营销实务

（第2版）

主　编　闻　学　乔　刚
副主编　田玉英　查华超
参　编　黄慧敏　何云春　陆　芹
　　　　沈　伟

中国科学技术大学出版社

内 容 简 介

本书以"学生市场营销职业能力形成"为主线,按任务驱动模式编写,教材通篇以 DY 电子有限责任公司为例,涵盖营销活动全过程。包括市场营销概述、市场营销环境分析、市场调研与需求预测、购买行为分析、目标市场营销战略、市场竞争战略、新产品开发战略、产品策略、价格策略、分销渠道策略、促销策略、数字传播营销等内容。

本书可作为市场营销专业教师和学生的参考书,也可以作为相关从业人员的参考书。

图书在版编目(CIP)数据

市场营销实务/闻学,乔刚主编. —2 版. —合肥:中国科学技术大学出版社,2019.12
(普通高等学校"十三五"省级规划教材)
ISBN 978-7-312-04773-2

Ⅰ.市… Ⅱ.①闻… ②乔… Ⅲ.市场营销学—高等学校—教材 Ⅳ.F713.50

中国版本图书馆 CIP 数据核字(2019)第 177593 号

出版	中国科学技术大学出版社 安徽省合肥市金寨路 96 号,230026 http://press.ustc.edu.cn https://zgkxjsdxcbs.tmall.com
印刷	安徽国文彩印有限公司
发行	中国科学技术大学出版社
经销	全国新华书店
开本	787 mm×1092 mm 1/16
印张	16.5
字数	392 千
版次	2013 年 8 月第 1 版 2019 年 12 月第 2 版
印次	2019 年 12 月第 4 次印刷
定价	36.00 元

前　言

《国家中长期教育发展规划纲要》提出，要坚持以能力为重，优化知识结构，丰富社会实践，强化能力培养；着力提高学生的学习能力、实践能力、创新能力，教育学生学会知识技能。

职业教育是就业教育，受教育者要在职场上获得成功，要以职场能力为检验职业教育质量的主要标准。职场能力集中体现在三个方面，即职业核心能力、通用管理能力和通用生产能力。职业核心能力是指人们职业生涯中除岗位专业能力之外的基本能力，它涉及表达交流、数字应用、信息处理、与人合作、解决问题、自我学习、创新革新、外语应用等。通用管理能力包括自我发展管理能力、团队建设管理能力、资源使用管理能力、运营绩效管理能力等。通用生产能力包括熟练操作、安全生产、减少损耗、产品符合规格与创新等。

在多年的市场营销课程教学中，我们一直在探索一种符合高等职业院校商科学生学习规律的教学模式。为此，我们围绕培养"懂单一专业的营销管理专门人才"这一目标，修订市场营销课程标准，推行"市场营销体验式教学模式"，将职业技能标准融入课程。2017年，《市场营销实务》被批准成为安徽省高等学校省级质量工程"省级规划教材"立项建设项目。

根植于学生内在需求、鲜活经验和实践反思的课程才是有效的。作为一本"以营销技能培养为本位"的新型市场营销教材，我们对编写提纲、编写体例、内容设计等进行了充分的市场调研和毕业生信息搜集，基于营销活动过程，将内容划分为市场营销概述、市场营销环境分析、市场调研与需求预测、购买行为分析、目标市场营销战略、市场竞争战略、新产品开发战略、产品策略、价格策略、分销渠道策略、促销策略、数字传播营销等12个部分。

本教材主要有以下特点：

1. 以"学生市场营销职业能力形成"为主线，以"够用""实用"为原则，专业技能训练与专业基本素养训练相结合。

2. 在编写体例上有较大突破，按照任务驱动模式，分为任务描述、任务分析、相关知识、任务实施等环节，技能培训目标明确。

3. 项目设计完整地反映市场营销活动全过程，并选取最新及知名品牌的营销资料。

4. 通篇以DY电子有限责任公司为例，涵盖营销活动全过程，较之零散的营销案例，整体活动设计效果较好。

5. 每个项目后面都设有实训设计，编者根据多年的教学经验，结合任务目标和职业技能培养，为实训活动设计与安排提供思路，提高了教学效率，增强了教学效果。

本教材为安徽省高等学校省级质量工程"省级规划教材"项目（项目编号2017ghjc344），由安徽电子信息职业技术学院经济管理系组织教学、管理经验丰富的教师进行编写。具体任务分配为：闻学编写项目一、项目三，乔刚编写项目二、项目五，田玉英编写项目七、项目八，查华超编写项目九，黄慧敏编写项目四、项目十一，何云春编写项目六、项目十二，陆芹编写项目十，沈伟编写附录。在编写的过程中，作者团队积极与蚌埠市工商联、安徽金之源集团、安徽汇通金融公司和兄弟院校同行联系，各位专家在教材编写体例、内容安排和活动设计等方面提出了有益的建议和意见，在此表示衷心的感谢。

由于时间紧，任务重，创新知识点多，加之编者水平有限，书中难免有疏漏之处，诚望各位读者批评指正。

闻 学

2019 年 1 月 18 日

目　　录

前言 ··· (ⅰ)

项目一　市场营销概述 ·· (1)
　　任务一　市场营销概念 ·· (1)
　　任务二　市场营销观念 ·· (7)

项目二　市场营销环境分析 ·· (16)
　　任务一　宏观环境分析 ·· (16)
　　任务二　微观环境分析 ·· (25)
　　任务三　市场营销环境分析方法 ··· (30)

项目三　市场调研与需求预测 ·· (37)
　　任务一　市场调研 ·· (37)
　　任务二　市场需求预测 ·· (49)

项目四　购买行为分析 ·· (60)
　　任务一　消费者购买行为分析 ·· (60)
　　任务二　生产者购买行为分析 ·· (73)

项目五　目标市场营销战略 ·· (81)
　　任务一　市场细分 ·· (81)
　　任务二　目标市场选择 ·· (88)
　　任务三　市场定位 ·· (96)

项目六　市场竞争战略 ·· (105)
　　任务一　竞争者分析 ··· (105)
　　任务二　基本竞争战略 ·· (109)
　　任务三　市场地位与竞争战略 ·· (116)

项目七 新产品开发战略 (123)
- 任务一 新产品开发的必要性 (123)
- 任务二 新产品开发战略选择及开发过程 (126)
- 任务三 新产品的采用与扩散 (133)

项目八 产品策略 (143)
- 任务一 产品概述 (143)
- 任务二 产品组合及其策略 (147)
- 任务三 产品市场生命周期 (152)
- 任务四 品牌、包装、服务策略 (157)

项目九 价格策略 (165)
- 任务一 定价目标及影响因素 (165)
- 任务二 定价方法与技巧 (172)

项目十 分销渠道策略 (185)
- 任务一 分销渠道的模式 (185)
- 任务二 分销渠道的设计与管理 (192)

项目十一 促销策略 (206)
- 任务一 人员推销策略 (206)
- 任务二 广告策略 (213)
- 任务三 营业推广策略 (218)
- 任务四 公共关系策略 (223)

项目十二 数字传播营销 (230)
- 任务一 直复营销 (230)
- 任务二 社会化媒体营销 (235)
- 任务三 移动营销 (242)
- 任务四 大数据营销 (244)

附录 DY 电子有限责任公司营销案例 (250)
- 摘要 (250)
- DY 移动电源调查报告 (251)

参考文献 (257)

项目一　市场营销概述

任务一　市场营销概念

【学习目标】 通过学习市场营销的含义、作用及功能,熟练掌握市场营销活动的本质和任务。

【知识点】 市场营销的含义、市场营销的作用及功能、营销管理的本质和任务。

【技能点】 运用市场营销核心概念分析和指导营销活动。

任务描述

DY电子有限责任公司销售业绩良好,企业经营利润丰厚,这不仅得益于DY电子有限责任公司优良的产品质量,还得益于该公司出色的营销手段。公司为了更好地发展,成立了专门的市场营销部,该部门工作业绩直接决定着公司的利润状况。市场营销部由于表现突出,多次得到公司领导的表扬和奖励,公司领导甚至认为,市场营销部是公司的核心部门,其他各个部门都应积极配合市场营销部工作,以便让公司能更好地立足市场,实现更好更快的发展。那么,为什么市场营销部对DY电子有限责任公司如此重要呢?营销部门是不是只做产品销售工作呢?前来DY电子有限责任公司市场营销部应聘的张同学在面试的时候遇到了上述问题。

任务分析

现代的很多企业,都成立了自己的营销部门,专门负责市场营销工作。营销部门的重要性毋庸置疑,我们要理解营销部门对公司的意义,就必须要清楚市场营销的内涵,理解市场营销与产品销售的不同之处。

一、市场及市场营销的含义

(一)市场的概念及构成要素

1. 市场的概念

市场这个名词大家都很熟悉。市场最古老的定义：市场是交换的场所。从经济学宏观视角来看,市场被表述为商品交换关系的总和,市场是体现供给与需求之间矛盾的统一体。而营销学从企业微观主体视角来看,经营者将企业市场交换活动过程中的买方称为市场(见图1.1)。

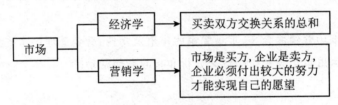

图 1.1　经济学与营销学的市场定义

2. 市场的构成要素

(1) 市场主要构成要素

① 可供交换的商品。这里的商品既包括有形的物质产品,也包括无形的服务,以及各种商品化了的资源要素,如资金、技术、信息、土地、劳动力等。倘若没有可供交换的商品,市场也就不存在了。

② 提供商品的卖方。卖方或商品所有者是向市场提供一定量商品的代表者,并作为市场供求中的供应方成为基本的市场构成要素。

③ 买方。卖方向市场提供一定量的商品后,还需寻找到既有需求又具备支付能力的购买者,否则商品交换仍无法完成,市场也就不复存在。因此,以买方为代表的市场需求是决定商品交换能否实现的基本要素。

商品、供给、需求作为宏观市场构成的一般或基本要素,通过其代表者——买方和卖方的相互联系,现实地推动着市场的总体运行。

(2) 微观构成要素

从微观即企业角度考察,企业作为某种或某类商品的生产者或经营者,总是具体地面对对该商品有购买需求的买方市场。深入了解企业所面临的现实的市场状况,从中选择目标市场并确定进入目标市场的市场营销策略,以及进一步寻求潜在市场,是企业开展市场营销活动的前提。因此,对企业而言,更具直接意义的是微观市场研究。宏观市场是企业组织市场营销活动的市场环境,微观市场则包括人口、购买力、购买欲望三方面要素。

① 人口。需求是人的本能,对物质生活资料及精神产品的获取是人类维持生命的基本条件。因此,哪里有人,哪里就有需求,哪里就会形成市场。人口的多少决定着市场容量

大小,人口的状况影响着市场需求的内容和结构。构成市场的人口因素包括总人口、性别和年龄结构、家庭户数和家庭人口数、民族与宗教信仰、职业和文化程度、地理分布等多种具体因素。

② 购买力。购买力是人们支付货币购买商品或劳务的能力,人们的消费需求是通过利用手中的货币购买商品实现的。因此,在人口状况既定的条件下,购买力就成为了决定市场容量的重要因素之一,市场的大小取决于购买力的高低。一般情况下,购买力受到人均国民收入、个人收入、社会集团购买力、平均消费水平、消费结构等因素的影响。

③ 购买欲望。购买欲望指消费者购买商品的愿望、要求和动机。它是把消费者的潜在购买力变为现实购买力的重要条件。倘若仅具备了一定的人口和购买力,而消费者缺乏强烈的购买欲望或动机,商品买卖仍然不能发生,市场也无法现实地存在。因此,购买欲望也是市场不可缺少的构成因素。

（二）市场营销的概念

关于市场营销的概念,有多种不同的观点。美国营销大师菲利普·科特勒指出:"市场营销是个人或组织通过创造并同他人交换产品,以满足他们的需求和获得自己所需之物的一种社会和管理活动。"美国著名管理学家彼得·德鲁克说:"市场营销的目的在于使推销成为多余。"

从企业的角度来看,市场营销是指企业在变化的环境中,以特定的消费需求为中心所进行的一系列生产经营活动,从生产之前一直延续到销售以后。主要包括：市场营销活动的最初阶段——产前活动(市场调研、环境分析、市场细分、目标市场选择、产品开发研制等),市场营销活动的第二阶段——生产活动,市场营销活动的第三阶段——销售活动(有计划、有策略地定价、分销、促销和商品实体分配等),市场营销活动的第四阶段——售后活动(产品的售后服务活动)。

所以,市场营销可以概括为在一定市场环境中进行的,源自市场、终于市场,满足消费者需求的企业生产经营活动。

二、市场营销的功能和作用

（一）市场营销的功能

企业市场营销作为一项活动,具有如下四项基本功能：

1. 发现和了解消费者的需求

现代市场营销观念强调市场营销应以消费者为中心,企业也只有满足消费者的需求,才可能实现企业的目标,因此发现和了解消费者的需求是市场营销的首要功能。

2. 指导企业决策

企业决策正确与否是企业成败的关键,企业要想谋得生存和发展,做好经营决策非常重要。企业通过分析外部环境的动向,了解消费者的需求和欲望,了解竞争者的现状和发展趋势,结合自身的资源条件,指导企业在产品、定价、分销、促销和服务等方面做出科学的决策。

3. 开拓市场

企业市场营销的另一个功能就是通过对消费者现实需求和潜在需求进行调查、了解与分析,充分把握和捕捉市场机会,积极开发产品,建立更多的分销渠道及采用更多的促销形式,开拓市场,加强销售。

4. 满足消费者的需求

满足消费者的需求与欲望是企业市场营销的出发点和中心,也是市场营销的基本功能。企业通过市场营销,从消费者的需求出发,并针对不同目标市场的消费者,采取不同的市场营销策略,合理地组织企业的人力、财力、物力等资源,为消费者提供适销对路的产品,搞好销售后的各种服务,让消费者满意。

(二) 市场营销的作用

1. 市场营销对企业发展的作用

市场营销虽然不是企业成功的唯一因素,但却是关键因素。随着国际经济一体化的发展,各国均卷入了国际市场竞争的洪流。哪家公司能更好地选择目标市场,并为目标市场制定相应的市场营销组合策略,哪家公司就能成为竞争中的赢家。从微观角度看,市场营销是连接社会需求与企业反应的中间环节,是企业用来把消费者需求和市场机会变成有利可图的公司机会的一种行之有效的方法,亦是企业战胜竞争者、谋求发展的重要方法。

2. 市场营销对社会经济发展的作用

市场经济中,生产出来的东西如果不进行交换,没有市场营销,产品就不可能自动传递到广大消费者手中。从宏观角度看,市场营销对于适时、适地,以适当价格把产品从生产者传递到消费者手中,求得生产与消费在时间、地区间的平衡,从而促进社会总供需的平衡起着重大作用。同时,市场营销对实现我国现代化建设,提升我国各领域的经济水平,起着巨大的作用。

三、营销管理

通常人们认为,营销管理者的工作就是刺激消费者对企业产品产生需求,以便尽量扩大生产和销售量。其实,营销管理者的工作不仅仅是刺激和扩大需求,还包括调整、缩减甚至抵制需求,这是根据需求的具体情况而定的。简单地说,营销管理的任务,就是调整市场的需求水平、需求时间和需求特点,使供求之间相互协调,以实现互利的交换,实现组织的目标。因此,营销管理实质上就是需求管理。

1985 年美国市场营销协会给营销管理下了定义:营销管理是规划和实施理念,进行商品和劳务设计、定价、促销、分销,为满足消费者需要和组织目标而创造机会的过程。营销管理的任务、种类及措施如表 1.1 所示。

表 1.1　营销管理的任务、种类、措施

需求种类	例　子	营销管理任务	营销管理类型	营销管理措施
负(否定)需求	多数年轻人对戏剧;小孩对拔牙;爱穿平跟鞋的人对高跟鞋	转换(扭转)需求	扭转性营销	了解原因,对症下药
无需求	城里人对化肥;多数老年人对新潮服装	创造需求	刺激性营销	营造环境,刺激需求
潜在需求	免洗涤衣服;无害香烟;折叠式电视机	开发需求	开发性营销	设计 4Ps 开发需求
衰退需求	功能单一的手机;蚊帐;收音机;随身听	恢复需求	恢复性营销	吸引竞争者的消费者、新购
不规则需求	农民对化肥和农药的需求;空调机;电暖器;羽绒服	配合需求	协调性营销	调整 4Ps 以适应需求变化
饱和需求	某些品牌手机、液晶彩电;快餐	维持需求	维持性营销	积极采取措施维持
过度需求	节假日人们对某些旅游景点的观光需求;经济适用房	减低需求	限制性营销	降低质量,提价,减少服务网点,促销
有害需求	烟酒;黄色书刊及音像制品;毒品;野生动物制品	消灭需求	抵制性营销	不再营销

1. 扭转性营销

扭转性营销是针对负需求实行的。负需求是指全部或大部分潜在消费者对某种产品或服务不仅没有需求,甚至宁愿付出一定代价来避免使用该产品。比如,小孩对吃药打针有负需求;素食主义者对肉类有负需求。此时的营销任务是首先分析该产品不受欢迎的原因,然后对症下药,采取措施来扭转负需求。

2. 刺激性营销

刺激性营销是在无需求的情况下实行的。无需求的情况是指消费者对产品根本不感兴趣或无动于衷,通常是因消费者对新产品或新的服务项目不了解而没有需求。另外,对非生活必需的装饰品、赏玩品等,消费者在没有见到时也不会产生需求。此时,营销管理的任务是设法引起消费者的兴趣,刺激需求。

3. 开发性营销

开发性营销是与潜在需求相联系的。潜在需求的情况是指多数消费者都有不能通过现有产品满足的强烈需求。比如,无害香烟和大幅度节油的汽车等。此时,市场营销的任务是估测潜在市场的规模,开发能满足潜在需求的产品或服务,将潜在需求变成现实需求,以获得极大的市场占有率。

4. 恢复性营销

任何一个组织迟早都会面对它的一种或几种产品的市场需求下降的情况。在这种情况下,营销管理的任务是分析需求下降的原因,并判断通过改变产品特性、寻找新的目标市场或加强有效沟通等手段可否重新刺激需求。对于处于衰退期的产品或服务,如果有出现新的生命周期的可能性,就急需开展有效的恢复性营销。

5. 协调性营销

许多组织面临的需求每季、每天,甚至每小时都不一样,这易造成生产能力的不足或闲置浪费,如运输业、旅游业都有这种情况。此时,营销管理的任务是设法调和需求与供给的矛盾,使两者达到协调同步。协调性营销就是通过灵活的定价、促销和其他激励办法来改变需求模式,使之平均化。

6. 维护性营销

当公司的业务量达到令人满意的程度时,所面临的是饱和需求的情况,即当前的需求在数量和时间上同预期需求已达到一致。这种状态常常会因消费者偏好和兴趣的改变或是同业之间的竞争而发生改变。所以,营销管理的任务是设法维持现有的销售水平,防止出现下降趋势。主要策略有保持合理售价、稳定推销人员和代理商、严格控制成本费用等。

7. 限制性营销

有些组织面临的需求超出了它们的预期,即某种产品或服务需求过剩时,应实行限制性营销。过剩需求是指需求量超过了卖方所能供给或所愿供给的水平,这可能是由于暂时性的缺货,也可能是由于产品长期过分受欢迎所致。例如,风景区过多的游人,对市场过多的能源消耗等,都应实行限制性营销。限制性营销就是指长期或暂时地限制市场对某种产品或服务的需求,通常可采取提高价格、减少服务项目和供应网点、劝导节约等措施。实行这些措施难免遭到反对,营销者要有思想准备。

8. 抵制性营销

抵制性营销是针对有害需求实行的。有些产品或服务对消费者、社会公众或供应者有害无益,对该种产品或服务的需求就是有害需求。营销管理的任务就是抵制和清除这种需求。

市场经济体制下的激烈竞争,使得现代企业生存压力巨大,想在激烈的环境中生存并发展壮大,必须时刻紧跟市场,生产市场需要的产品,制定市场能够接受的合理价格,构建科学的销售渠道,采取适当的促销策略。DY电子有限责任公司所生产的产品,很多企业都能生产,面临的市场竞争激烈,生存压力非常大。在这样的环境下,顺应市场是大势所需,市场营销刚好满足企业顺应市场的要求。营销部门通过对市场的调查,给生产部门提供产品需求信息,帮助生产部门设计产品,确定产品价格,以及帮助产品销售等工作,市场营销部门是企业连接消费者的桥梁,所以市场营销是企业的生命线。

1. 简述市场营销的含义。
2. 结合市场营销的功能和作用,分析企业重视营销活动的原因。
3. 消费者不喜欢某一产品,甚至宁愿支付一定的代价来避免使用该产品的需求属于什么类型?

任务二 市场营销观念

【学习目标】 通过学习传统营销观念和现代营销观念的类型、特点,掌握市场营销观念和市场营销的关系。

【知识点】 传统营销观念和现代营销观念。

【技能点】 运用营销观念分析和指导营销活动。

任务描述

随着经济的发展、居民收入的快速增长,我国居民的消费水平越来越高,人们对生活质量的要求也越来越高。除了冰箱、彩电、洗衣机等家用电器之外,人们对厨卫、家居、生活类小家电的消费需求在不断增加。为适应消费者的需求,DY电子有限责任公司在市场调查的基础上,开发生产消费者需要的电子美容仪、电子按摩器等用于追求生活品质的小家电,并取得了较好的经济效益。张同学刚被DY电子有限责任公司市场营销部门聘用,部门领导要求他分析公司这种经营行为取胜的关键在哪里。

任务分析

在分析DY电子有限责任公司这种经营行为取胜的关键时,我们得到的启示有:文化决定观念,观念决定战略,战略决定行为,行为决定效果,效果决定命运。DY电子有限责任公司之所以能够"弹"无虚发,财源滚滚,是因为其树立了正确的营销观念,因此需要用营销观念方面的知识来分析公司的经营行为。

相关知识

营销观念是指企业在开展营销管理活动的过程中,在处理企业、消费者和社会三者利益方面所持的态度、思想和经营理念。观念决定行为。企业的营销观念引导它的营销活动,正确的营销观念会促进企业的发展,错误或不当的观念会将企业引向衰亡。了解市场营销观念的演变,有助于市场营销者做出正确的决策,做好营销工作,以促进企业的发展。

从演变的过程看,营销观念可归纳为六种,即生产观念、产品观念、推销观念、市场营销观念、社会市场营销和大市场营销观念。其中前三者属于传统的营销观念,后三者属于现代营销观念。

一、传统营销观念

(一) 生产观念

生产观念产生于20世纪20年代以前,是指导企业市场经营行为的最古老的观念之一。生产观念认为,消费者喜欢那些可以随处买到的廉价商品,企业应致力于提高生产效率和分销效率,扩大生产,降低成本以扩展市场。生产观念是一种重生产管理、轻市场营销的企业经营哲学。

生产观念是在卖方市场条件下产生的。当市场商品供不应求时,消费者更在乎的是是否能得到产品而不是它的优点,这会使得供应商致力于扩大生产。比如,在第二次世界大战末期和战后一段时期内,还有在我国计划经济体制下,因为市场商品短缺,企业大都奉行生产观念。具体表现为:工业企业集中力量发展生产,轻视市场营销,以产定销;商业企业集中力量抓货源,也不重视市场营销。除了产品供不应求的情况外,在产品成本高的条件下,企业经营也受生产观念支配,企业致力于以提高劳动生产率、降低成本,提高产品竞争优势,从而扩大市场。

【知识拓展】

美国汽车大王亨利·福特是一位富有创新精神的企业家,他不断地采用新材料、新技术和新方法来制造各种新型汽车。自1902年推出A型车后,到1908年,24个英文字母中仅剩下7个字母未被福特公司用来命名车型。1908年福特宣布,他的公司从今以后只生产一种汽车,即T型车,因为它集中了先前所有各种型号汽车的最优良的特点。其营销哲学就是:千方百计地增加T型车的产量,降低成本和价格,以便更多地占领市场,获得规模效益,并宣称"不管消费者需要什么颜色的汽车,我只有一种黑颜色的T型车"。当然在T型车上获得巨大成功的福特公司,后来也不得不以多样化的产品适应多样化的市场需求。

(二) 产品观念

随着生产力的提高,供不应求的市场状况得到缓解,由此而产生产品观念。产品观念认为,消费者喜欢高质量、多功能和具有某些特色的产品,企业应致力于生产高品质的产品,并不断加以改进。

奉行产品观念的经营者具体表现有:"物以优为贵,只要产品质量好,就不愁卖不出去""酒香不怕巷子深"等。这些企业认为自己的主要任务是"提高产品质量,以质取胜",它们以企业的产品为中心,但过多地把注意力放在产品上,容易引发"营销近视",即只看到产品的质量,却看不到市场的变化,没有真正理解消费者所关注的利益和需求,最终会使企业的发展陷于危机之中。

【课堂练习】

一家生产文件柜的企业过分迷恋自己产品的质量和追求精美,生产经理认为他们制造了最好的文件柜,并宣传此柜"从四楼扔下完好无损",而销售经理却说:"确实如此,但我们的消费者可不打算把文件柜从楼上扔下去。"

思考：该促销方式有何好处？你能否提出其他的促销方法？

（三）推销观念

20世纪30年代以来，由于科学技术的进步和管理思想的创新，生产力快速发展，商品产量迅速增加，产品质量不断提高，买方市场开始在西方国家逐渐形成。在激烈的竞争中，许多企业认为要取胜就必须想尽办法开展大量的推销活动，激起消费者购买自己产品的兴趣和欲望，实现产品多销快销。由此，推销观念应运而生。奉行推销观念的企业声称"我们卖什么，人们就买什么""只要有足够的销售（推销或促销）力度，就没有卖不出去的东西"。

推销观念认为，消费者通常表现出一种购买惰性或抗拒心理，如果顺其自然的话，消费者通常不会足量购买某一企业的产品，因此该企业必须主动推销和积极促销，以刺激消费者大量购买本企业的产品。

许多经营非渴求商品的企业以及产品过剩的企业都奉行推销观念，有的企业还获得了巨大的成功。但从长远来看，此观念最终会被市场所摒弃。因为推销观念本质上和生产观念有相似之处，它的出发点仍是企业，即企业生产什么就销售什么。企业重视推销和销售促进工作，千方百计地引起消费者的关注，使其尽可能多购买本企业的产品，而不管消费者是否需要、产品是否有用，也不管消费者购买以后的感受以及派生的行为（如买后不满意而做负面宣传）如何。

二、现代营销观念

（一）市场营销观念

市场营销观念是第二次世界大战后在美国新的市场形势下形成的。1957年，美国学者约翰·麦克金特立克等对这种思想进行阐述后，市场营销观念的核心原则才基本定型。所谓市场营销观念，是一种以消费者需要和欲望为导向的经营哲学，它把企业的生产经营活动看成是一个不断满足消费者需要的过程，而不仅仅是制造或销售某种产品的过程。

从推销观念到市场营销观念是企业经营思想的一次重大飞跃。市场营销观念把推销观念的逻辑彻底颠倒了过来，不是能生产什么就卖什么，有什么产品就推销什么产品，而是首先发现和了解消费者的需要，消费者需要什么，就生产什么、销售什么，消费者的需求在整个市场营销中始终处于中心地位。奉行市场营销观念的企业认为，实现组织目标的关键在于正确确定目标市场的需要和欲望，并且比竞争对手更有效、更有利地传送目标市场所期望满足的东西。

在美国的迪士尼乐园里，欢乐如同空气一般无所不在。它使得来自世界各地的儿童的美梦得以实现，使得各种肤色的成年人产生"忘年之爱"。这是因为迪士尼乐园在成立之时便明确了它的目标：它的产品不是米老鼠、唐老鸭，而是快乐。

人们来到这里是享受欢乐的,公园提供的也是欢乐,公司的每一个人都要有欢乐的灵魂。游人无论向谁提出问题,工作人员都必须用"迪士尼礼节"回答,决不能说"不知道"。因此游人们一次又一次地重返这里,享受欢乐。

市场营销观念基于四个主要支柱,即目标市场、消费者需要、整合营销和营利能力。市场营销观念和推销观念的比较如表1.2所示。

表1.2 传统观念与市场营销观念对比

对比项目	传统观念	市场营销观念
出发点	厂商自身	市场
重点	产品	消费者需要
方法	推销和促销	整合营销
目的	通过销售获得利润	通过满足消费者需要获得利润

(二)社会市场营销观念

社会市场营销观念,即社会市场营销管理哲学,就是不仅要满足消费者的需要和欲望并由此获得企业的利润,而且要符合消费者自身和整个社会的长远利益,要正确地处理消费者欲望、企业利润和社会整体利益之间的矛盾,统筹兼顾,求得三者之间的平衡与协调。

社会市场营销观念是对市场营销观念的修正和补充。它产生于20世纪70年代西方资本主义出现能源短缺、通货膨胀、失业增加、环境污染严重、消费者保护运动盛行的形势下,因为市场营销观念不能体现和解决消费者需要、消费者利益和长期社会福利之间的冲突。

(三)大市场营销观念

大市场营销是1984年由美国市场营销学家菲利普·科特勒提出的一种营销理论。他认为企业不仅必须服从和适应外部宏观环境,而且还应当采取适当的营销措施,主动地影响外部营销环境。在实行贸易保护的条件下,企业的市场营销策略除了4Ps之外,还必须加上两个P策略,即政治策略(Political Power)和公关策略(Public Relations)。这种战略思想,被他称为大市场营销,如图1.2所示。

大市场营销(6Ps)
- 产品策略(Product strategy)
- 价格策略(Price strategy)
- 分销策略(Place strategy)
- 促销策略(Promotion strategy)
- 公关策略(Public relation)
- 政治策略(Political power)

图1.2 大市场营销的6Ps组合策略

他将大市场营销定义为:企业为了成功地进入特定的市场,并在这个特定市场内经营,不应该消极地顺从外部环境与市场需求,而应在战略上同时运用政治、经济、心理、公共关系的技巧主动赢得参与者的合作。

如果企业面对的是规模较小的，甚至是单类消费者的市场开展营销活动时，4Ps策略是必须考虑的四大营销策略。但是，当企业面对规模巨大、人数众多、跨地区、跨国界的市场，甚至是全球市场时，原先采用的4Ps策略尽管不可或缺，却会"力不从心"。这是因为随着市场规模的扩大，会带来企业在"小市场"中并不曾遇到的问题，如市场越大文化差异越大，市场越大需求差异可能越大，市场越大环境越复杂。特别是，随着世界范围内贸易保护主义和政府干预经济的日益加强，政治权力对企业营销的影响也会明显增强。在这种情况下，除了传统的4Ps策略外，企业还必须利用政治权利和公共关系，取得政府官员、立法部门、企业高层决策者以及社会民众的支持和合作，扫清营销障碍，变封闭性市场为开放性市场。

三、现代营销观念及营销方式的新发展

营销观念是企业在组织和谋划营销活动过程中所依据的指导思想和行为准则，它是在一定的经济基础上产生并随着社会经济的发展和市场形势的变化而不断创新发展的。现代市场营销观念在经历了生产观念、产品观念、推销观念、市场营销观念和社会市场营销观念阶段后，继续随着实践的发展而不断深化、丰富，产生了许多新的观念，这些新的观念相互交融共同构成了现代营销观念的新阶段。另外，随着信息技术的快速发展和普及，又催生出了许多新的营销方式。

（一）创造需求的营销观念

现代市场营销观念的核心是以消费者为中心，认为市场需求引起供给，每个企业必须依照消费者的需要与愿望组织商品的生产与销售。几十年来，这种观念已被广泛接受，在实际的营销活动中也倍受企业家的青睐。然而，随着消费需求的多元性、多变性和求异性特征的出现，许多企业对市场需求及走向常感捕捉不准，适应需求难度加大。另外，完全强调按消费者购买欲望与需要组织生产，在一定程度上会抑制产品创新，而创新正是经营成功的关键所在。为此，在当代激烈的商战中，一些企业提出了创造需求的新观念。日本索尼公司董事长盛田昭夫说："我们的目标是以新产品领导消费大众，而不是问他们需要什么，要创造需要。"创造需求的营销观念的核心是市场营销活动不仅限于适应、刺激需求，还在于能否创造出对产品的需要。

（二）关系市场营销观念

关系市场营销观念是较之交易市场营销观念而言的，是市场竞争激化的结果。传统的交易市场营销观念的实质是买卖双方是一种纯粹的交易关系。传统交易关系中，企业认为卖出商品赚到钱就是胜利，消费者是否满意并不重要。而事实上，消费者的满意度直接影响到重复购买率，关系着企业的长远利益。从20世纪80年代起美国理论界开始重视关注市场营销，即为了建立、发展、保持长期的成功的交易关系进行的所有市场营销活动。它的着眼点是与和企业发生关系的供货方、购买方、分销商等建立良好稳定的伙伴关系，最终建立起一个由这些牢固、可靠的业务关系所组成的"市场营销网"，以追求各方面关系利益的最大化。这也是当今市场营销发展的新趋势。

关系市场营销观念的基础和关键是"承诺"与"信任"。承诺是指交易一方认为与对方的相处关系非常重要而保证全力以赴去保持这种关系,它是保持某种有价值关系的一种愿望和保证。信任是在一方对其交易伙伴的可靠性和一致性有信心时产生的,它是一种依靠其交易伙伴的愿望。承诺和信任的存在可以鼓励营销企业与伙伴致力于关系投资,抵制一些短期利益的诱惑,而选择保持长期合作关系以获得预期的共同的长远利益。因此,达成"承诺—信任",然后着手发展双方关系是关系市场营销的核心。

(三)绿色营销观念

绿色营销观念是在当今社会环境破坏、污染加剧、生态失衡、自然灾害威胁人类生存和发展的背景下提出来的新观念。20世纪80年代以来,伴随着各国消费者环保意识的日益增强,世界范围内掀起了一股绿色浪潮,绿色工程、绿色工厂、绿色商店、绿色商品、绿色消费等新概念应运而生。不少专家认为,我们正走向绿色时代,21世纪将是绿色世纪。绿色营销观念也因此应运而生。绿色营销观念的突出特点是:充分考虑到资源利用与环境保护问题,要求企业在从产品设计、生产、销售到使用的整个营销过程中都要考虑到资源的节约利用和环保利益。

【知识拓展】

"让旧鞋用起来"

每年,全球都会有数百万双运动鞋被遗弃在路上,或者被以别的什么方式处理掉。这不仅仅会造成巨大的浪费,这些不可降解的产品更会对环境造成污染。于是,耐克推出了"让旧鞋用起来"活动——用最创新的方法和先进的回收技术改造旧材料,建造高质量的运动场地,现在已发展成为耐克一项长期的环境保护社区项目。到2007年6月,耐克已经回收了超过2000万双各种品牌的旧运动鞋,在全球捐赠了超过170个运动场地,还包括250个社区的"让我玩"投资项目的运动场地,以期打造和谐社区,促进积极的社会变化。这些正体现了耐克曾经公布过的两个目标:扫除浪费和促进年轻一代多参加运动从而提高生活质量。"让旧鞋用起来"活动已扩展到了许多国家,如加拿大、英国、荷兰、德国、澳大利亚和日本等,而且还在继续扩大。耐克的这一项目吸引了众多媒体的关注,使其成为运动产业产品回收的典范。2006年,耐克荣获G-ForSE环境大奖。这一活动的推出使得耐克在塑造积极健康生活方式的同时,还赢得了"绿色"的美誉。

(四)文化营销观念

文化营销观念是指企业成员共同默认并在行动上付诸实施,从而使企业营销活动成为文化氛围的一种营销观念。它反映的是在现代企业营销活动中,经济与文化的不可分割性。在企业的整个营销活动过程中,文化无处不在。商品中蕴涵着文化,经营中凝聚着文化。企业的营销活动不可避免地包含着文化因素,企业应善于运用文化因素来实现市场制胜。

(五)网络营销

网络营销是以现代营销理论为基础,借助网络、通信和数字媒体技术实现营销目标的商务活动;是由科技进步、消费者价值变革、市场竞争等综合因素组成的;是信息化社会的必然产物。网络营销可根据实现方式分为广义和狭义两种,广义的网络营销指企业利用一切计算机网络进行营销活动,而狭义的网络营销专指国际互联网营销。就是指组织或个人基于开发便捷的互联网,围绕产品、服务所做的一系列经营活动,从而满足组织或个人需求的全过程,网络营销是企业整体营销战略的一个组成部分,是建立在互联网基础上,借助互联网特性来实现一定营销目标的营销手段。

微信营销是网络经济时代企业或个人营销模式的一种,是伴随着微信的广泛应用而兴起的一种网络营销方式。微信不受距离的限制,用户注册微信后,可与同样注册的用户形成一种联系,订阅自己所需的信息,商家即可通过提供用户需要的信息,推广自己的产品,从而实现点对点的营销。

微信营销主要表现为以安卓系统、苹果系统的手机或者平板电脑中的移动客户端进行的区域定位营销,商家通过微信公众平台,结合转介率微信会员管理系统开展商家微官网、微会员、微推送、微支付、微活动,这已经形成了一种主流的线上线下微信互动营销方式。

（六）互联网＋

通俗来说,"互联网＋"就是"互联网＋各个传统行业",但这并不是简单的两者相加,而是利用信息通信技术以及互联网平台,让互联网与传统行业深度融合,创造新的商业形态。它代表一种新的社会形态,即充分发挥互联网在社会资源配置中的优化和集成作用,将互联网的创新成果深度融合于经济、社会各领域中,提升全社会的创新力和生产力,形成更广泛的以互联网为基础设施和实现工具的经济发展新形态。

1. "互联网＋"有六大特征

（1）跨界融合。"＋"就是跨界,就是变革,就是开放,就是重塑融合。敢于跨界了,创新的基础就更坚实了;融合协同了,群体智能才会实现,从研发到产业化的路径才会更便捷。融合本身也指身份的融合,客户由消费转化为投资,伙伴参与创新等,不一而足。

（2）创新驱动。中国粗放的资源驱动型增长方式早就难以为继,必须转变到创新驱动发展这条正确的道路上来。这正是互联网的特质,用互联网思维来求变、自我革命,才更能发挥创新的力量。

（3）重塑结构。信息革命、全球化、互联网业已打破了原有的社会结构、经济结构、地缘结构、文化结构,权力、议事规则、话语权在不断发生变化,将互联网与社会、虚拟社会治理结合起来会带来极大不同。

（4）尊重人性。人性的光辉是推动科技进步、经济增长、社会进步、文化繁荣的最根本的力量,互联网的力量之所以强大,也是因为在本质上保有对人性的最大限度的尊重、对人体验感受的敬畏、对人的创造性发挥的重视。例如,UGC、卷入式营销、分享经济。

（5）开放生态。对"互联网＋"来说,生态是非常重要的特征,而生态本身就是开放的。我们推进"互联网＋",其中一个重要的方向就是要把过去制约创新的环节化解掉,把一个个孤岛式创新成果连接起来,让研发被由人性决定的市场驱动,让创业中的努力者有机会实现价值。

（6）连接一切。连接是有层次的,可连接性是有差异的,连接的价值是相差很大的。但无论价值大小有无差异,连接一切都是"互联网＋"的目标。

2. 实际应用

连接一切是"互联网＋"的主要特征之一，也是"互联网＋"的目标。几十年来，"互联网＋"已经影响并改造了多个行业，当前大众耳熟能详的电子商务、互联网金融、在线旅游、在线影视、在线房产等行业都是"互联网＋"的杰作。

"互联网＋"商贸。在零售、电子商务等领域，现在处处都可以看到和互联网的结合。正如马化腾所言，"它是对传统行业的升级换代，不是颠覆掉传统行业"。在其中，又可以看到"特别是移动互联网对原有的传统行业起到了很大的升级换代的作用"。

2014年，中国网民数量达6.49亿，网站400多万家，电子商务交易额超过13万亿元人民币。在全球网络企业前10强排名中，有4家企业是中国的。互联网经济已成为中国经济的最大增长点。

2015年5月18日，2015年度中国化妆品零售大会在上海召开，600位化妆品连锁店店主，百余位化妆品代理商，数十位国内外主流品牌代表与会。面对实体零售渠道变革，会议提出了"零售业＋互联网"的概念，建议以产业链最终环节零售为切入点，结合国家战略发展思维，发扬"互联网＋"时代精神，回归渠道本质，以变革来推进整个产业的提升。

2014年B2B电子商务业务收入规模达192.2亿元人民币，增长28.34%，交易规模达9.4万亿元人民币，增长15.37%。同时，B2B电商业务也正在逐步转型升级，主要的平台仍以提供广告、品牌推广、询盘等信息服务为主。阿里巴巴、慧聪网、华强电子网等多家B2B平台开展了针对企业的团购、促销等活动，培育企业在线进行交易和支付的习惯。

截至2014年，中国跨境电子商务试点进出口额已突破30亿元。一大批跨境电子商务平台走向成熟。外贸B2C网站兰亭集势2014年前三季度服装品类的净营业收入达到3700万美元，同比增速达到103.9%，订单数及客户数同比增速均超过50%。

除了电子商务，互联网在工业、金融、商贸、通信、交通、民生、旅游、医疗、教育、政务、农业、诗词等领域也有广泛应用。

3. 发展趋势

"互联网＋"还包括无所不在的计算、数据、知识。"互联网＋"不仅仅使互联网移动了、泛在了、应用于某个传统行业中，更加入了无所不在的计算和数据等，造就了无所不在的创新。严格说来，"互联网＋"是创新2.0下的互联网与传统行业融合发展的新形态、新业态，是知识社会创新2.0推动下的互联网形态演进及其催生的经济社会发展新常态。它代表着一种新的经济增长形态，即充分发挥互联网在生产要素配置中的优化和集成作用，将互联网的创新成果深度融合于经济社会各领域中，提升实体经济的创新力和生产力，形成更广泛的以互联网为基础设施和实现工具的经济发展模式。

任务实施

张同学在对比几种营销观念后，分析任务所提供的材料，得出：DY电子有限责任公司取胜的关键在于它树立了科学的营销观念，在市场竞争中坚持以市场营销观念指导经营，紧紧围绕消费者需求开展市场营销活动。DY电子有限责任公司的做法给我们的启示包括：企业要树立正确的营销观念；注重新产品的开发；抓好产品质量；要有品牌意识，努力创造品牌。

1. "酒香不怕巷子深"的经营理念属于什么类型?
2. 传统营销观念和现代营销观念有哪些区别?
3. 简述绿色营销观念和大市场营销观念的主要思想。

1. 实训目标:强化对各种营销观念及其特点的理解和掌握,提升学生的表达能力和总结概括能力。

2. 实训内容:全班每位同学设计一个将特定商品销售给特定人群(完全拒绝这些商品)的营销难题(如把梳子卖给和尚,把电脑卖给没有通电的村庄的农民等),写在卡片上交给老师。两位同学一组,从老师手中抽取卡片。一位同学充当推销员,另一位同学充当消费者,在10分钟内,推销员应向消费者成功推销出产品。然后二人互换角色,重新实践这一推销难题,根据表现决定两位同学胜负情况。

规则设定:根据推销员在推销过程中所体现的营销观念的现代性,推销说辞激发消费者需求的有效性,推销口头表达能力的影响性等评定成绩,记入其平时成绩。

美国爱尔琴钟表公司自1869年创立起到20世纪50年代,一直被公认为是美国最好的钟表制造商之一。该公司在市场营销管理中强调生产优质产品,并通过由著名珠宝商店、大百货公司等构成的市场营销网络分销产品。1958年之前,公司销售额始终呈上升趋势。但此后其销售额和市场占有率开始下降。造成这种状况的主要原因是市场形势发生了变化:这一时期的许多消费者对名贵手表已经不感兴趣,而趋于购买那些经济、方便、新颖的手表;而且许多制造商为迎合消费者需要,已经开始生产低档产品,并通过廉价商店、超级市场等大众分销渠道积极推销,从而夺取了爱尔琴钟表公司的大部分市场份额。但爱尔琴钟表公司竟没有注意到市场形势的变化,依然继续生产精美的传统样式手表,仍旧借助传统渠道销售,认为自己的产品质量好,消费者必然会找上门。结果,致使企业经营遭受重大挫折。

思考题:
1. 爱尔琴钟表公司持有什么样的经营观念?
2. 该经营观念与市场营销观念有什么区别?

项目二　市场营销环境分析

任务一　宏观环境分析

【学习目标】　通过学习营销环境的分类和宏观环境的构成要素,掌握营销环境对企业营销活动的影响。

【知识点】　营销环境的分类、宏观环境的构成要素、宏观环境要素对企业营销活动的影响。

【技能点】　分析宏观环境威胁或市场机会对企业的影响。

 任务描述

　　DY电子有限责任公司主营的电子元器件产品,因其客户大多是成交金额较大的集团客户,公司开展业务就一直以销售人员进行关系营销为主,寻找潜在客户。但是这种做法工作效率低,而且会浪费巨大的人力财力,公司还要支付大额的运作成本。所以,公司一直在为能够用更低廉有效的方式开展前期业务进行接洽沟通。

　　公司策划部在进行谨慎的分析后,决定尝试使用网络宣传的方式。经过分析比较之后,公司选用了网络营销软件行业最早的创始者——商务快车。几个月之后,公司产品在百度等搜索引擎上就有了几千条信息,并且排名一直在向上攀升。通过统计咨询发现,许多有意向的客户都通过搜索引擎和商务快车里各种电子商务网站上的信息进入公司网站,主动打电话来公司咨询。在使用商务快车后,公司接到的询价电话明显比以前多了起来,为后期的业务跟进提供了有效的依据,大大节约了寻找潜在客户的成本。销售经理问张同学从公司的这一成功中能得到什么启示?

任务分析

　　大学刚毕业的小李很快就明白了这是关于营销环境分析的任务。分析营销环境,首先要了解对企业营销活动产生影响的环境要素是哪些,明确这些环境要素的特点,提高认识程度,然后根据这些环境要素的具体情况制定相应的营销策略,以指导企业的营销活动。

一、市场营销环境分析概述

（一）市场营销环境的含义及特征

1. 营销环境的含义

环境泛指影响某一事物的力量总和。市场营销环境是指影响企业市场营销活动及其目标实现的各种因素和力量的总和，这些因素和力量包括对企业营销活动有影响的企业内部条件和外部环境。

市场营销环境的内容十分广泛而复杂，由于观点和角度不同，学者们对环境的分类有所不同。著名营销专家菲利普·科特勒把市场营销环境概括为微观环境和宏观环境。市场营销环境的变化既能够给企业带来发展的机会，也能给企业造成威胁。关注并研究企业内外营销环境的变化，把握环境变化的趋势，识别由于环境变化所带来的机会与威胁，是营销管理的主要任务之一（见图2.1）。

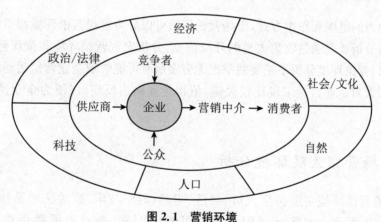

图 2.1　营销环境

2. 营销环境的特征

（1）客观性。作为企业外在的不以营销者意志为转移的因素，对企业营销活动的影响具有强制性和不可控制性。

（2）差异性。不同国家或地区之间，宏观环境存在着广泛的差异，不同的企业之间微观环境也千差万别。

（3）多变性。市场营销环境是一个动态系统，构成营销环境的诸因素都随社会经济的发展而不断变化。

（4）相关性。营销环境诸因素之间相互影响、相互制约，某一因素的变化会带动其他因素的连锁变化，形成新的营销环境。

（二）分析市场营销环境的目的

分析市场营销环境的目的就是为了寻求营销机会和避免环境威胁，积极主动地"趋利避害"，以保证企业各项目标的顺利实现。企业要想实现自己的目标，就必须正确分析市场营销环境，发挥优势、克服劣势，谋求企业外部环境、内部条件和企业营销目标之间的动态平衡。市场营销在长时间发展中证明了一个原则：适者生存。例如，在20世纪70年代以前美国没有一家汽车公司曾料想到油价会猛涨，而正是这个变化对企业后来的经营活动产生了巨大影响和冲击。当年美国的汽车公司正是由于对环境预测不及时、应变不力，使得日本小型轿车能够乘机大量打入美国市场，占据了近一半的市场份额。因此，企业必须时时调查、预测和分析市场营销环境，在此基础上制定自己的营销战略和策略，并相应地调整企业的组织结构和管理体制，使之与变化了的环境相适应。

现代市场营销学认为，企业营销活动成败的关键在于企业能否适应不断变化的市场营销环境。营销管理者应密切注视市场环境的变化和营销策略的配合。企业营销策略与某一特定市场环境相配合的时间往往是短暂的，因为市场环境复杂多变，所以营销策略要随环境的变化而相应改变，不能固步自封。

（三）市场营销环境分析的内容

根据影响力的范围和作用方式，市场营销环境可以分为宏观营销环境和微观营销环境。市场营销环境分析就是通过收集大量的环境信息，分析宏观营销环境和微观营销环境的构成要素。当然，营销环境分析不是要列举出无穷多所有可能影响企业营销活动的因素，而是要确认哪些因素对企业营销来说比较关键，值得企业做出反应，以便为企业经营决策提供依据。

二、市场营销宏观环境分析

宏观市场营销环境主要包括人口、经济、自然、科学技术、政治法律及社会文化环境因素，如图2.2所示。宏观环境因素是不可控的因素，企业不可避免地受其影响和制约。

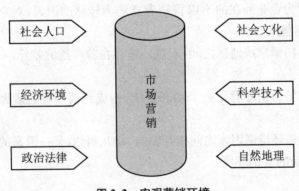

图2.2 宏观营销环境

(一) 人口环境

人口是构成宏观市场环境的第一要素。因为人口的多少直接决定了市场的潜在容量，人口越多，市场规模就越大。而人口的其它指标如年龄结构、地理分布、婚姻状况、出生率、死亡率、人口密度、人口流动性及其文化教育等，都会影响企业的市场营销活动。

1. 人口数量

人口数量是决定市场规模的一个基本要素，因此可按人口数量大致推算出市场规模。我国人口众多，无疑是一个巨大的市场。

2. 人口结构

人口结构主要包括人口的年龄结构、性别结构、家庭结构、社会结构以及民族结构等。

（1）年龄结构。不同年龄的消费者对商品的需求不一样。老年人、中年人、青年人与儿童等的需求是大不相同的。目前，我国人口老龄化现象十分突出，如保健用品、营养品、老年人生活必需品等市场比较兴旺。

（2）性别结构。反映到市场上就会出现男性用品市场和女性用品市场。男性与女性在消费心理与行为、购买商品类别、购买决策等方面有很大的不同。例如，在我国市场上，女性通常负责购买生活用品、杂货、衣服，男性则负责购买大件物品等。

（3）家庭结构。家庭是购买、消费的基本单位。家庭的数量直接影响到以家庭为基本消费单位的商品的数量，如住房、家用电器、汽车等。

（4）社会结构。当前，我国社会结构发生了急剧变化。伴随中产阶层的扩大或者中等收入群体的扩大，我国进入了消费社会阶段。在消费社会的逐步形成过程中，中产阶层的消费由生存型向发展型过渡，而农民阶层和工人阶层正在从日常生活消费向耐用消费品消费过渡。

(二) 经济环境

经济环境指影响企业营销活动的购买力因素，包括消费者的收入、消费支出倾向、消费结构及社会经济发展等内容。

1. 消费者收入水平

"有钱才能消费"，消费者收入水平对企业营销活动影响极大。不同收入水平的消费者，其消费的项目是不同的，消费的品质是不同的，对价格的承受能力也是不同的，如价格昂贵的品牌服饰的购买对象是高收入消费者。

在研究消费收入时，要注意以下几点：

（1）个人可支配收入。这是在个人收入中扣除税款等后所得余额，它是个人收入中可以用于消费支出或储蓄的部分，它构成了实际的购买力。

（2）个人可任意支配收入。这是在个人可支配收入中减去用于维持个人与家庭生存不可缺少的费用（如房租、水电、食物、燃料、衣着等项开支）后剩余的部分。这部分收入是消费需求变化中最活跃的因素，也是企业开展营销活动时所主要考虑的对象。因为这部分收入主要用于满足人们基本生活需要之外的开支，如购买高档耐用消费品、旅游、储蓄等，它是影响非生活必需品和劳务销售的主要因素。

(3) 家庭收入。家庭收入的高低会影响很多产品的市场需求。一般来讲,家庭收入高,对消费品需求大,购买力也高;反之,需求小,购买力也低。

需要注意的是,企业营销人员在分析消费者收入时,还要区分"货币收入"和"实际收入"。只有"实际收入"才能影响"实际购买力"。

2. 消费者支出模式

消费者支出模式是指消费者各种消费支出的比例关系,也就是常说的支出结构。在收入一定的情况下,消费者会根据消费的急需程度,对自己的消费项目进行排序,一般先满足排序在前的,即主要的消费,如温饱和治病;其次是住、行和教育;再次是舒适型、提高型的消费,如保健、娱乐等。

当家庭收入增加时,用于购买食物的支出比例下降,而用于服装、交通、保健、娱乐、教育的支出比例上升。这一研究结论被称为"恩格尔定律"。恩格尔系数的计算公式:

$$恩格尔系数 = 食物支出 / 总支出 \times 100\%$$

食物支出占总消费量的比重越大,恩格尔系数越大,生活水平越低;反之,食物支出所占比重越小,恩格尔系数越小,生活水平越高。恩格尔系数反映了人们收入增加时支出变化的一般趋势,已成为衡量一个国家、地区、城市、家庭生活水平高低的重要参数。

【知识拓展】

恩格尔系数是衡量一个国家、地区、城市、家庭生活水平高低的重要参数。联合国根据恩格尔系数的大小,对世界各国的生活水平设立了划分标准,即一个国家平均家庭恩格尔系数大于60%为贫穷,50%～60%为温饱,40%～50%为小康,30%～40%属于相对富裕,20%～30%为富足,20%以下为极其富裕。按此划分标准,20世纪90年代,恩格尔系数在20%以下的只有美国,达到16%;欧洲、日本、加拿大,一般在20%～30%之间,是富裕状态;东欧国家,一般在30%～40%之间,相对富裕;剩下的发展中国家,基本上为小康水平。

1978年,中国农村家庭的恩格尔系数约为68%,城镇家庭约为59%,平均计算超过60%,当时的中国还是贫困国家,有两亿四千八百万人没有解决温饱问题。改革开放以后,随着国民经济的发展和人们整体收入水平的提高,中国农村家庭、城镇家庭的恩格尔系数都不断下降。到2003年,中国农村居民家庭恩格尔系数已经下降到46%,城镇居民家庭约为37%,加权平均约为40%,也就是说已经基本达到小康状态。可以预测,中国农村、城镇居民的恩格尔系数还将不断下降。根据《时事报告》杂志2016年第2期《6.9%的经济增速怎么看》提供的数据可知,2015年中国恩格尔系数已经降为30.6%。

在分析消费者支出模式时,还必须考虑我国消费者储蓄意识比较浓厚这个特征。因为存的钱越多,用于消费的钱就越少。近年来,我国居民储蓄额和储蓄增长率均较大,使得国内消费总规模始终不能显著增长,影响了很多商品的销售。

(三) 自然环境

自然环境是人类最基本的活动空间和物质来源,可以说,人类发展的历史就是人与自然关系发展的历史,自然环境的变化与人类活动休戚相关。

1. 目前自然环境面临的危机

(1) 自然资源逐渐枯竭。传统上,人们将地球上的自然资源分成三大类:取之不尽、用之不竭的资源,如空气、水等;有限但可再生的资源,如森林、粮食等;有限又不可再生的资源,如石油、煤及各种矿物。由于现代工业文明对自然资源无限度地索取和利用,导致矿产、森林、能源、耕地等资源日益枯竭,甚至连以前认为永不枯竭的水、空气也在某些地区出现短缺。目前,自然资源的短缺已经成为各国经济进一步发展的制约力甚至是反作用力。

(2) 自然环境受到严重污染。截至目前,世界经济仍属于物质经济,是一种肆意挥霍原料、资源、能源等自然资源的经济,是一种严重依赖于矿物燃料作为发展动力的经济。这种高速增长粗放型的经济模式,不仅极大地消耗了地球资源,而且使人类生存环境遭到空前严重污染。土壤沙化、温室效应、物种灭绝、臭氧层破坏,等等,环境的恶化正在使人类付出惨重的代价。

2. 自然环境的变化对营销的影响

(1) 企业经营成本的增加。自然环境变化对企业经营成本增加的影响主要通过两个方面表现出来:一方面,经济发展对自然资源的严重依赖是传统经济发展模式的主要特征之一,自然资源日趋枯竭和开采成本的提高;必然导致生产成本提高;另一方面,环境污染造成的人类生存危机,使得人们对环境的观念逐渐发生改变,环保日益成为社会主流意识。昔日粗放模式下的生产方式必须得到彻底改变,企业不仅要担负治理污染的责任,还必须对现有可能产生污染的生产技术和所使用的原材料进行技术改造,而这不可避免地增加了企业生产成本。

(2) 新兴产业市场机会增多。环境变化给企业带来的市场机会也主要体现在两个方面。一方面,为了应对环境变化,企业必须寻找替代能源以及各种原材料,这些能够帮助企业获得大量的市场机会。例如,石油价格的居高不下和剧烈波动,激起了企业对替代能源研究的大量投资,仅仅太阳能领域,就已有成百上千的企业推出了更新一代具有实用价值的产品,用于家庭供暖和其他用途。另一方面,随着人们环保意识的增强和治理污染立法工作的推进,环保型材料和各种污染治理设备生产企业迎来了广阔的市场,如清洗器、回流装置等,促使企业开发其他不破坏环境的方法以制造和包装产品。

(四) 科学技术环境

科学技术是社会生产力的新的和最活跃的因素。作为营销环境的一部分,科技环境不仅直接影响着企业内部的生产和经营,还与其他环境因素互相依赖、相互作用,尤其与经济环境、文化环境的关系更为紧密。新技术革命给企业市场营销既创造了机会,又带来了威胁。例如,一种新技术的应用,可以帮助企业创造一个明星产品,产生巨大的经济效益,也可以迫使企业的某一传统优势产品退出市场。

新技术的应用还会引起企业市场营销策略、经营管理方式以及消费者购物行为发生变化。

1. 新技术引起的企业市场营销策略的变化

新技术给企业带来巨大的压力,同时也改变了企业生产经营的内部因素和外部环境,引起企业市场营销策略在以下几方面发生变化。

(1) 产品策略。由于科学技术的迅速发展,新技术应用于新产品开发的周期大大缩短,产品更新换代速度加快。在世界市场逐步形成和竞争日趋剧烈的今天,开发新产品成了企业开拓新市场和赖以生存发展的根本条件。因此,要求企业营销人员不断寻找新市场,预测新技术的发展方向,时刻注意新技术在产品开发中的应用,从而为消费者带来更多便利的新产品。

(2) 分销策略。由于新技术的不断应用、技术环境的不断变化,使人们的工作及生活方式发生了重大变化。广大消费者的兴趣、思想等差异性不断扩大,自我意识的观念逐步增强,从而引起分销机构与分销方式的不断变化,大量的特色商店和自我服务的商店不断出现。例如,20世纪30年代出现的超级市场,40年代出现的廉价商店,六七十年代出现的快餐服务、自助餐厅、特级商店、左撇子商店等。尤其在信息技术迅猛发展的今天,网上销售已成为很多企业产品分销的重要途径,同时也带来了分销实体流动方式的变化。

(3) 价格策略。科学技术的发展及应用,一方面降低了产品成本,促使价格下调,另一方面使企业能够通过信息技术,加强信息反馈,正确应用价值规律、供求规律、竞争规律来制定和修改价格策略。

(4) 促销策略。科学技术的应用引起促销手段的多样化,尤其是广告媒体的多样化,广告组合的效果、促销成本的降低、新的广告手段及方式将成为今后促销研究的主要内容。

2. 新技术引起的企业经营管理的变化

技术革命是管理改革或管理革命的动力,它向管理提出了新课题、新要求,又为企业改善经营管理、提高管理效率提供了物质基础。目前,许多企业在经营管理中都使用电脑、传真机等设备,这对于改善企业经营管理、提高企业经营效益起到很大作用。现在,凡是大众化的商品,在商品包装上都印有条形码,使得结账作业效率迅速提高,大大提高了零售商店的结账工作效率,缩短了消费者等候结账的时间,提高了服务质量。

3. 新技术对零售商业和购物习惯的影响

自动售货机的出现使销售形式得到改变,这种方式对卖方来说,不需要营业人员,只需少量的工作人员负责补充商品,回收现金,保养、修理机械;对买方来说,购物不受时间限制,在任何时间都可以买到商品和享有卖方提供的服务。网络销售的出现使消费者足不出户即可完成购物,大大方便了消费者,也改变了消费者的购物习惯和生活方式。

另外,由于新技术的发展和应用,还创造出了许多其它新的营销方式,如电视购物、电子商务、电子钱包等。

(五) 政治与法律环境

政治与法律是影响企业营销的重要的宏观环境因素。政治因素像一只有形之手,调节着企业营销活动的前进方向,法律则为企业制定商贸活动的行为准则。政治与法律相互联系,共同对企业的市场营销活动发挥影响和作用。

1. 政治环境

政治环境指企业市场营销活动的外部政治形势、国家方针政策及其变化。

在国内,安定团结的政治局面不仅有利于经济的发展和人们收入的增加,而且还会影响到人们的心理状况,导致市场需求发生变化。党和政府的方针、政策规定了国民经济的发展方向和速度,也直接关系到社会购买力的提高和市场消费需求的增长变化。

对国际政治环境的分析,应了解"政治权力"与"政治冲突"对企业市场营销活动的影响。政治权力对企业营销活动的影响主要表现在有关国家政府通过采取某种措施限制外来企业及产品的进入,如进口限制、外汇控制、劳工限制、绿色壁垒等。政治冲突则指的是国际上重大事件和突发性事件,这类冲突即使在以和平和发展为主流的时代也从未绝迹过。这种冲突对企业的市场营销工作的影响可大可小,或意味着机会或意味着产生巨大的威胁。

2. 法律环境

法律环境是指国家或地方政府颁布的各项法规、法令、条例等。法律环境不仅对企业的营销活动,而且对市场消费需求的形成和实现都具有一定的调节作用。企业研究并熟悉法律环境,不仅可以保证自身严格依法经营,运用法律手段保障自身权益,而且可通过法律条文的变化对市场需求及其走势进行预测。

各个国家的社会制度不同、经济发展阶段和国情不同,体现统治阶级意志的法律制度也不同。从事国际市场营销的企业,必须对相关国家的法律制度和有关的国际法规、国际惯例和准则进行深入的学习研究并在实践中遵循。

【知识拓展】

一百多年前,现代汽车之父卡尔·奔驰发明汽车时,驾驶座是位于车身中央的,但随着汽车在各国普及开来,汽车驾驶座的位置也发生了变化。依据人体工程力学原理,90%的人习惯使用右手,因此早期汽车自然设计成右驾右行。然而在如今的现实生活中,国别不同,文化风俗不同,交通规则也不同。目前,世界上大部分国家是人、车靠右行走,但还有50多个国家和地区是靠左行。对汽车生产营销企业来说,毫无疑问应该无条件按照市场国交通规则设计生产汽车。

(六)社会与文化环境

市场营销学中所说的社会文化因素,一般指在一种社会形态下形成的价值观念、宗教信仰、道德规范以及世代相传的风俗习惯等被社会所公认的各种行为规范,包括一个国家或地区的价值观念、生活方式、风俗习惯、民族特征、宗教信仰、伦理道德、教育水平、文学艺术等内容的总和。主体文化占据主体地位,起凝聚整个国家和民族的作用,是千百年的历史沉淀,包括价值观、人生道德观等;次级文化则是在主体文化支配下形成的文化分支,包括宗教、种族、地域习惯等。文化对企业营销的影响是多层次、全方位、渗透性的。企业的市场营销人员应分析、研究和了解社会文化环境,以针对不同的文化环境制定不同的营销策略。

1. 教育状况

教育是按照一定目的要求,对受教育者施以影响的一种有计划的活动,是传授生产经验和生活经验的必要手段,反映并影响着一定的社会生产力、生产关系和经济状况,是影响企业市场营销的重要因素。教育状况对营销活动的影响主要表现在以下几个方面:

(1) 对企业选择目标市场的影响。处于不同教育水平的国家或地区对商品的需求不同。

（2）对企业营销商品的影响。文化不同的国家和地区的消费者，对商品的包装、装潢、附加功能和服务的要求有差异。通常文化水平高的地区或消费者要求商品包装典雅华贵，对附加功能也有一定要求。

（3）对营销调研的影响。在受教育程度高的国家和地区，企业可在当地雇佣调研人员或委托当地的调研公司或机构完成具体的营销调研项目，而在受教育程度低的国家和地区，企业开展调研则要有充分的人员准备和适当的方法。

（4）对经销方式的影响。企业的产品目录、产品说明书的设计要考虑目标市场的受教育状况。如果经营商品的目标市场在文盲率很高的地区，就不仅需要准备文字说明，更重要的是要配以简明图形，并要派人进行现场演示，以减少消费者对企业和产品的不理解。

2. 宗教信仰

纵观历史上各民族的消费习惯的产生和发展，可以发现宗教是影响人们消费行为的重要因素之一。某些国家和地区的宗教组织对教徒的购买决策也有重大影响。面对一种新产品，宗教组织有时会提出限制，禁止使用，认为该商品与宗教信仰相冲突。所以，企业可以把有较大影响力的宗教组织作为自己的重要公共关系对象，在经销活动中也要针对宗教信仰设计适当的方案，以避免由于矛盾和冲突给企业营销活动带来损失。

3. 价值观念

价值观念就是人们对社会生活中各种事物的态度和看法。不同的文化背景下，人们的价值观念相差很大，消费者对商品的需求和购买行为深受价值观念的影响。对于不同的价值观念，企业的市场营销人员应该采取不同的策略。一种新产品的扩广会引起社会观念的变革。而对于一些注重传统、喜欢沿袭传统消费方式的消费者，企业在制定促销策略时应把产品与目标市场的文化传统联系起来。

【课堂练习】

我国有一种"芳芳"牌化妆品，中文念起来不仅舒服、顺口，还很有亲切感。但它的拼音"FangFang"被译成英语时，却恰巧是"毒蛇、毒牙、狼牙、狗牙"的意思，难怪那些想买唇膏的女士一看到它就退避三舍；"马戏"牌扑克是我国的名牌，它的汉语拼音"maxi puke"如果当做英文（maxi puke）看也讲得通，不过意思却是"最大限度的呕吐"，为了娱乐才买扑克的消费者自然望而却步。

思考：你能否给该品牌化妆品起个好听的英文名字？

4. 消费习俗

消费习俗是人类各种习俗中的重要习俗之一，是人们历代传递下来的一种消费方式，也可以说是人们在长期经济与社会活动中所形成的一种消费风俗习惯。不同的消费习俗，具有不同的商品需要。研究消费习俗，不但有利于组织消费品的生产与销售，而且有利于正确、主动地引导健康的消费。了解目标市场消费者的禁忌、习俗、避讳、信仰、伦理等是企业开展市场营销的重要前提。

5. 审美观念

人们在市场上挑选、购买商品的过程，实际上也就是审美的过程。近年来，我国人民的审美观念随着生活水平的提高，发生了明显的变化。

(1) 追求健康的美。体育用品和运动服装的需求量呈上升趋势。

(2) 追求形式的美。服装市场的异军突起,美化了人们的生活,更重要的是迎合了消费者的求美心愿。在服装样式上,青年人一扫过去那种多层次、多线条、重叠反复的造型艺术,追求强烈的时代感和不断更新的美感,由对称转为不对称,由灰暗色调转为鲜艳、明快、富有活力的色调。

(3) 追求环境美。消费者对环境的美感体验,在购买活动中表现得最为明显。

因此,企业营销人员应注意以上三方面审美观的变化,把消费者对商品的评价作为重要的反馈信息,使商品的艺术功能与经营场所的美化效果融为一体,以更好地满足消费者的审美要求。

在研究社会文化环境时,还要重视亚文化群对消费需求的影响。每一种社会文化都包含若干亚文化群。因此,企业市场营销人员在进行社会和文化环境分析时,可以把一个亚文化群视为一个细分市场,生产经营适销对路的产品,以满足消费者需求。

经过一番思考,小李做了如下回答:

调研结果表明公司能取得成功,有效节约营销成本,其原因在于公司及时利用了新技术、新手段,改换营销工具,提高了效率,这说明公司顺应了技术环境的发展。科学技术是社会生产力中新的和最活跃的因素,作为营销环境的一部分,科技环境不仅直接影响企业内部的生产和经营,同时还与其他环境因素互相依赖、相互作用,既可能给企业市场营销造就机会,也可能带来威胁,所以企业在生产经营过程中必须善于分析并处理包括科技环境在内的人口、经济、自然、政治法律及社会文化环境等宏观因素。

1. 什么是企业的营销环境?宏观营销环境主要包括哪几类因素?
2. 西方人普遍认为"13"这个数字是不吉利的,常以14(A)或12(B)代替,这属于什么环境因素?
3. 保健品市场的兴起是由人们观念变化引起的,这一因素属于什么环境因素?
4. 恩格尔定律的主要内容是什么?学习市场营销为什么要研究恩格尔系数?

任务二 微观环境分析

【学习目标】 学习微观营销环境的构成要素,掌握微观营销环境对企业营销活动的影响特点。

【知识点】 微观环境的构成要素。

【技能点】 分析微观环境制造的威胁或提供的机会对企业造成的影响。

 **任务描述**

为充分把握市场机会,DY电子有限责任公司在生产电子元器件的同时,还为消费者提供能提高其生活品质的各类小家电。然而我国小家电领域已有以TCL、格兰仕、格力、方太、亚都、九阳为代表的一大批知名品牌,竞争非常激烈。面对众多强有力的竞争对手,DY电子有限责任公司明白自己必须致力于产品差异化能力的提升,提升产品价值,以保障盈利和持续增长的态势。在明确了经营思路后,DY电子有限责任公司瞄准竞争对手的薄弱环节,不失时机地填补市场空白,最终取得了成功。

公司销售经理给王云布置了一个任务:分析DY电子有限责任公司取胜的绝招是什么?从中可以得到哪些启示?

 任务分析

经济管理专业毕业的王云接到任务后马上意识到这与过去学习的营销环境知识有关。案例资料显示对DY电子有限责任公司经营小家电产生影响的主要是微观营销环境。

 **相关知识**

企业的微观营销环境是指对企业服务其目标市场的营销能力构成直接影响的各种因素的集合,包括企业内部环境、消费者、供应商、营销中介、竞争者和社会公众等与企业具体营销业务密切相关的各种组织与个人。

一、企业内部环境

企业为开展营销活动,必须设立某种形式的营销部门,而且营销部门不是孤立存在的,它应与财务、采购、制造、研究与开发等一系列职能部门对接。市场营销部门与这些部门在最高管理层的领导下,为实现企业目标共同努力。企业市场营销部门与这些部门之间既有多方面的合作,也存在争取资源方面的矛盾。例如,在产品品质方面,营销部门从消费者需求出发,会对产品品质提出更高的要求;而生产部门从成本的角度出发,可能会降低对品质的要求。再如,对营销推广费用的核定,营销部门与财务部门往往会意见不一致。因此这些部门的业务状况如何,它们与营销部门的合作以及它们之间是否协调发展,对营销决策的制定与实施影响极大。营销部门在制定和实施营销目标与计划时,要充分考虑企业的内部环境,争取高层管理部门和其他职能部门的理解和支持。

二、消费者

消费者是企业服务的对象,同时也是产品销售的市场和企业利润的来源。理所当然是营销活动中极其重要的影响因素。企业要投入很多的精力去研究消费者的真实需求情况,在产品营销的方方面面都要充分考虑到他们的要求,并尽可能去满足他们的需求,否则企业的营销活动就会陷入"对牛弹琴"的局面。企业营销活动本质上就是围绕消费者需求而展开的,如连锁经营的形成之所以发展如此迅速,是因为它解决了消费者对企业信誉不放心的消费问题。

【知识拓展】

海尔销往四川地区的洗衣机一度出现故障率很高的问题。通过市场调查发现,洗衣机故障率高的原因并不是洗衣机本身有质量问题,而是因为当地人不仅用洗衣机洗衣服,还用洗衣机洗地瓜。于是,海尔及时推出了名叫"小地瓜"的洗衣机,改进了功能设计,使得洗衣机不仅能洗衣服,还能洗地瓜。

三、供应商

供应商是指向企业及竞争者提供生产经营所需资源的企业或个人。供应商对企业营销活动有重要影响,其所供应的原材料数量和质量将直接影响最终产品的数量和质量,所供应原材料的价格会直接影响产品的成本、利润和价格。特别是在现代化生产方式下,市场上许多产品的成品、半成品都是由多家企业合作生产的。

企业与供应商的关系,既是一种合作关系,也是一种竞争关系。竞争关系主要表现在交易条件方面的竞争,如供应商得利多了,企业得利就少了。在这种竞争关系中,谁处于优势,谁处于劣势,对不同的企业、不同的供应商来说是不同的。当某种产品供不应求时,供应商就处于优势地位,他所获得的交易条件会更有利一些。再如,随着连锁企业的市场占有率不断扩大,对零售渠道的控制能力也不断增强,连锁企业在双方关系中的优势也会不断增强,除不断要求降低进货价格外,还可能要求一些知名度不高的产品支付如进场费之类的费用。供应商往往迫于销售压力只能选择接受。

【知识拓展】

波音(Boeing)是世界上最大的飞机制造公司,却只生产座舱和翼尖,其余的零部件均由世界上不同国家和地区的供应商提供。

由于互联网的应用,企业和供应商之间可以共享信息、共同设计产品,通过合作轻松解决技术难题,企业和供应商之间更加容易建立起长期合作的关系。例如,IBM公司为我国中小企业和服务性机构提供了有针对性的信息化解决方案,这也使IBM在中国赢得了巨大的市场。

四、营销中介

营销中介是协助企业促销和分销其产品给最终购买者的个人或组织,包括中间商(批发商、代理商、零售商),物流配送公司(运输、仓储),市场营销服务机构(广告、咨询、调研)以及财务中介机构(银行、信托、保险等)。这些组织都是营销所不可缺少的中间环节,大多数企业的营销活动都需要得到这些部门的协助才能顺利进行。商品经济愈发达,社会分工愈细,中介机构的作用愈大。例如,随着生产规模的扩大,降低产品的配送成本就显得越来越重要,于是适应这种需求的生产性服务行业就得到了发展。企业在营销过程中必须处理好同这些中介机构的合作关系。

【知识拓展】

海尔的"走出去"战略呈现多赢的局面,但海尔进军海外之路并不是一帆风顺的。海尔刚刚在美国建厂的时候,美国人根本不认识海尔,在这种情况下想要打开美国市场谈何容易。为打破此局面,海尔高薪聘请美国人迈克为海尔美国区的总裁。迈克认为,要让美国人认识海尔,事半功倍的办法是让海尔进入美国最大的连锁超市——沃尔玛。沃尔玛在全美有2700多家连锁店,每一家都摆满了来自世界各地的名牌商品。让沃尔玛接受一个陌生的品牌非常困难,整整两年时间,迈克甚至没有机会让沃尔玛看一眼海尔的产品。直到有一天,他想出了一个好办法,他在沃尔玛对面竖起了一个海尔的大广告牌,让沃尔玛的高层每天在休息的时候都能看到海尔的广告。功夫不负有心人,终于有一天,沃尔玛的采购高层对海尔产生了兴趣,开始约见海尔代表。进入沃尔玛之后,海尔产品在美国市场快速发展起来。

五、竞争者

一个行业只有一个企业,或者说一个企业能够控制一个行业的完全垄断的情况在现实中很难见到,因此与同行的竞争是不可避免的。我们可以将企业的竞争对手分为以下四个层次:

(一)产品品牌竞争者

产品品牌竞争者指品牌不同,但产品的功能、形式相同,形成竞争关系的企业,如轿车中的"奔驰""宝马"以及"别克"等品牌之间的竞争。这是企业最直接面对的最明确的竞争对手。这类企业的产品的内在功能和外在形式基本相同,但因出自不同厂家之手而品牌不同。有些企业通过在消费者和用户中培养品牌偏好,以获得市场竞争优势。

(二)产品形式竞争者

产品形式竞争者是较品牌竞争者更深一层次的竞争者,即产品的基本功能相同,但形式、规格、性能或档次不同的企业。例如,自行车既有普通轻便车,又有性能更优良的山地车,企业通过在消费者中发掘和培养品牌偏好,来开展市场竞争。

(三)平行竞争者

平行竞争者是潜伏程度较深的竞争者,这些竞争者所生产的产品种类不同,但所满足的需要相同。例如,汽车、摩托车或自行车都能满足消费者对交通工具的需要,但消费者只能选择其中一种。这属于较大范围的行业内部竞争。

(四)需求愿望竞争者

需求愿望竞争者是潜伏程度最深的竞争者,不同竞争者分属不同的产业,相互之间为争夺潜在需求而展开竞争,如房地产公司与汽车制造商为争夺消费者而展开的竞争。消费者现有的钱若用于购买汽车则不能用于购买房子,汽车制造商与房地产公司实际上是针对购买者当前所要满足的各种愿望展开争夺。

在上述四个层次的竞争对手中,品牌竞争者是最常见、最明确的,其他层次的则相对比较隐蔽。正是如此,在许多行业里,企业的注意力总是集中在品牌竞争因素上,而对如何抓住机会扩大整个市场、开拓新的市场领域,或者说起码不让市场萎缩,经常忽略不顾。所以,有远见的企业不会仅仅满足于品牌层次的竞争,还会时刻关注市场发展趋势,注重维护和扩大基本需求优势。

六、社会公众

社会公众是指对企业实现营销目标的能力具有实际或潜在利害关系和影响力的个人或社会团体。公众对企业的感觉和与企业的关系对企业的市场营销活动有着很大影响。所有的企业都必须采取积极措施,和社会公众之间保持良好的关系。

通常,对企业产生影响的大致有七类社会公众。

（一）金融界

他们对企业的融资能力有重要的影响,主要包括银行、投资公司、证券经纪行、股东等。

（二）媒介机构

主要指那些刊载、播送新闻、特写和社论的机构,特别是报纸、杂志、电台、电视台。他们主要通过社会舆论来影响其它公众对企业的态度。特别是主流媒体的报道,对企业影响极大,甚至可以达到"一条好的报道可以救活一个企业,一个负面的报道可以使一个企业破产"的程度。企业对待媒体要慎之又慎。

（三）政府机构

企业管理层在制定营销计划时,必须认真研究政府政策与措施的发展变化。

（四）公民行动团体

一个企业营销活动可能会受到消费者组织、环境保护组织、少数民族团体等的质询。

（五）地方公众

每个企业都同当地的公众团体,如邻里居民和社区组织,保持着联系。

（六）一般公众

企业需要关注一般公众对企业产品及经营活动的态度。虽然一般公众并不是有组织地对企业采取行动,但一般公众对企业的印象却影响着消费者对企业及其产品的看法。

（七）内部公众

企业的内部公众包括生产一线的职工、职能部门员工、中高层管理人员以及董事会成员等。大公司会采用业务通信等信息沟通方法，向企业内部公众通报信息并激发他们的积极性。当企业内部公众对自己的企业感到满意的时候，他们的态度也会感染到企业以外的公众。

结合微观营销环境知识，从案例资料中，我们可以看出DY电子有限责任公司若要经营小家电就必须应对以TCL、格兰仕、格力、方太、亚都、九阳为代表的一大批知名品牌，竞争非常激烈。面对众多强有力的竞争对手，DY电子有限责任公司采取了"曲线救国"的明智做法，而不是"迎难而上"。DY电子有限责任公司取胜的关键在于进行了适当的市场分析，找到了竞争对手的薄弱环节，填补了市场空白。

案例启示：作为企业或商家必须对包括企业内部环境、消费者、供应商、营销中介、竞争者和社会公众等与企业具体营销业务密切相关的各种组织与个人进行充分的了解，在此基础上，才能制定出适当的营销策略，收到良好的经营效果。

思考题

1. 微观营销环境包括哪几类因素？它们对企业营销活动会产生何种程度的影响？
2. 竞争者有哪些类型？他们对企业的影响有何区别？

任务三　市场营销环境分析方法

【学习目标】　通过学习市场营销环境分析方法，掌握不同分析方法的内涵和特点。

【知识点】　PEST分析法、SWOT分析法。

【技能点】　运用SWOT分析法分析企业营销环境。

某炼油厂是我国最大的炼油厂之一，历史悠久。目前已成为具有730万吨/年原油加工能力，能生产120多种石油化工产品的燃料-润滑油-化工原料型的综合性炼油厂。该厂有6种产品获国家金质奖，6种产品获国家银质奖，48种产品获114项优质产品证书，是我国炼油行业首家通过国际GB/T19002—ISO9002质量体系认证的企业。

该厂的研究开发能力比较强,能用自己的基础油研制生产各种类型的润滑油。但是,该炼油厂作为一个生产型的国有老厂,没有真正做到面向市场。在向市场经济转轨的过程中,作为支柱型产业的大中型企业,主要产品在一定程度上仍受到国家的宏观调控,在产品营销方面难以适应竞争激烈的市场。该厂负责市场销售工作的只有30多人,专门负责润滑油销售的就更少了。

上海市的小包装润滑油市场销售额每年约为2.5万吨,其中进口油占65%以上,国产油处于劣势。之所以形式这种局面,原因是多方面的。一方面在产品宣传上,进口油全方位大规模的广告攻势可谓是无孔不入。到处可见有关进口油的灯箱、广告牌、出租车后窗玻璃、代销点柜台和加油站墙壁上的宣传招贴画,还有电台、电视台和报纸广告和新闻发布会、有奖促销、赠送等各种形式。而国产油在这方面的表现则是苍白无力,难以应对。另外,该厂油品过去大都是大桶散装,大批量从厂里直接销售,供应大企业大机构,而很少以小包装上市,再加上销售点又少,使得普通消费者难以买到经济实惠的国产油,只好使用昂贵的进口油。

分析该炼油厂的上述情况,并根据分析结果,制定扭转该炼油厂在市场营销方面被动局面的措施。

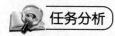

由资料可知,该炼油厂市场营销情况比较复杂,需要对该炼油厂内外部环境进行细致分析,以便制定适当的应对策略,扭转被动局面。选择适合的分析方法是关键。

企业的营销活动都是在一定的环境中进行的,而营销环境的变化不仅会给企业带来市场机会,同时也会造成威胁。并不是所有的市场机会都具有同样的吸引力,也不是所有的环境威胁都一样大。在系统地收集了市场营销环境资料后,接下来便是应用一定的方法对资料进行分析。

一、PEST 分析法

PEST 分析是指针对宏观环境的分析。宏观环境又称一般环境,是指影响一切行业和企业的各种宏观因素。对宏观环境因素进行分析,不同行业和企业根据自身特点和经营需要,分析的具体内容会有差异,但一般都会对政治(political)、经济(economic)、社会(social)和技术(technological)这四大类影响企业的主要外部环境因素进行分析。针对这四大类因素开展的分析称为 PEST 分析法。PEST 分析法是分析企业外部环境的基本工具,它从政治、经济、社会和技术的角度,或综合四个方面的因素分析从总体上把握宏观环境,并判断这些因素对企业战略目标和战略制定的影响(见图 2.3)。

PEST分析法一般运用于战略分析阶段。

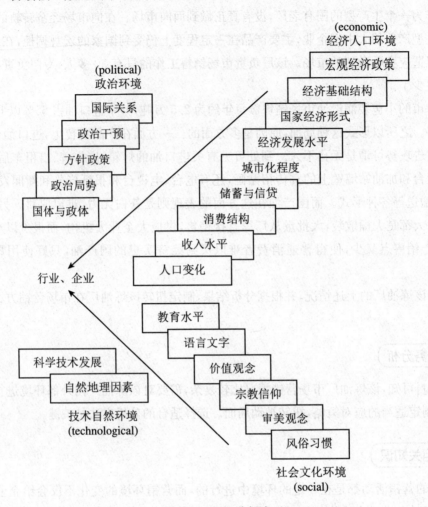

图2.3 PEST分析法

PEST分析法的执行步骤：

(1) 解释为什么要进行这项活动,你希望从中得到什么以及PEST分析的使用目的。

(2) 尽可能找出所有关于政治、经济、社会和技术方面的影响因素。

(3) 讨论这些因素,分析哪一种因素可能会对你的商业活动和经营战略起到重要的影响作用。

(4) 研究这些影响因素,并将有关信息收集起来。

(5) 将收集的信息整合起来,并时刻准备在战略发展过程的下一个阶段中加以运用。有时,亦会用到PEST分析法的扩展变形形式,如STEEPLE分析法,STEEPLE分析法主要针对以下几方面因素:社会/人口(social/demographic)、技术(technological)、经济(economic)、环境/自然(environmental/natural)、政治(political)、法律(legal)、道德(ethical)。

三、SWOT 分析法

(一) SWOT 分析法的含义

SWOT 分析法是一种综合考虑企业内部条件和外部环境中各种因素,并进行系统评价,从而选择最佳经营战略的方法。S,W,O,T 分别是优势(strengths)、弱势(weaknesses)、机会(opportunities)、威胁(threats)四个英文单词的第一个字母的缩写。通过 SWOT 分析,可以结合环境对企业的内部能力和素质进行评价,弄清楚企业相对于其他竞争者所具有的相对优势和劣势,帮助企业制定竞争战略。

1. 企业优势和劣势

企业优势和劣势分析实质上就是企业内部经营条件分析,或称企业实力分析。

优势是指企业相对于竞争对手而言所具有的优势人力资源、技术、产品以及其他特殊实力。充足的资金来源、高超的经营技巧、良好的企业形象、完善的服务体系、先进的工艺设备、与买方和供应商长期稳定的合作关系、融洽的雇员关系、成本优势等,都可以成为企业优势。

劣势是指影响企业经营效率和效果的不利因素和特征,他们使企业在竞争中处于劣势地位。一个企业潜在的弱点主要表现在以下几个方面:缺乏明确的战略导向、设备陈旧、盈利较少甚至亏损、缺乏管理和知识、缺少某些关键的技能、内部管理混乱、研究和开发工作落后、企业形象较差、销售渠道不畅、营销工作不得力、产品质量不高、成本过高等。

2. 环境机会和威胁

企业的机会与威胁均存在于市场环境中,因此对机会与威胁的分析实质上就是对企业外部环境因素变化的分析。市场环境的变化会给企业带来机会或给企业造成威胁。环境因素的变化可能对某一企业来说是不可多得的机会,但对另外一家企业则可能意味着灭顶之灾。

环境提供的机会能否被企业利用,同时,环境变化产生的威胁能否被有效化解,取决于企业对市场变化反应的灵敏程度和实力。市场机会为企业带来收益的多寡,不利因素给企业造成的负面影响的程度,一方面受这一环境因素本身影响,另一方面受企业优势与劣势的结合状况影响。最理想的市场机会是那些与企业优势高度匹配的机会,反之与企业弱点结合的不利因素将不可避免地会消耗企业大量的资源。

(二) SWOT 分析步骤

(1) 确认当前的战略。

(2) 确认企业外部环境的变化。

(3) 根据企业资源组合情况,确认企业的关键能力和关键限制。

(4) 打分评价。把识别出的所有优势分成两组,分的时候以一个标准为基础:它们是与行业中潜在的机会有关,还是与潜在的威胁有关。再用同样的办法把所有的劣势分成两组,一组与机会有关,另一组与威胁有关。

(5) 将结果在 SWOT 分析图上进行定位(见图 2.4),或者用 SWOT 分析表,将刚才的优势和劣势按机会和威胁分别填入表格(见表 2.1)。

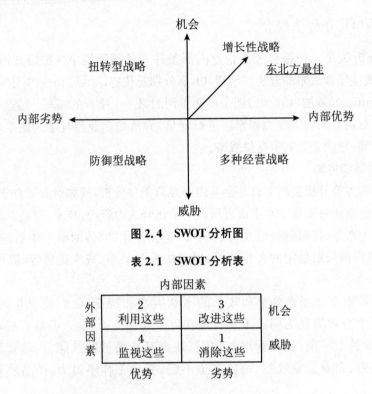

图 2.4　SWOT 分析图

表 2.1　SWOT 分析表

外部因素	内部因素		
	2 利用这些	3 改进这些	机会
	4 监视这些	1 消除这些	威胁
	优势	劣势	

(三) 企业对市场环境机会和威胁的对策

针对企业面临的最好机会和主要威胁,营销部门要制定正确的对策,对所面临的市场机会,企业必须慎重行事,认真分析其因素。有需要未必有市场,有市场未必有消费者。例如,高档豪华住宅是一个市场,但是有些地区未必有那么多的消费者购买,可能会出现较多空置,而占据大量资金易使营销计划失败。缺乏预测经验的人对某些领域表面上的机会可能会做出严重的错误估计,造成不可挽回的损失。

而对所面临的威胁,企业有三种可以选择的对策:

(1) 反抗策略。企业利用各种手段,努力限制或扭转不利因素的发展。

(2) 减轻策略。通过调整营销组合,改善环境适应,以减轻环境威胁的严重性。

(3) 转移策略。避开不利环境,转移到其他更为盈利的行业领域或市场领域。

面对市场机会,企业可选择以下三种对策:

(1) 及时利用。当市场机会出现时,企业马上通过自身可控因素的调整,为目标市场提供产品或服务,以充分利用市场机会。

(2) 适时利用。对那些在一定时间内不会发生变化的市场机会,若企业目前暂时不完全具备所应有的各种条件时,应先积极准备条件,待各方面条件成熟后,再利用这一市场机会。

(3) 放弃不用。对于一些市场规模不够大或长期效益不够好的机会,企业应选择放弃。

任务实施

根据所学知识,使用 SWOT 分析法明确该炼油厂内部条件的优劣势和外部环境的威胁或机会,进而制定扭转炼油厂不利营销局面的营销策略(见表 2.2)。

表 2.2 炼油厂 SWOT 分析表

企业内部因素 对策 企业外部因素	内部优势 S (1) 研究开发能力强 (2) 产品质量高价格低 (3) 通过 ISO9002 认证	内部劣势 W (1) 营销人员和销售点少 (2) 小包装产品少 (3) 缺少品牌意识 (4) 无形投资少
外部机会 O (1) 产品需求增加 (2) 产品需求多样化 (3) 产业优惠政策	优势＋机会 SO (1) 开发研制新产品(根据 S1,O2) (2) 继续提高产品质量(根据 S1,S2,O1,O2) (3) 进一步降低产品成本(根据 S1,S2 和 O3)	劣势＋机会 WO (1) 增加营销人员和销售点(根据 W1,O1) (2) 增加产品小包装(根据 W2,O1,O2)
外部威胁 T (1) 进口油品广告攻势强 (2) 进口油品占据很大市场份额	优势＋威胁 ST (1) 通过研究开发提高竞争能力(根据 S1,T1,T2) (2) 发挥产品质量和价格优势(根据 S2,T2) (3) 宣传 ISO9002 认证效果(根据 S3 和 T1)	劣势＋威胁 WT (1) 实施品牌战略(根据 W3,W4,T1,T2) (2) 开展送货上门和售后服务(根据 W3,W4,T1,T2)

思考题

1. 分析企业营销环境的目的是什么?
2. 常用的营销环境分析方法有哪些?
3. 处于威胁水平高、机会水平低的营销环境下的企业属于什么类型?

实训题

1. 实训目标:提升环境分析能力,训练发散性思维。
2. 实训内容:选定某项环境变化因素(可以选定任何一种环境因素如下雨、奥运会、全球气温变暖等),全班同学按照座位顺序依次发言,轮到的同学必须快速说出这一因素变化给社会带来的一项威胁及一项机会,由专人记录各位同学的发言。然后,老师选定某项威胁(或机会)。按照同样规则,轮到的同学必须快速说出应对这一威胁(或机会)的对策。根据发言的独特性与合理性加分,根据每位同学出现冷场的次数减分,将每位同学的最后得分作为平时成绩。

 案例讨论

在阿拉伯国家,虔诚的穆斯林每日都会礼拜,无论是居家还是旅行,礼拜者在固定时间都要跪拜于地毯上,且要面向圣城麦加的方向。结果,比利时地毯厂商人范得维格,巧妙地将扁平的"指南针"嵌入礼拜用的小地毯上,该"指南针"指的不是正南正北,而是始终指向麦加城的方向。这样,穆斯林有了他的地毯,无论走到哪里,只要把地毯往地上一铺,便可准确找到麦加城的所在方向。这种地毯一上市,立即成了抢手货。

案例思考:

比利时商人范得维格是对哪种市场营销环境进行了分析,才使得"指南针地毯"一举获得成功?

项目三　市场调研与需求预测

任务一　市场调研

【学习目标】　通过学习市场调研内容、程序、方法,具备进行市场调研的能力。
【知识点】　市场调研内容,市场调研程序与方法。
【技能点】　掌握市场调研的一般步骤和方法。

国内的电磁炉产业经历了2004～2007年的爆发性增长,大批工厂如雨后春笋般在珠三角和江浙一带迅速布局,从整体上来看,整个市场表面一片繁荣。DY电子有限责任公司也想进军该行业,生产电磁炉。在进入该行业之前,该公司首先开展了市场调研活动。市场营销部的张明也在此次的调研团队中,他该如何做好此次调研工作呢?

任务分析

企业要想在竞争环境中生存,就必须开展市场营销活动,市场营销中的一个基础环节就是了解市场、分析市场。市场调研是充分有效了解市场的最重要的方法。在开展市场调研时,必须遵循市场调研的流程,选用科学的方法,配合以合理的实施与控制,以期得到正确的调研信息,并对企业经营决策和营销决策产生积极的指导作用。

在此次调研中,张明所在的调研团队可以先寻找"标杆企业"。所谓标杆企业就是行业里的领头羊,很多后来的企业都将他们的发展历程奉为至理而去模仿,这种"拿来主义"的风险在于:这些标杆企业的发展方式并不一定适合其他企业,因为每个企业所处的空间和时间都不一样。其实,一味模仿是缺少调研理念的一种表现,调研就是使企业的决策、策略、计划符合客观实际的手段。作为中小企业的DY电子有限责任公司还将面对的问题包括:谁是我们的消费者?他们在哪里?他们的需求有什么不同?等等。这些问题的解决有赖于前期市场调研的开展。

企业想要比其他竞争者更好地满足市场需求,赢得竞争优势,就必须开展市场营销调

研,广泛收集市场信息,据此制定营销战略决策。市场调研的方法包括定性研究和定量研究。

一、市场调研的内涵

(一)市场调研的概念

市场调研是指企业运用科学方法,有目的地、系统地收集、记录一切与特定市场营销有关的信息,并对所收集的信息进行整理分析,从而把握目标市场的变化规律,为企业营销决策提供可靠依据的活动。

在市场营销中,分析、计划、实施和控制的每一个阶段,营销管理者都需要大量相关信息,而市场调研是获取这些信息的最重要的途径。

(二)市场调研的类型

由于主体、客体、范围、时间、功能等方面存在差异,市场调研可以分为不同的类型,表现出不同的特征。常见的市场调研分类如表 3.1 所示。

表 3.1 常见的市场调研分类

分类依据	调研分类名称	定义	备注
按市场调研的范围分类	专题性市场调研	是指市场调研主体为解决某个具体问题而进行的对市场某个方面的调研	大多数市场调研是专题调研
	综合性市场调研	是指调研主体为全面了解市场的状况而对市场的各个方面进行的全面调研	这种调研在实践中比较少见
按市场调研的功能分类	探测性调研	是一种为了掌握和了解调研者所面临的市场调研问题的特征和与此相联系的各种变量而开展的市场调研	一般采用简便易行的调查方法,如第二手资料的收集、小规模的试点调研、定性调研、专家或相关人员的意见集合,等等
	描述性调研	是针对市场的特征或功能等,对调研的各种变量做尽可能准确的描述。描述性调研所要了解的是有关问题的相互因素和相关关系	它要回答的是"是什么""何时做""如何做"等问题,它的结果通常说明事物的表征,并不涉及事物的本质及影响事物发展变化的内在原因。它是一种最基本、最一般的市场调研
	因果性调研	旨在确定有关事物的因果联系的一类市场调研。它也是结论性市场调研的一种。因果性调研涉及事物的本质,即影响事物发展变化的内在原因	市场营销的管理者更多的是根据事物之间内在的因果联系做出营销决策,因而因果性调研是一种十分重要的市场调研

(三)市场调研的内容

市场调研的内容很广泛,不同企业所从事的调研活动的侧重点也有很大不同。一般来说,市场调研的内容大致包括以下几个方面:市场需求调研、产品调研、价格调研、促销调研、分销渠道的调研、营销环境调研。各项调研的具体内容如表 3.2 所示。

表 3.2 市场调研的内容

调研名称	调研内容
市场需求调研	现有消费者需求情况的调研(包括需求类型、数量和时间等);现有消费者对本企业产品满意程度的调研;现有消费者对本企业产品信赖程度的调研;对影响消费者需求的各种因素变化情况的调研;对消费者的购买动机、购买行为的调研;对潜在消费者需求情况的调研,如需求产品的种类、数量和时间等
产品调研	产品设计的调研(包括功能设计、用途设计、使用方便和操作安全的设计、产品的品牌和商标设计以及产品的外观和包装设计等);产品系列、产品组合的调研;产品生命周期的调研等
价格调研	市场需求、变化趋势的调研;影响价格变化的各种因素的调研;产品需求价格弹性的调研;替代产品价格的调研;新产品定价策略的调研;目标市场对本企业品牌价格水平的反应以及竞争者的产品质量和价格的调研等
促销调研	调研各种促销形式的特点以及促销活动是否别具一格、具有一定的创新性;是否突出了产品和服务的特点;消费者的接受程度如何;是否起到了吸引消费者、争取潜在消费者的作用等
分销渠道调研	各中间商(包括批发商、零售商、代理商、经销商)经营状况、销售能力的调研;配送中心合理选址的调研;各种运输工具应如何安排的调研;如何既满足交货期的需要,又降低销售费用的调研等
营销环境调研	政治法律环境调研,如与该企业产品有关的方针政策、法令条例;经济环境调研,如经济发展水平、人均收入和消费信贷的变化;科技环境调研,如新技术、新工艺的发展、产品新品种的增加、生产能力的提高对供应关系的影响;竞争环境调研,如竞争者的生产能力和管理能力、产品的市场定位和营销组合策略、生产技术、资金实力和企业形象等

二、市场调研程序与方法

为了进行有效的市场调研,调研必须按照一定的步骤进行。市场调研的一般流程如图 3.1 所示。

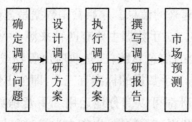

图 3.1 市场调研流程

（一）确定调研问题

要顺利地进行市场调研，首先要做的工作便是确定营销过程中所存在的问题以及调研目标。要针对营销问题进行追溯，掌握所有可能导致营销问题产生的行为和因素，找准方向，以保证调研真实有效。确定调研问题是一项重要而又细致的工作，涉及不同方面的工作内容。其一般的工作程序包括以下三个部分：

1. 调查或交流工作

先期的调查或交流工作有助于更科学、更准确地确定市场调查问题。这包括与决策者交流，向专家咨询，搜集分析二手资料以及开展必要的定性调研。

2. 分析问题的背景

常见的背景包括：掌握与企业和所属行业相关的各种历史资料和发展趋势；分析决策者的目标；为了将调研问题确定在适当的范围内，分析企业的各种资源；了解消费者的购买行为，宏观经济环境和文化背景，以及进行市场调研所需具备的技术条件等。

3. 明确决策问题和调查问题

需要将经营管理的决策问题转化为市场调查问题。经营管理决策问题是回答决策者怎么做，而市场调查问题则是回答需要什么信息以及怎样以最好的方式获得这些信息。

调研问题确定后，便要开始设计调研方案。

（二）设计调研方案

调研方案主要包括调查目的、调研内容、资料的来源和收集方法、收集资料的工具、经费预算及时间进度安排等。

1. 确定调研目的和内容

调研目的的确定，就是明确在市场调研过程中要解决哪些问题，通过调查要取得什么样的资料，取得的这些资料有什么用途等。衡量一个调研方案是否科学，主要就是看方案的设计是否符合调研目的的要求、是否符合客观实际。

2. 确定调研对象

调研对象也称调查范围，是统计指标所反映的对象。在开展调研活动时，可以对调研对象进行普查，也可以采用抽样调查的方法。

3. 确定资料来源

营销调研所搜集的资料可分为二手营销数据、原始营销数据两种。二手营销数据是早已存在的、为某种目的而搜集起来的信息。原始营销数据是为调研目标而专门搜集的信息。

（1）二手营销数据的收集。二手数据主要有四种来源：一是企业内部的信息系统；二是经销商、广告代理商、行业协会的信息系统；三是政府出版物或商业、贸易出版物；四是提供营销信息的企业。审查与评估二手数据的标准有三个，即公正性、有效性和可靠性。

一般而言，企业的营销调研都可以部分地运用二手营销数据来满足对信息的需要，因此，营销调研人员应首先考虑利用二手数据，以省去大量时间与费用。但是营销调研人员及管理人员必须对二手数据进行严格审查与评估。如果某些营销调研人员对发现的二手数据不加严格审查、评估就直接引用，这是相当危险的，可能会招致不可挽回的损失。

(2) 原始营销数据的收集。当现有数据来源不能提供解决市场营销问题所需的数据时,企业必须进行原始数据的收集。

4. 确定资料收集方法

当企业收集原始营销数据时,可供采用的方法主要有观察法、实验法、调查法和专家估计法。

5. 设计调研工具

调研人员在搜集原始营销数据时,常用的调研工具是问卷。问卷的质量对市场调研的绩效有很大的影响,因此问卷的设计工作应由经验丰富的调研人员来承担。

6. 确定经费预算

调研的经费预算是调研方案的重要内容,经费的多少与调查范围、调查规模(样本量大小)、调查方法、调查难易程度等密切相关。市场调研项目的经费预算,通常包括以下内容:调研方案设计费,抽样费用,问卷设计费,问卷印刷、装订费,调研实施费,数据审核、编码、录入费,数据统计分析费,调查报告撰写费,折旧、耗材费,项目办公费,其他费用。

7. 安排调查进度

调查设计除了要考虑前面所列举的内容外,还要考虑调查时间和调查期限。调查时间指调查在什么时间段进行,需要多少时间完成。不同的调查课题、不同的调查方法,有不同的最佳调查时间需要。例如,对于入户调查,最好的调查时间是在晚上和周末,这时家中有人的概率大,成功率高。另外,调查的方法和规模不同,调查工作的周期也不同。例如,邮寄调查的周期较长,而电话调查的周期较短。

调查期限是规定调查工作的开始时间和结束时间。包括从调查方案设计到提交调查报告的整个工作进度,也包括各个阶段的起始时间,其目的是使调查工作能及时开展、按时完成。为了提高信息资料的时效性,在可能的情况下,调查期限应尽可能缩短。

通常一个市场调研项目的进度安排大致要考虑如下几个方面:总体方案论证、设计;抽样方案设计;问卷设计、预试、修改和定稿;调研人员的挑选与培训;调研的实施;数据的整理、录入和分析;调研报告的撰写;有关鉴定、发布会和出版。

(三) 执行调研方案

执行调研方案主要包括搜集和分析数据资料等工作。

1. 数据采集

调研方案实施的第一步便是采集数据,数据采集是按照调研设计的要求,收集所需有关信息的过程。数据采集是关系到市场调查成功与否的关键一步,因此在采集数据的过程中要进行严格的组织管理和质量控制。数据采集过程涉及选择、培训和管理调研人员,核实调研工作和评估调研人员也是这个过程中的重要部分。

(1) 选择调研人员。在挑选调研人员时应考虑以下几个方面:要根据调研的方式和调研对象的人口特征,尽量选择与调研对象相匹配的调研人员;调研人员的职业道德水平;调研人员的语言交流能力。

(2) 培训调研人员。为了提高数据采集的质量,需要对调研人员进行培训。培训能够保证所有的调查员以同样的态度对待问卷,以便采集的数据具有一致性。培训内容应该包括如何接触调查对象、如何提问、如何追问、如何控制表情、如何记录以及如何结束访谈。

（3）管理调研人员。保证调研人员能按照培训的方法和技术来实施调研，在调查实施过程中，需要对调查员的工作进行检查和监督，现场工作人员的管理工作主要包括质量控制、文档管理、抽样控制、检查调研人员的工作报告。

（4）核实调研工作。复核是对调查员完成工作的抽查，即通过对受访者再一次的访问来检查访问工作的真实性。复核程序首先可以减少调研人员的作弊行为，同时也是对调研结果的质量进行的一次检查。复核的比例根据调研的情况可以有所不同，一般为10%~20%，对工作存在质量问题的调研人员可以适当增大复核比例。复核的内容主要包括：访问情况、问卷内容的真实性。

（5）评估调研人员。评估调研人员能够使得调研人员更好地了解自己的工作状况，以及寻找并建立更好、质量更高的调研队伍。评估的标准主要包括成本和时间、调查质量和调查成功率。

2. 数据分析

（1）数据的准备。数据准备阶段的关键任务是把调研过程中采集到的数据转换为适合汇总、制表和数据分析的形式。数据准备工作是一项较为费时、费力的工作，但其对调查数据的最终质量和统计分析有很大影响。

（2）数据的分析。数据分析主要是运用统计分析技术对采集到的原始数据进行运算处理，并由此对研究总体进行定量的描述与推断，以揭示事物内部的数量关系与变化规律。数据分析虽然是在数据采集之后开展，但在进行调研方案的设计时，就需要根据调研项目的性质、特点、所要达到的目标，预先设计好数据分析技术，制定好分析方案。常用的统计方法有描述统计、参数估计、相关和回归分析、列联分析、多元统计分析等。

（四）撰写市场调研报告

市场调研报告是市场调研人员对某个问题进行深入细致的调查后，经过认真分析研究形成的一种书面报告，它是市场调研工作最终成果的主要表现形式。市场调研报告要对市场现象加以描述，对现象出现的原因进行分析，对市场现象的规律进行反映，并对现象发展变化规律的特点进行分析，做出判断性结论，提出建议性意见。调研报告对市场现象所做的各种分析，应该直接地为管理者进行营销决策服务。

（五）市场预测

当然，企业不仅仅是为市场调研而调研，而是要通过市场调研，利用一定的方法或技术，对未来一定时期内市场供求趋势和影响市场营销的因素的变化做出估计与推断，为企业的营销决策提供科学依据。市场预测的过程就是估计与推断的过程，其一般步骤分为以下几个：

1. 确定预测目标

确定预测的目标是进行市场预测的首要问题。市场预测目标的确定应以产品生产和营销决策的要求为依据，并要做到具体、准确、清楚。例如，是短期预测还是中长期预测，是需求预测还是销售预测，是对一种产品或几种产品的社会需求量进行预测，或是对某一地区某一特定时间某种产品的销售量进行预测,或是预测市场占有率等,这些都必须非常具体地被确定下来。明确具体的预测目标,不仅便于工作计划的制定、资料的搜集、队伍的组织,而且有利于各相关部门的协调与配合。

2. 收集和分析资料

无论是采用定性预测法还是定量预测法,市场预测都必须以充分的资料为依据,因此对所需资料的收集是市场预测的前提和基础。市场预测所需资料必须力求完备、准确、实用。预测资料来源大体有以下几个方面:

(1) 本系统(公司、企业)的计划、统计和活动资料。

(2) 国家、政府机构及经济管理部门的有关方针、政策、经济公报、统计公报等。

(3) 国外技术经济情报和国际市场活动资料。

(4) 商业部门和市场的统计数据资料。

(5) 科研单位、学术团体的研究成果,刊物的资料等。

(6) 实地市场调研资料。

在取得预测所需的资料后,企业应根据预测目标,对这些资料进行认真的核实与审查,去粗取精,去伪存真。对反映市场现象总体特征的资料,根据市场现象自身的特点,进行归纳分类、分析整理,使这些资料系统化、条理化,使之能够真正满足市场预测的需要。必要时,还应不断地增添新的资料。

3. 选择预测方法,建立预测模型

市场预测人员对所收集的资料进行加工整理后,还应对之进行周密的分析,以便选择出合适的预测方法进行市场预测。分析市场现象及各种影响因素的具体特点,才能选择出适当的预测方法。市场预测的方法有很多,这些方法无论是简单还是复杂,都有其特定的适用对象。在市场预测中,只有根据对所占有资料的认真分析并结合预测的目标和内容选择出的适当方法,才能发挥各种预测方法的特点和优势,对目标市场的未来发展趋势做出可靠的预测。值得一提的是,在计算预测值时灵活运用预测模型,依据数学模型的运算规律,结合预测者对未来市场的估计,可做出准确的预测。

4. 分析、修订预测结果

预测的结果可能与实际不符,即产生预测误差。在预测过程中,产生误差的原因是多方面的,可大致从以下几个方面开展分析:

(1) 预测方法选择不当,建立的预测模型与产品的实际需求规律不符。

(2) 建立预测模型所收集到的数据资料不全面或不准确,导致预测结果的偏差。

(3) 数学模型本身的缺陷,因为预测模型仅仅是实际过程的一个最佳近似,趋势预测模型与实际变动曲线完全吻合的情况是极为罕见的。

(4) 预测期间的外部经济形势与预测模型建立时相比,发生了显著的变化,而建立模型时并未估计到某些显著变化。

(5) 预测人员的经验、分析、判断能力的局限性。

市场预测只是对未来市场情况及变化趋势的一种估计和设想。由于市场需求变化的动态性和多变性,以及上述原因的存在,需求预测达到100%的准确是不可能的,总会有或多或少的误差存在。但如果预测误差过大,就会失去预测的实际意义,甚至会带来不利的影响。

所以,对各种定量预测的结果,运用相关方法来分析预测误差,进行可行性分析是必要的。每次预测方案实施后,要按照实际计算误差,分析误差产生的原因,评价预测以及所选用预测方案的可靠性,为修正预测方案,改进预测模型,重选预测变量,调整预测结果。在已修改好的模型上输入数据,便可做出最终预测。

5. 编写预测报告,总结预测经验

对预测结果进行检验、评价、修正之后,要及时编写预测报告。预测报告是对预测工作的总结,用以向预测信息的使用者汇报预测结果。报告要求其预测结果简单明了,并要求对预测过程、预测指标、资料来源等做出简明的解释和论证,而且要做到数据真实准确,论证充分可靠,建议切实可行,并要及时传递给决策者,以便决策之用。完成预测报告后,预测人员应当分析预测误差产生的原因,总结预测经营,不断提高预测水平。

三、原始营销数据收集的方法

(一)观察法

观察法,是通过观察被调查者的活动取得市场资料的一种调研方法。运用观察法收集资料时,调研人员同被调查者之间不发生任何接触,而是由调研人员直接或借助仪器把被调查者的活动按实际情况记录下来。例如,有些企业在超市的天花板上安装摄像机,追踪消费者在店内的购物过程,据此考虑重新陈列产品,以便消费者选购。此外,观察法还可用于研究售货技术、消费者行为、消费者反应等市场营销问题。

观察法的主要优点在于客观实在,能如实反映问题。不足之处是运用这种方法很难捕捉到被观察者的内在信息,如他们的收入水平、受教育程度、心理状态、购买动机以及对产品的印象等。此外,观察法对被观察者的行为或环境无法加以控制。

按照不同的标准,观察法的分类如表3.3所示。

表3.3 观察法的分类

分类依据	类型	定义	实施
调研人员是否对观察实行控制	实验观察	在人为设计的环境中进行的观察	例如,要了解商场售货员对挑剔消费者的态度情况
	非实验观察	在自然状况下进行观察,所有参与的人和物都不受控制,跟平常一样	例如,调研人员在自然状况下观察商场售货员提供服务的过程
调研人员观察方式的不同	结构观察	根据调研的目的,对观察的内容、步骤做出规定,根据这些规定来实施观察	要事先列出观察的内容,所以或多或少会有调研人员的意见参与其中,从而不可避免地对调研结果产生影响
	无结构观察	通常只规定调研的目的和任务,调研人员可以按照调研目的的要求自行确定观察的内容	一般在调研人员对调研对象缺乏足够了解的情况下使用,实施观察时较为灵活,可作为更深一步调研的基础

续表

分类依据	类型	定义	实施
调研人员对所调研情景的介入程度	直接观察	调研人员直接加入到所调研的情景之中进行观察	调研人员可以根据调研目的,对需要了解的现象进行直接观察,观察结果针对性较强
	间接观察	调研人员不直接介入所调研的情景	通过观察与调研直接关联的事物来推断调研对象的情况
调研人员在观察过程中是否公开身份	公开观察	被调研者知道调研人员身份的情况下进行的观察	目标和要求明确,可以有针对性地为调研人员提供所需要的资料。但在进行公开观察时,被观察者意识到自己受人观察,可能会表现得不自然,或者有意识地改变自己的惯常态度和做法,这种不真实的表现往往会导致观察结果失真
	非公开观察	调研人员在观察过程中不暴露自己的身份	使被观察者在不受干扰的情况下真实地表现自己,这样观察的结果会更加真实可靠
根据观察中记录的主体进行划分	人工观察	由调研人员直接在观察现场记录有关内容,并根据实际情况对观察到的现象做出合理的推断	人工观察容易受调研人员自身人为因素的影响,如主观偏差、情绪反应等都会影响到调研的结果
	仪器观察	将一些先进的设备(如录音机、摄像机等)用于调研领域的一种新的观察法	如通过在商场的不同部位安装摄像系统,可以较好地记录售货人员和消费者的行为表现,借助仪器设备进行现场观察和记录,效率较高,也比较客观

(二) 实验法

1. 实验法与实验过程

实验法是将所要调查和解决的问题置于一定的市场条件下,通过小规模试验,搜集市场资料,测定其整体实施效果的一种方法。

(1) 实验主体,是指可被施以行动刺激,以观察其反应的单位。在营销实验中,主体可能是消费者、商店及销售区域等。

(2) 实验投入,是指研究人员将测试其影响力的措施变量。在营销实验中,实验投入可能是价格、包装、陈列、销售奖励计划或其他市场营销变量。

(3) 环境投入,是指影响实验投入及其主体的所有因素。在营销实验中,环境投入包括竞争者行为、天气变化、不合作的经销商等。

(4) 实验产出,也就是实验结果。在营销实验中,这种结果主要包括销售额的变化、消费者态度与行为的变化等。为便于对实验结果进行评估,在实验前就应预先制定决策准则。例如,如果两种包装所导致的销售差异等于或大于某数值,则企业应选择那种较受欢迎的包装投入生产;如果两种包装的销售差异小于某数值,则任何一种包装都可投入生产。在这里,销售差异的数值是关键。管理人员必须认真考虑现行决策准则的误差特征、各种可能性误差带来的经济损失以及决策前的判断等问题。

2. 实验法的优缺点

实验法的优点:方法科学可以有控制地观察市场某些变量之间的相互影响及因果关系;可以获得较正确的资料和数据,减少决策的风险。

实验法的缺点:相同的实验条件并不能保证同一结果的重复出现,因而实验结果的可比性受到一定的影响;只可用于当前市场变量的分析,不能对过去的或未来的变量进行实验和分析;实验周期长,调研费用较高。

3. 实验法的常见做法分类

在市场营销活动中,实验法的常见做法如表 3.4 所示。

表 3.4 实验法的常见做法分类

类型	常用做法	效用	备注
试用法	先试制出若干台产品,请有关人员试用一段时间,然后由试用人员对新产品加以评价	通过这一办法,该企业不但可以搜集有关产品质量、性能、适用性等方面的信息,同时可以扩大宣传	试用法多用于新产品的销售实验。例如,DY电子有限责任公司新开发出一种新型按摩机,为了确定是否适销对路,决定先请人试用
试销法	将小批量产品有计划地投放到若干预定市场,进行小规模试验销售的一种实验方法	试销的目的在于了解市场、了解消费者对新产品的态度和反应,为改进产品的生产及制定营销策略和进行市场预测提供依据	随着市场经济的不断发展,越来越多的企业设立门市部或试销商店,以方便开展产品试销活动
展销法	将不同厂家的同类产品放在同一市场内进行销售的一种实验方法	它有利于销售人员搜集用户意见和要求,搜集行情、销路等资料;有利于对各种同类产品进行对比研究,以便提高企业产品的竞争能力	

从本质上说,市场营销调研的实验活动与自然科学的实验活动是相同的。但是,市场测试、新产品试销等并不是在周密控制的实验室里进行的,而是在现实市场上以鲜活的人群为对象来进行的。因此,在实验设计时必须注意那些在实验室实验中不需考虑的因素。

(三) 调查法

通过调查可以收集到的信息包括社会经济特征,消费者态度、意见、动机以及公开行为等。在市场营销调研中,调查研究是收集有关产品特征、广告文稿、广告媒体、促销及分销渠道等信息的有效方法。整个调查研究过程由四个主要步骤组成,即确定研究目的、制定研究策略、收集数据和分析数据。

1. 确定研究目的

研究目的可能是进一步了解市场,也可能是追求增加销售额的构想,还可能是寻找数据证实或推翻原有的见解。确定研究目的可以使问题进一步简化。

2. 制定研究策略

为实现已经确定的研究目的,研究人员还必须确定调查方法、研究工具与抽样方式。这三方面的内容构成了一整套研究策略。

(1) 调查方法。调查方法主要有人员访问、电话调查、邮寄调查、网络调查、留置问卷等,这些方法的相对优缺点如表3.5所示。

表3.5 不同调查方法的相对优缺点比较

方法	分类	定义	优点	缺点	备注
访问法	人员访问	是以面对面的谈话方式向被调查者发问、记录来搜集资料	可观察性、灵活性,使调研更加全面和细致	费用高,优秀的调研人员较少,可能使被调研者容易产生被质问的压迫感	具体方式有:入户访问、拦截访问、座谈访问等。可以个人面谈,也可以群体面谈
	电话调查	是调研人员通过电话形式向被调研者询问预先拟定内容而获取信息资料的方法	搜集资料速度快、时间短、费用省;访问的时间选择性较大;无需面对面,减少各种顾虑,谈话更坦率和真实	只能问简单的问题;无法获得视角信息;被调查者必须拥有电话,并且愿意进行合作	
	邮寄调查	将事先设计好的问卷或调查表,通过邮寄方式送给被调研者,请他们填好后按规定的时间寄回的一种调研方法	调查区域广泛,费用较低;保密性强;避免调研人员有偏见,也有利于统计;回答问卷时间充分	调查周期长,问卷回收率低,缺乏灵活性	一般附上回邮的信封和邮票,有时还包括回答问题的报酬或纪念品
	网络调查	是利用互联网的交互式信息沟通渠道来搜集有关信息资料的一种方法	不受时间和空间的限制,收集数据迅速	调查对象受限,被调查者必须会使用电脑及网络	
	留置问卷	调研人员把调查表送达被调研者处,并详细说明回答问题的要求后,由被调查者自行填写再由调研人员定期收回的一种方法	这种方法的优缺点介于人员访问法和邮寄访问法之间。它较好地结合了两者的优势,回收率较高,被调查者又不受调研人员的影响,可避免被访问者对问题的误解,时间上也有一定的保证		

(2) 研究工具。研究工具的选择,主要取决于所要收集的信息类型与收集方法。如果只需少量答案,则最好用电话访问或邮寄问卷。拟定一份完善的问卷需要有相当的技巧与学问,并要特别注意问题的类型、措辞、形式以及次序。

(3) 抽样方式。抽样调查是一种非全面调查,它是从研究对象中抽取部分单位进行调查,并通过调查结果来推断总体的一种调查方法。进行抽样调查涉及到对抽样方法的选择,抽样方法大体上可分为两大类,即随机抽样法和非随机抽样法。

3. 收集数据

在确定了研究策略之后,营销调研人员还需进行数据的实地调查、收集工作。这一阶段所花费的成本最高,可能出现的错误也最多。常见的主要问题包括:被访者未遇、被访者拒绝合作、回答偏差、访问人员偏差等。营销调研人员在开展调查研究的过程中,必须为满足可靠性和有效性双重要求而努力。可靠性与测定的随机误差有关,随机误差越小,可靠性越大。可靠性关系到数据的首尾一致性,而有效性则与实际测定程度有关,它关系到系统误差和随机误差两个方面。

4. 分析数据

调查法的最后一项工作是从大量数据中抽出重要的证据来证实研究的结果。分析数据是指对数据进行整理、编码、分类、制表、交叉分析及其他统计分析,并提出研究报告的组成部分。报告的开始部分为摘要,介绍主要发现和建议,而详细的技术性问题则应放在报告的正文部分,待管理人员仔细阅读。

(四)专家估计法

当企业没有充足的时间来进行一项严谨的科学抽样调查,或即使使用科学研究方法也无法收集到所需的数据时,采用专家主观估计的数据也不失为一种好办法。

营销调研人员需要从专家那里收集以下判断性信息:点估计信息(如市场规模的估计等)、销售反应函数(即销售额随市场营销因素的变化而变化的关系)、某一事件的不确定性、对某些变量的评分或赋予权数。

营销调研人员在询问上述估计值时,既要清楚地表达出自己需要哪些数据,又要使回答的人能够有话可说。例如,下面的三个问题看似问的是同一件事情,但事实上意义不同。

(1)你估计最可能达到的销售量是多少(众数)?

(2)假如你有相同的推销机会,你估计能销售多少(中位数)?

(3)根据以往的经验,你估计能销售多少(算术平均数)?

在向销售人员、产品经理、经销商或其他人员询问估计数据时,不要采纳那些主观臆造的数据,而应要求他们提供实际依据。例如,当价格提高时,销售人员往往会对销售额做悲观估计。为了应对可能的偏差估计值,企业可采取两种措施:一是奖励那些估计正确的人员;二是保存好每年每月的估计记录,以了解估计偏差的趋势。

在得到各专家的估计值后,有时还会遇到一个如何平均的问题。如果各估计值很相近,则研究人员可用算术平均数法或中位数法算得综合估计值。如果各估计值相差太大,则研究人员需另找办法。他可以邀请各专家一起讨论其差异原因,也可以运用某种加权平均法来综合各专家的估计值。权数的确定有四种方式:一是对各专家的估计值给予相同的权数;二是对研究人员认为比较高明的专家给予较高的权数;三是根据专家自己认为的高明程度给予相应的权数;四是对过去估计较准的专家给予较高的权数。

任务实施

1. 如何调研

我们该如何去调研?这是一个很实际的问题。全面的调研过程通常包括以下几个阶段:

(1)明确调研的目标。我们要知道哪些情况?消费者需求?竞争情况?消费者偏好?漫无目的的调研或意图不明显的调研都会导致效率低下,意义也不大,甚至会成为只是走走过场的形式主义。

(2)设计调研方案。调研的地点、座谈会的召开时间、参加人员等都要事先考虑计划好。同时,涉及到调查问卷的,则需要准备好调查问卷。参加座谈会形式调查的人员需要提前预约组织好,并要准备好座谈会上要交谈的内容、问题等。

(3) 执行调研计划。不管是什么形式的调研,都是一个收集信息、资料的过程,这个过程的质量直接影响调研的质量和准确性。

(4) 分析调研数据,总结调研结果。在调研过程中收集来的数据、信息及资料是调研结果形成的基础,而调研结果就是对输入的数据、信息及资料进行去粗取精、去伪存真、由此及彼、由表及里的专业加工后输出的内容。

2. 调研中的注意事项

为了地得到符合客观实际的结果,在调研的过程中,我们还需要注意以下几点:

(1) 不犯"想当然"的主观主义错误。有些企业在调研过程中容易犯这种毛病,他们在还没有开始调研时,思想就已经走在调研前了,就已经对要调研的对象有了自己的认识。而之后的整个调研过程只是试图证明自己的观点是否正确,甚至为了证明自己的判断是正确的而对一些现象进行牵强附会的解释,对客观事实视而不见。

(2) 主要策划人员要亲自参与到调研的过程中去。调研不单单是为了了解情况,调研是解决问题的起点。很多策划人员有这样的经历:在办公室里怎么想都想不出东西,脑袋里空空的,一旦离开办公室,离开电脑,到市场上去,与消费者进行接触、交谈,观察他们,头脑里就会装满许多的奇思妙想。这就是参与调研的好处。

(3) 要有打破砂锅问到底的精神。现在的社会,有人认为我们拥有的信息太少。事实上,我们面对的是一个信息爆炸的社会。我们要善于辨别真伪,在抓住主要问题后要有打破沙锅问到底的勇气和智慧,只有这样,我们才能真正发掘出符合客观的资料。

鉴于调研的重要性,所以"不做调查就没有发言权,不做正确的调查也没有发言权"。广大中小企业,在品牌定位前、产品上市、上市策略出来、价格出来前,你的企业调研了吗?如果没有,那么请尽快动起来吧!

思考题

1. 企业可以采用哪些方法来收集原始营销数据?
2. 市场调研分哪几个步骤?
3. 设计一个大学生超市消费调查的问卷,并组织实施调研。

任务二 市场需求预测

【学习目标】 学习市场需求预测的方法与技巧,理解市场调研报告的结构与内容,具备市场需求预测的能力,并能撰写市场调研报告。

【知识点】 市场需求预测的方法与技巧,市场调研报告的结构与内容。

【技能点】 市场调研报告的撰写。

**任务描述**

DY 电子有限责任公司需要在电磁炉投入市场前,进行销售量预测,从而决定产量。于是,该公司成立专家小组,并聘请业务经理、市场专家和销售人员等八位专家,预测全年可能的销售量。八位专家对新产品的特点、用途进行了了解,以及人们的消费能力和消费倾向做了深入调查,提出了个人判断,经过三次反馈得到结果如表 3.6 所示。

表 3.6 DY 电子有限责任公司对电磁炉市场销售状况的专家预测表

单位:千件

专家编号	第一次判断			第二次判断			第三次判断		
	最低销售量	最可能销售量	最高销售量	最低销售量	最可能销售量	最高销售量	最低销售量	最可能销售量	最高销售量
1	500	750	900	600	750	900	550	750	900
2	200	450	600	300	500	650	400	500	650
3	400	600	800	500	700	800	500	700	800
4	750	900	1500	600	750	1500	500	600	1250
5	100	200	350	220	400	500	300	500	600
6	300	500	750	300	500	750	300	600	750
7	250	300	400	250	400	500	400	500	600
8	260	300	500	350	400	600	370	410	610
平均数	345	500	725	390	550	775	415	570	770

任务分析

使用德尔菲法进行预测时需要有一位协调者居中策划协调、拟定问卷、整理并综合专家们对未来的估计,此种方法可以减少多数意见造成的晕轮效应,在此次预测中张明就是扮演居中协调者的角色。面对收集来的数据,张明对最终销售数量进行预测还可采用平均值计算、加权平均计算、中位数计算三种方法。

**相关知识**

企业进行销售预测,一般要经过三个阶段,即环境预测、行业预测和企业销售预测。环境预测就是通过分析通货膨胀、失业、利率、消费者支出和储蓄、企业投资、政府开支、净出口以及其他一些重要因素,最终做出对国民生产总值的预测。以环境预测为基础,结合其他环境特征进行行业销售预测。最后,根据对企业未来市场占有率的估计,预测企业销售额。

一、市场营销预测分类

市场营销预测是指通过对市场营销信息的分析和研究,寻找市场营销的变化规律,并以此规律去推断未来发展的过程。根据不同的标准,市场预测可以分为不同的类型。

(一) 根据预测时间的长短来划分

市场预测可以分为长期预测、中期预测和短期预测。长期预测一般指五年以上的预测;中期预测是指一至五年的预测;短期预测是指一年以内的预测。中、长期预测主要用于宏观预测,主要任务是为制定中期规划和长期计划提供依据。企业的短期预测主要用于微观预测,如旺季商品的供求预测,节日商品的供求预测,季节性商品的销售预测及专题预测等。短期预测的主要目的是为制定年度、季度计划,安排市场供应提供依据。

(二) 根据市场预测的商品内容来划分

可分为单项预测、分类别预测和总量预测。单项预测是指对某一种具体商品生产或需求数量的预测,以及对此类商品中某个具体型号、规格、质量层次的商品的生产量或需求量进行预测。分类别预测是按商品的类别来预测其需求量或生产量等,如对服装类商品、通信类商品、医疗保健类商品等进行需求预测。总量预测是指对产品的生产总量或需求总量进行预测,如对一定时间、地点、条件下的购买力总量、国内生产总值等进行预测。

(三) 根据预测范围来划分

可分为宏观预测和微观预测两类。宏观预测是指对影响市场营销的总体市场状况的预测,主要包括对购买力水平、商品的需求总量及构成、经济政策对供求的影响等方面的预测。微观预测是从一个局部、一个企业或某种商品的角度来预测供需发展前景。其主要任务是掌握本企业供应范围内商情的变化情况,为合理安排市场供应,扩大销量,提高企业经济效益提供依据。微观预测主要包括对商品的资源、商品的销售、库存情况以及企业的市场占有率和经营效果等情况的预测。

(四) 根据预测时所用方法的性质来划分

可分为定性预测和定量预测两种。定性预测是根据调查资料和主观经验,通过分析和推断,估计未来一定时期内市场营销的变化。目前,我国一些企业常用的市场调研预测法和经验判断预测法就是以定性为主的预测方法。

定量预测是根据有关营销变化的数据资料,运用数字和统计方法进行推算,寻找营销变化的一般规律,对营销变化的前景做出量化的估计。

需要指出的是,定性预测与定量预测并不是截然分开的。在实际预测中,企业往往是将定性预测与定量预测相结合,进行综合预测。

二、市场需求预测的内容

（一）市场需求

市场需求是指通过一定的市场营销活动,使一定地区和市场营销环境中某一消费者群体在一定时期内可能购买的某一产品的总量。主要内容包括以下几个方面:

1. 产品

市场需求预测是对某一产品的需求量的预测,这一预测通常要建立在明确产品类别的基础上,而产品类别则需企业根据其营销目标来确定。

2. 总量

某一产品的市场需求总量既可用实物量来衡量,也可用货币价值量或相对数来衡量。

3. 市场预测

包括两方面的内容:一方面是对整个市场的预测;另一方面是对细分市场的预测。一般说来,人口数量、居民收入水平、居民消费心理的变化、政府政策的变化等影响着整个市场的需求;而社会集团需求则主要受国家的各种政策以及企事业单位的财力状况和职工人数等因素的影响,它们对商品的花色、品种、规格的要求比较简单,且对某一部分商品的数量需求比较稳定。

4. 区域

市场预测必须考虑市场需求的地域分布,考虑不同地域的商品市场占有率。一般来说,企业的市场营销活动总是集中在一定地域范围之内的,而且消费者需求通常存在着地域差异,企业需要把总体市场按区域划分为多个不同的细分市场。因此,应当根据营销目标界定市场营销预测的区域。

5. 时期

市场预测可以是短期的,也可以是中期或长期的。一般来说,预测的时期越长,预测的结果越不精确。

6. 市场营销环境

市场需求受到各种因素的制约与束缚。对每一项需求的预测,都必须考虑经济环境、家庭收入、政府法令、竞争状况、技术水平、消费者嗜好等营销环境因素的影响,并把预测建立在对这些因素的假设之上。

（二）市场需求预测的基础

市场需求预测的情报基础有以下三方面:

人们所说的——指购买者及其亲友、推销人员、企业以外的专家的意见。在此基础上使用的预测方法有购买者意向调查法、销售人员综合意见法和专家意见法。

人们要做的——在此基础上使用的预测方法是市场实验法,即把产品投入市场进行实验,观察销售情况及消费者对产品的反应。

人们已做的——在此基础上的方法,是用数理统计等工具分析反映过去销售情况和购买行为的数据，包括两种方法，即时间序列分析法和统计需求分析法。

三、市场需求预测的主要方法

（一）定性预测法

1. 经验判断法

经验判断法是一种主要依靠与预测对象相关的各类人员的知识和经验，对预测对象的未来发展、变化趋势进行判断，得出有关结论的一种预测方法。由于这是一种传统的、容易操作的方法，在市场预测中占有很重要的地位，因而被广泛地应用在实际工作中。采用经验判断法进行预测，需找那些熟悉业务、了解情况，且有丰富经验和综合分析能力的有关人员，由他们按照一定的方法进行预测。它是一种定性预测方法，在实际应用中，可以结合采用一些定量分析技术，以得出更为科学的预测结果。它具体可分为个人经验判断和集体经验判断两个类型。

个人经验判断法是指由个人单独进行的经验判断预测法，主要有根据相关推断原理、对比类推原理、比例关系及平衡关系等进行的推断。

集体经验判断预测法，又称集体意见预测法，是指由经过精心挑选的、与预测相关的、具有一定经验和相关知识的一组人员共同座谈讨论、交换意见，在对预测对象进行充分的分析后，对其发展变化的趋势提出集体的预测结果的集体判断的方法。具体方法如表 3.7 所示。

表 3.7　常见的集体经验判断预测法

项目名称	概　念	用途及说明
购买者意向调研法	在调研消费者或用户有在未来某个时间段内购买某种商品意向的基础上，对商品需求量或销售量做出量的推断的方法	这个方法可以集中购买者购买商品的决策经验，反映他们未来对商品的需求状况。由于购买者最了解自己所需要的商品和数量，只要调研方法恰当、推断合理，预测结果就会比较准确、可靠。购买者意向调研可分为生活资料消费者、生产资料用户及企业用户意向调研。大多采用抽样调研及典型调研的方法，根据调研结果，推断总体
意见汇总法	在对某事物进行预测时，由企业内部所属各个部门分别进行预测，然后把各部门的预测意见加以汇总，形成集体的预测意见的一种判断预测法	例如，DY 电子有限责任公司需对企业的销售前景做预测，可先由企业下属的 20 个柜组，分别对其未来发展趋势做出预测，报告给企业领导层，企业领导再将各柜组的预测资料加以汇总，并根据自己所掌握的资料对企业整体形势进行分析，对各个柜组的预测值做必要的调整，最后提出企业整体的销售发展趋势
意见测验法	向企业外部的有关人员（如消费者或用户）征求意见，并加以综合分析，以做出预测推断的一种方法	经常采用的有商品试销或试用征求意见法、消费者或用户现场投票法、调研表征求意见法和商品试用征求意见法

2. 专家意见法

专家意见法，即根据市场预测的目的和要求，由预测组织者向有关专家提供与市场预测有关的资料，由专家对预测对象的过去和现状进行分析综合，从中找出规律，并对今后的发展趋势做出判断,然后由预测人员对专家的意见进行归纳整理,最终得出预测结论。专家意见法一般用于没有历史资料或历史资料不完备,难以进行定量分析,需要进行定性分析的预测。

为了确保专家意见法的调研效果,应对专家进行适当、认真的选择。在选择专家时应注意以下要点:

(1) 所选择的专家应具有代表性。专家应来自与预测项目有关的各个领域,彼此之间最好互不相识,有较好的代表性。

(2) 所选择的专家应具有较高的专业水平和丰富的经验。专家应具备丰富的相关工作经验和较高的专业知识水平,对市场变化具有一定的洞察力,而且应具有良好的思维能力和表达能力。

(3) 所选择的专家还应具有一定的市场调研与预测方面的知识和经验。

(4) 专家的人数要适当。经验表明,人数控制在15人以内比较适当。

专家意见法是一种在国内外广泛使用的预测方法。这种方法按预测过程和收集、归纳各专家意见的方式不同,又分为两种形式:专家会议法(小组讨论法)、德尔菲法。

(1) 专家会议法

专家会议法,是根据预测的目的和要求,邀请或召集相关专家一起开会,由专家们针对预测课题进行讨论与分析,最后综合各专家的意见做出预测。专家会议法的预测步骤是:

① 根据预测的目的和要求,拟定意见咨询表。

② 选定若干个熟悉预测对象的专家,组成一个预测小组。

③ 召集小组成员开会,在会上向各成员发放意见咨询表,说明预测的要求,并尽可能提供有关参考资料。

④ 小组成员根据预测要求,凭个人经验和分析判断能力,提出各自的预测方案,并说明其理由。

⑤ 预测组织者计算有关人员的预测方案的方案期望值。

⑥ 将参与预测的有关人员分类,计算各类综合期望值。

⑦ 确定最终的预测值。

专家会议法的主要优点包括:简便易行,成本较低;由专家做出的判断和估计具有较高的准确性;可以使与会专家畅所欲言,自由辩论,充分讨论,集思广益,从而提高预测的可靠性。

专家会议法的主要缺点包括:参加会议的人数有限,会影响代表性;与会者可能会受到与预测因素无关的心理因素的影响,权威的意见会影响他人的意见;预测组织者最后综合的意见,不一定能完全反映与会者的意见。

(2) 德尔菲法

也称专家小组法,是指按规定的程序,"背靠背"地征询有关专家对企业的技术和市场问题的意见,然后进行预测的一种方法。这种方法一般是在缺乏客观数据的情况下,依据专家有根据地进行主观判断,逐步得出趋向一致的意见,为企业决策提供可靠依据。

这种方法的预测步骤是:

① 确定预测题目,选定专家小组。确定预测题目即明确预测的目的和对象,选定专家

小组则是决定向谁做有关调查和意见的征询。

② 设计咨询表,准备有关材料。围绕预测课题,从不同侧面以表格的形式提出若干个有针对性的问题,以便向专家咨询。表格应简明扼要。明确预测意图,不带附加条件,尽可能为专家提供方便,咨询问题的数量要适当。除了设计咨询表,还必须准备与预测有关的资料,以供专家参考。

③ 逐轮咨询和反馈信息。这是该法的主要环节。把咨询表和有关材料发给每一位专家,要求他们在互不商量的情况下,填写咨询表,并按时寄回。预测人员对收回的专家意见进行综合整理、归纳,并加以必要的说明,然后反馈给各位专家,再次征求意见。这样重复地咨询和信息反馈,一般会进行三至四轮,直至意见趋于集中和一致。

④ 得出预测值。当经过几次反复咨询和信息反馈,专家小组的意见比较稳定后,可以采用统计分析方法对专家意见加以综合,得出预测值。

德尔菲法是一种常用的定性预测法,其主要优点包括匿名性、反馈性和收敛性。

匿名性。在函询调查过程中,各专家可以不受领导、权威的约束和干扰,独立充分地发表自己的意见。

反馈性。预测值是综合各位专家的意见而得出的,能够体现集体的智慧。

收敛性。通过逐轮咨询后,专家的意见会相对集中,得出一个相对较好的预测结果。

当然,这种方法并非完美,它在综合预测值时,仅仅是根据各专家的主观判断,缺乏客观依据,而且往往显得强求一致。同时,因信件往返需要的时间较长,对信件的分析整理也要花费较长的时间,因此该法的作业周期较长。

3. 市场实验法

企业收集到的意见的价值,不管是购买者、销售人员的意见,还是专家的意见,都取决于该意见的成本、可得性和可靠性。如果购买者对自身的购买行为并没有认真仔细的计划,或其意向变化不定,或专家的意见并不十分可靠,这时就需要利用市场实验这种预测方法。特别是在预测一种新产品的销售情况和现有产品在新的地区或通过新的分销渠道进行销售的情况时,这种方法的效果最好。

市场实验法预测需求是基于这样的原则:购买产品的人,或是新消费者(试用者),或是重复购买者,通过预测新消费者购买数和重复购买者购买数并将两者加在一起,就可以预测出新产品的销售量。

$$\begin{aligned}预测销售总量 &= 试用量 + 重复量 \\ &= 目标人口数 \times 试用率 \times 每次试用购买量 \\ &\quad + 重复购买率 \times 试用人口 \times 每个消费者重复购买量 \times 重复次数\end{aligned}$$

式中,试用率=试用人数/测试总人数。

(二) 定量预测法

定性预测方法的依据主要是专家经验和意见等主观材料,而定量预测方法更注重量化的研究,并对研究结果做出量化的表述。时间序列法和回归分析法是最常用的定量预测法。

1. 时间序列法

时间序列法就是将过去的历史资料和数据,按时间顺序排列成一组数字序列,通过分析,建立数据模型,对对象进行定量的预测。

时间序列法假定影响未来市场需求和销售量的各种因素与过去的影响因素大体相似,并且产品的需求形态有一定的规律可循。因而,只要对时间序列的倾向性进行统计分析,加以延伸,便可以推测出市场需求的变化趋势,从而做出预测。这种方法简单易行,应用较为广泛,主要适用于短期预测或中期预测。

2. 回归分析法

回归分析法的基本思路为:根据决策目的的需要,通过对市场经济现象之间因果关系的定性分析,认识现象之间相互联系的规律所在,选择恰当的数学模型描述因果关系,主要研究变量之间的联系形态,据以预测目标变量的发展前景及其可能水平。

需要说明的是,需求预测是一项十分复杂的工作。实际上,只有特殊情况下的少数几种产品的预测较为简单,如未来需求趋势相当稳定,或没有竞争者存在(如公用事业),或竞争条件比较稳定(如纯粹垄断的产品生产)时等。大多数情况下,企业经营的市场环境是不断变化的,因此,总市场需求和企业需求都是变化的、不稳定的。需求越不稳定,就越需要精确的预测。这时准确地预测市场需求和企业需求就成为了企业成功的关键,因为任何错误的预测都可能导致库存积压或存货不足,产生销售额下降或断货等不良后果。

四、市场调研报告的写作

(一)撰写要求

1. 针对性

一份好的调研报告必须具有较强的针对性,其主要表现在两个方面:一是撰写报告必须明确调研的目的。撰写报告时必须做到目的明确、有的放矢,围绕主题开展论述。二是撰写调研报告必须明确阅读对象,即要明确阅读对象所关心的问题的重点。

2. 新颖性

市场调研报告应紧紧抓住市场活动的新动向、新问题,针对一些人们未知的通过调查研究得到的新发现,提出新的观点,形成新结论。只有这样的调查报告,才有使用价值,能达到指导企业市场经营活动的目的。不要把众所周知的、常识性的或陈旧的观点和结论写进去。

3. 时效性

当今世界已进入信息时代,市场竞争越发激烈,企业在生产经营活动中必须掌握准确、及时、系统的经济信息资料,对市场变化迅速做出反应,并对未来状况加以预测,才能在竞争中取胜。因而,要顺应瞬息万变的市场形势,调研报告必须讲究时间效益,做到及时反馈。只有及时将调研报告传达到使用者手中,使决策跟上市场形势的发展变化,才能发挥调研报告的作用。

4. 准确性

市场调研报告必须以调查资料为依据。其中,数据资料尤为重要,数据资料具备很强的说服力,它往往比长篇大论的分析论述更能使人信服。一篇好的市场调研报告,必须有数字、有分析、有凭证。通过定量与定性分析,恰当运用调查资料与调查数据,可以增强调查报告的科学性和准确性。

（二）市场调研报告的结构

市场调研报告一般由标题、目录、摘要、正文、结论及建议、附录六部分组成。

1. 标题

标题包括市场调研题目、报告日期、委托方、调查方，一般打印在扉页上。

2. 目录

目录是关于报告中各项内容的完整的一览表。如果报告的内容、页数较多，为了方便使用，应当使用目录列出报告所分的主要章节和附录，并注明标题，有关章节序号及页码。一般来说，报告目录的篇幅以不超过一页为宜。

3. 摘要

摘要主要阐述课题的基本情况，其内容主要包涵以下方面：简要说明调研目的；简要介绍调研时间、地点、对象、范围以及调研的主要项目；简要介绍调研实施的方法、手段以及对调研结果的影响；调研中的主要发现或结论性内容。

4. 正文

正文是市场调研分析报告的主要部分。正文必须准确阐明全部有关论据，包括问题的提出、论述的全部过程以及报告的结论。此外，还应有可供决策者进行独立思考的全部调查结果和必要的市场信息，以及对这些内容的分析与评论。

5. 结论及建议

这是撰写调研报告的主要目的。在这一部分中，研究人员要说明通过调研活动得出了哪些重要结论，根据调研的结论应采取什么措施。这部分与正文部分的论述要紧密对应，不可以提出无证据的结论。

6. 附录

附录是指调研报告正文包含不了的、没有提及、但与正文有关、必须附加说明的部分。它是对正文报告的补充或更详尽的说明。

（三）市场调研报告的内容

市场调研报告的主要内容有：

1. 说明调研目的及所要解决的问题。
2. 介绍市场背景资料。例如，地理条件、气候条件、经济、文化、社会变化趋势、政局变化、法律与政策等。
3. 分析的方法。例如，样本的抽取，资料的收集、整理、分析技术等。
4. 调研数据。
5. 提出论点，即摆出自己的观点和看法。
6. 论述所提观点的基本理由。
7. 提出在解决问题时可供选择的建议、方案和步骤。
8. 预测可能遇到的风险及对策。

张明可采用的第一种算法是平均值算法。在预测时,最终一次判断是综合前几次的反馈而做出的,因此一般以后一次判断为依据。如果按照八位专家第三次的平均值计算,则预测这个新产品的平均销售量为:(415+570+770)/3=585(千件)。

第二种算法是加权平均算法。将最低销售量、最可能销售量、最高销售量分别按0.2、0.5和0.3的概率加权平均,则预测平均销售量为:415×0.2+570×0.5+770×0.3=599(千件)。

第三种算法是中位数算法,可将第三次判断按预测值高低排列如下:

最低销售量:　　　300　370　400　500　550
最可能销售量:　　410　500　600　700　750
最高销售量:　　　600　610　650　750　800　900

中间项的计算公式为$(N+1)/2$(n=项数)。

最低销售量的中位数为第三项,即400。

最可能销售量的中位数为第三项,即600。

最高销售量的中位数为第三、第四项的平均数,即700。

将最低销售量、最可能销售量和最高销售量分别按0.2、0.5、0.3的概率加权平均,则预测平均销售量为:400×0.2+600×0.5+700×0.3=590(千件)。

需要说明的是,如果数据分布的偏态较大,一般使用中位数,以免受个别偏大或偏小的判断值的影响;如果数据分布的偏态比较小,一般使用平均数,以便考虑到每个判断值的影响。

1. 如何开展市场需求预测?
2. 结合之前所做的大学生超市消费市场调查,写出调查报告。

"市场调研"业务胜任力训练

实训目标:

引导学生参加"市场调研"业务胜任力训练的实践活动,让学生切实体验市场调研分析行为,尝试进行市场调研报告的撰写,培养其所需的专业能力与职业核心能力,通过践行职业道德规范,促进其健全职业人格的塑造。

实训内容:

(1) 在学校所在地选择两家大型超市(大卖场),调研两个以上品牌的盒装牛奶,对它们营销活动的差异进行分析。

(2) 相关职业能力和职业道德规范的认同践行。

实训时间:
宜选择周末进行。
操作步骤:
(1) 将班级同学按 10 位一组分为若干组,每组确定 1~2 位负责人。
(2) 每组确定选择哪两种牛奶品牌作为调研的目标。
(3) 学生以小组为单位进入大型超市(大卖场)进行调研,并将调研情况详细记录下来。
(4) 对现场调研获取的资料进行整理分析。
(5) 提交小组分析报告。
(6) 各小组在班级实训课上交流、讨论。
成果形式:
撰写牛奶品牌促销对比调研分析报告。

联合利华的失败

联合利华公司在冲浪(Surf)超浓缩洗衣粉进入日本市场前,做了大量的市场调研。Surf 的包装经过预测试,被设计成日本人装茶叶的香袋模样,很受欢迎。调研发现消费者在选择使用 Surf 时,方便性是很重要的性能指标,于是又对产品进行了改进。同时,消费者认为 Surf 的气味也很吸引人,因此联合利华就把"气味清新"作为 Surf 的主要诉求点。可是,当产品在日本全国导入后,发现市场份额仅能占到 2.8%,远远低于原来期望值,一时间使得联合利华陷入窘境。那么,问题出在哪里呢?在经过再次的大量的调研后,联合利华总结出了两点原因:其一,消费者发现 Surf 在洗涤时难以溶解,原因是日本当时正流行使用慢速搅动的洗衣机;其二,"气味清新"基本上没有吸引力,原因是大多数日本人是露天晾衣服的。

请结合所学的理论知识进行思考:
1. 从本案例中我们应当汲取哪些教训?
2. 如何帮助联合利华摆脱困境?请给出你的建议。

项目四　购买行为分析

任务一　消费者购买行为分析

【学习目标】 通过学习消费者行为模式的特点和分析消费者行为模式,了解消费者购买行为对于市场营销的意义,掌握影响消费者购买行为背后的因素,为营销活动提供科学的依据。

【知识点】 消费者购买行为模式,影响消费者购买行为的因素。

【技能点】 掌握行为模式,分析消费者不同消费行为背后的原因。

DY电子科技有限责任公司生产的家用除湿器一向因价格低、质量好受到消费者的喜爱,但最近几个月该产品的销售量呈现连续下降的趋势,销售人员的业绩也不尽如人意。公司的市场营销部门对这种情况感到大惑不解,派员工张胜对这个情况进行调查,找出原因。

张胜认为该类产品的销售业绩虽出现了明显下滑,但是企业的产品质量或价格并没有发生变化。据此分析,应该从消费者和其它方面来寻找导致这种现象的原因。

相关知识

一、消费者行为概述

(一)消费者行为的含义

消费者购买行为,是指人们在日常生活过程中,为了满足自身物质和文化生活的需要,根据其收入条件,进行产品的选择、购买、使用与处理的过程中所有心理上与实体上的行为的总和。它包括消费者行为方式、方法,行为过程及其变化。

从这一定义我们可以看出,消费者的购买行为大体上可以分为两个部分:一是心理活动,包括对信息进行归纳分析、对同类产品的选择依据、对品牌的属性及价值评估等;二是消费者的实体行动,如货比三家、搜集信息、选择购买地点、与相关销售人员进行沟通及购买后对产品的使用等。

(二)消费者购买行为的类型

消费者的购买行为是消费者在一定条件和动机的驱动下,为了满足自己的需要而购买商品的活动过程。由于消费者的购买条件和动机是复杂多样的,因此造成其购买行为也是多种多样的,可以根据不同的依据划分为不同的类型。

1. 根据消费者购买目标的确定程度

消费者购买行为类型可按消费者购买目标的确定程度分类,如表4.1所示。

表4.1 消费者购买行为类型(一)

类 型	具 体 表 现
完全确定型	对所购商品的品牌、型号、款式,甚至不同经销商的价格差额都已有详细的了解
半确定型	有大致的购买目标,但对商品的具体要求并不明确,如要添置一部手机是确定的,但购买哪一个品牌,什么款式、颜色及型号等并不确定
不确定型	没有明确的购买目标,只是随意地看看商品,有时也会就感兴趣的问题进行提问,但一般不会对所给出的答案做出积极的反应

2. 根据消费者的购买习惯

消费者购买行为类型可按消费者的购买习惯分类,如表4.2所示。

表4.2 消费者购买行为类型(二)

类 型	具 体 表 现
习惯型	品牌忠诚度较高,根据自己过去使用的经验,长期地购买和使用某一厂家或某一品牌的产品
冲动型	属于易打动人群。他们容易受到产品的形状、包装、颜色或广告宣传、促销活动的影响而产生购买行为
理智型	在进行购买决策时,注重收集与商品有关信息,他们对商品会进行仔细的检查和比较
价格型	对于商品价格的变化最为敏感。"大甩卖""清仓"等这些以低价为主要促销手段的形式,对他们最具吸引力

(三)消费者购买行为的特点

一般来说,消费者的购买行为大体具有以下几个特点:

1. 行为的被动性

这是指消费者的购买行为不是无的放矢的,而是有一定的目标,也就是说是受自身需要驱使的。

2. 角色的多重性

这有两重含义。一个是消费者在消费过程中担任不同的角色,最常见的可分为提议者、影响者、决策者、购买者和使用者;另一个是在购买行为中,多个人参与,分别担任不同的角色,这样的购买行为和过程比前一种复杂,不确定性也相应增强。

3. 需求的个性化

不同的消费者在需求、爱好及对商品的认识上都有所不同,消费行为存在独特性和差异性。例如,手机里多种 APP 的出现,就是结合了用户多样化的需求;手机支付、微信支付等更是方便了人们的生活。

4. 可引导性

企业可以通过研制、生产、销售适合他们的产品,使得潜藏在消费者内心的需求被激发出来,通过有效的广告、推广等促销手段刺激消费者的消费欲望,甚至可以影响他们的消费需求,改变他们的消费习惯。

(四)研究消费者行为的意义

1. 有利于正确引导消费需求

要正确地引导消费,就必须深入地了解消费者行为。这样有利于减少和消除各种畸形的、腐朽的消费方式,有利于组织生产和销售,更好地满足消费者的需求。

2. 有利于增强企业竞争力

企业必须清楚地了解和及时掌握消费者的需求信息,研究影响消费者购买行为的各种因素,进而研制出符合消费者需求的产品,制定相应的营销战略,提高企业的市场竞争力。

3. 有利于消费者采取成熟而理性的消费行为

掌握丰富的相关知识,可以使消费者准确地认识到影响自身消费行为的诸多因素,在购买的过程中采取理智而有效的方式,避免落入商家精心设计的营销陷阱,面对各种各样的打折、抽奖等促销活动都能保持清醒的头脑。

4. 有利于促进对外贸易的发展,开拓国际市场

消费者行为研究对于企业了解其他国家、地区的消费者心理与行为规律,促使商品能够适应出口国消费者的需要,提高企业在国际市场的竞争力有很大帮助。

二、消费者购买行为模式

(一)消费者一般行为模式

消费者行为的形成和发展过程主要可以分为如图 4.1 所示的几个阶段。

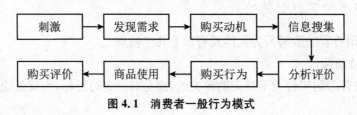

图 4.1 消费者一般行为模式

1. 刺激阶段

消费者出现购买行为是因为受到刺激,这些刺激分为两种,一种是营销刺激(营销 4Ps 或 6Ps),包括产品、价格、分销和促销等因素;另一种是其他刺激,是企业不可控的刺激,包括经济、文化、政治、法律、科技等因素。

2. 发现需求不足阶段

消费者在受到刺激之后,发现自己缺少了什么并由此产生对商品的需要感,这时消费者就产生了消费需要。因此,也可以说最重要的不是满足消费者的需求,而是要创造消费者的需求。

3. 购买动机出现阶段

在发现自己的缺失之后,消费者会产生购买的愿望与动机,并希望得到满足。当然,购买动机需要一定的条件才会出现,一是需要的强度与程度,二是外界强有力的引导。

4. 搜集信息阶段

消费者在产生购买动机后,会着手了解和搜集与商品有关的信息,以此作为评价和购买的依据。相对于实体店面,电子商务平台提供的"搜相似""搜同款"等服务,则给消费者创造了最大的便利,便于他们对商品进行比较。

5. 分析与评价阶段

消费者对搜集到的信息进行加工与整理,对可供选择的商品进行综合的分析与评价,做出相应的综合结论,为后面的购买决策提供充分的依据。

6. 购买行为阶段

在做了充足的准备工作后,消费者便做出购买决策,采取购买行为。在这个阶段,消费者会受到来自自身和外部多种因素的影响,该阶段的变数较多,消费者可能会因为某一个原因中断或终止购买行为。

7. 商品消费使用阶段

消费者对产品的使用大致分为不使用、一次使用和重复使用三种情况。通过关注消费者的产品使用情况,企业可以了解到消费者对产品质量、性能和与产品有关的服务的感受,为企业生产、销售及新产品的研发提供重要的资料。

8. 购后行为阶段

是指消费者获得消费体验后,对于产品的评价及由此引发的相应行为。如果使用效果好,评价就高,消费者就会采取积极的行动,如向他人介绍自己使用的效果;反之,消费者不但自己不会重复购买,还会将自身的不愉快的经历广而告之,造成极大的负面影响。

(二)霍华德-谢思模式

该模式的重点是把消费者的购买行为从四大因素方面去考虑,分别为刺激或投入因素、外在因素、内在因素、反应或产出因素,如图4.2所示。

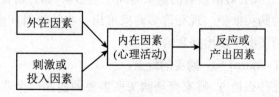

图 4.2 霍华德-谢思模式

其中,外在因素包括自身的财务状况、文化及亚文化的影响、时间的充裕程度等;内在因素是该模式最基本的因素,主要指消费者的心理活动过程,而这一过程又受到他们的感知结构和学习结构的影响;刺激或投入因素主要包括产品的性能、价格、可用性等,商家的推销手段和来自于家庭、社会相关群体的直接或间接的影响。这种影响的结果可以以不同的形式表现出来,如开始注意、希望了解、购买意图和购买行为等,由此也可以看出,反应或产出并不只是指发生购买行为,后者是最高级的形式。

三、消费者购买决策的内容与过程

消费者的购买决策过程是指消费者购买行为或购买活动的具体内容、步骤、程度、阶段等。由于消费者的购买行为受到诸多因素的影响而存在很大的差异,但从总体来看,这个过程还是具有相应的规律。

(一)消费者购买决策的内容

一般认为,消费者购买决策的内容大体可以总结为"5W1H"。

1. 谁购买(Who)——购买主体

即要知道购买主体是谁。这里要分析清楚两个问题:一是真正的消费者是哪些人;二是在购买活动中,每个消费者各自所扮演的角色是什么。

2. 买什么(What)——购买的对象

这是要确定购买的具体目标是什么,即消费者需要什么样的商品。不同的消费者对于商品的款式、质量、价格、颜色、包装等有着不同的要求,但基本上所有的消费者对于既物美价廉又具有特色的商品都是趋之若鹜的。

3. 为什么买(Why)——购买的目的与动机

消费者是出于什么动机而购买某一商品。动机是由需要引发的,而消费者的需要是多种多样的,有的消费者是经过慎重思考的,有明确目标;有的则带有很大的随机性,有冲动性的购买行为。企业要想准确地把握消费者购买动机的复杂情况,就必须要充分重视市场调查和预测。

4. 什么时候买(When)——购买的时间

即消费者是在什么时间购买商品。一般来说,消费者购买商品时间的差异,与消费者本身的需要和动机有关,有的产品是每天必需的,如报纸;有的是隔一段时间需要购买的,如粮、油等;有的是耐用消费品,如电视、洗衣机等的更换时间会更长一些;有的是因临时需要而购买的,如气温突降而导致保暖用品热卖。

商家的营销手段、方式会对消费者的购买时间产生影响,如打折促销比开展其他任何活动都更能激发消费者的购买欲望。现在许多商家推出一些特价时间段,使得这一时间段的消费者流量会比正常的情况下多出好几倍。

5. 在什么地方买(Where)——购买的地点

即消费者会选择在什么地方、哪家商场购买所需要的商品。企业必须清楚地认识到消费者选择的购买地点,是与其惠顾动机、求廉动机、信任动机等有着直接联系的,因此企业要根据消费者的这些动机,改善经营管理,满足消费者需要。

一般来说,对于一般性的商品,消费者大多会遵循就近原则,去哪儿方便就在哪儿买,而对于大件商品,则会选择到那些专业性较强的商场购买。

消费者在决定购买地点时,除了受自身因素影响之外,商场的外在形象,如商场的装修风格、商品的布置、营业人员的服务态度等也是一个不可忽视的因素。

6. 怎样购买(How)——购买的方式

即消费者采取什么方式和手段购买商品。购买方式包括商店选购、邮购、代购、分期付款等。购买方式也是随着社会的发展而不断变化的。在网络没有被广泛使用之前,消费者都采用传统的购买方式。随着网络的兴起,许多消费者尤其是年轻人更多地喜欢在网上购物,习惯使用信用卡,甚至选用刷脸付款等新兴购物方式,这促使许多商家在进行实体销售的同时,也开设了网店,以满足消费者的需求。

(二)消费者购买决策的过程

现代营销学的理论认为,每一名消费者在进行购买时,都会有一个思考与决策的过程。虽然,因消费者的个体差异或其他因素的影响,这一过程会有所区别,但从总体上看,消费者的购买过程基本上可以分为五个阶段。

1. 发现并确认需要

消费者购买行为的起点是消费者自身的需要。这些需要大体上可以分为显性和隐性两种。无论是哪一种,只有当消费者发现和认识到这种需要,并意识到这种需要没有得到满足时,他们才有可能出现与之相应的购买动机和购买行为。

从心理学的角度来讲,需要是由外部或内在的刺激作用于动物的感觉器官,导致神经活动而引起的。消费者的需要,是在市场经济条件下对商品和劳务的需要。这种需要是无止境的,当旧的需要得到满足后,新的需要又会出现,呈现螺旋式的变化。

营销人员要认识到消费者的需要程度和强度可能会随着时间的推移或内外因素的干扰而出现波动,进行持续而有效的刺激,使已经被唤起的需要逐步增强,最终促成消费者的购买行为。

2. 围绕需要搜集信息

当需要被发现并确认之后,消费者会围绕这个需要进行搜集相关信息的工作,作为进行选择、比较的主要依据。

一般来说,消费者关于商品信息的主要来源有以下几个渠道:① 私人渠道。作为消费者日常接触最多的人群,他们的家庭成员、同事、朋友所掌握的商品信息,会成为消费者的重点参考依据,这些人群的影响力不可忽视。② 商业渠道。商业广告、宣传单、商品的展览、展销、商场营业员的介绍等都可以为其提供需要的商品信息。③ 经验渠道。消费者本人曾经使用或正在使用某种产品时获得的有关信息,会对其新的购买行为产生很大的影响。④ 大众媒体。消费者可以通过报纸、杂志、广播、电视、网络等大众传播手段获得信息。

在了解了消费者的信息来源渠道之后,企业与营销人员要非常重视企业产品信息发布渠道的选择,选择正确、有效、消费者接受并欢迎的方式,这样才能达到理想的效果。

3. 进行评价与选择

在消费者搜集到大量、多方面的信息之后,会对信息进行整理并将之系统化,进而形成几个可供选择的方案。消费者会对方案进行分析和比较,并最终决定按照哪一个方案进行购买。

一般情况下,消费者的评价行为会涉及这样几个问题:

(1) 产品的属性,即产品能够满足消费者的特性。消费者在购买某一商品时,除了重视质量以外,还会分析产品属性的好与坏。例如,消费者在购买空调时,除了制冷、制热效果外,还会考虑它的安装与售后服务、与家居风格的匹配程度、声音状况、节能情况、是否容易清理等。

(2) 消费者的品牌认知。消费者对于某一品牌的总的认知会对他在决定购买哪一个品牌的产品时产生决定性的影响。品牌忠诚度高的消费者一般情况下会选择自己信任的品牌产品,由此这种信任可能会延伸到同一品牌的其他产品。

(3) 消费者的评价标准。评价的标准不同,选择的方案也会不同。对于某一产品,有的消费者侧重于质量,有的重视售后服务,有的优先考虑款式,有的则把价格放在首位等。

4. 做出购买决策

这一阶段是消费者购买行为产生的关键时期。经过对方案的评价与选择,消费者产生购买意图,但这并不意味着消费者就会下定决心购买,他人的态度、意外情况和对可能出现的风险的认知都会对消费者制定购买决策产生影响。

他人的态度是指与消费者有紧密联系的个人或群体对于购买的一种意见。他人的影响有多大,取决于他人态度的强弱及其与消费者的关系。如果孩子坚持要买那件自己喜欢的裙子并哭闹着不走,母亲可能会同意购买;如果孩子对该物品抱可有可无的态度,那结果可能会与前面相反。

意外情况的出现也会影响消费者的购买决策。消费者本来想买房子,但金融危机爆发了,导致原先的计划被暂时搁置,购买行为被迫中断。

考虑到可能出现的风险,消费者可能会采取观望、等待的态度。例如,原本打算出门旅行,但在看到黑导游强迫购物或者殴打游客等新闻报道后,出于担心,他们可能会选择放弃这种行为。

5. 购后使用与评价

消费者购买完产品并不意味着购买过程结束了,而是进入到另一个重要的时期——购后使用与评价阶段。在这一时期,消费者会使用产品,并在使用过程中做出是否满意的评价。

现代市场营销学极为重视消费者在购买产品以后的行为,因为这种反馈对于企业及时了解并掌握消费者对产品的态度,为企业制定与调整生产计划、营销策略等都具有极其重要的意义(见图4.3)。

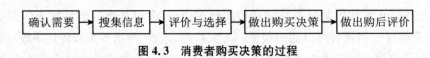

图4.3 消费者购买决策的过程

【知识拓展】

2017年10月1日,江淮乘用车在2017年安徽车展上正式启动"真金不怕火炼——瑞风S7百城千辆超级体验计划"。为了让消费者能够更科学地进行购车决策,江淮集团斥资1.5亿元,在全国100座城市提供1000辆瑞风S7,为消费者提供为期两天48小时免费深度体验、先用后买的机会。瑞风S7百城千辆体验计划的推出,不仅展现出江淮集团对瑞风S7产品实力的高度自信,也印证了其敬客经营的强大行动力。

"先用后买"不仅能够让消费者深度体验产品,满足理性购车的需求,同时也能给予汽车厂商用行动练就真好车、证明真实力的机会,是实现消费者与汽车厂商间透明、有效沟通的好办法。但受限于投入资源门槛、参与便利性、事故责任风险等因素,在汽车行业,"先用后买"体验营销一直处于小范围摸索阶段。此番江淮集团火爆启动"真金不怕火炼——瑞风S7百城千辆超级体验计划"如此大手笔的资金投入、大范围的活动覆盖不仅能够让消费者买得明白、买得放心,也刷新了汽车行业内免费体验行动的规模记录。(资料来源:http://auto.anhuinews.com/system/2017/07/19/007670603.shtml)

四、影响消费者购买行为的因素

消费者是社会人,在购买过程中不可避免地会受到来自社会各方面的干扰与影响,这些因素对处在购买行为不同阶段的消费者产生的影响也是有所区别的。这些因素是多样的、复杂的,我们可以把这些因素总体上划分为两大类——内在心理因素和外在环境因素。

(一)内在心理因素

对消费者购买行为产生影响的心理因素,即个体因素,是指消费者自身心理活动因素。每一个消费者都是一个特有的存在,消费者之间千差万别,这种个体的差异性,造成了消费者心理活动的复杂性。但在个性中也存在共性,支配和影响消费者购买行为的心理因素主要包括以下几个方面:

1. 消费者的需求

需求是个体感到缺乏而力求获得满足的心理倾向。需求是人的活动的基本动力,它促使人朝着一定的方向,追求一定的目标,以行动求得满足,需求越强烈,由它所引起的活动就越有力。

消费者的需求是各式各样、复杂多变的,而且是分层次的。在相关的理论中,最著名的是马斯洛的需求层次理论。在这一理论中,马斯洛把人的需求从低级到高级划分为五个层次,如图 4.4 所示。

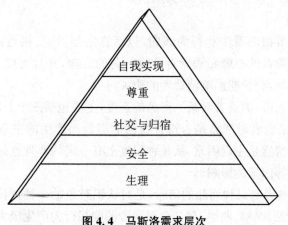

图 4.4 马斯洛需求层次

(1) 生理需求。人们为了生存而必须满足的衣、食、住、行等方面的最低限度的需求。

(2) 安全需求。在基本的生存得到保证之后,人们期望接受保护与免遭威胁,从而获得安全感的满足。

(3) 社会需求。即归属和爱的需求。在生理和安全需求被基本满足后,人就开始追求与他人建立友情,希望得到所在团队和组织的认可,也被称为社交需求。

(4) 尊重的需求。它包含两个方面,一是求得别人的重视和尊重,如希望得到赞赏、支持和关心等;二是自尊,包括对自己充满信心、取得成就、追求独立自由等的欲望。

(5) 自我实现的需求。这是最高层次的需求,是一种挖掘自身潜能、实现自己理想,充分发挥自己全部能力的需求。

将这一理论运用于市场营销中对消费者行为进行分析,就是要求企业要准确掌握消费者的需求的内容、特点及其变化,使得产品、营销策略能够满足消费者的需求,在激烈的市场竞争中获得更多的消费者。

2. 消费者的动机

动机是指促使个体从事某项活动的内在原因。购买动机是消费者购买行为的基础,按照购买目标的不同进行分类,如表 4.3 所示。

表 4.3　购买动机类型

类型	具 体 表 现
物美	注重商品的款式、颜色,重视商品能否满足和体现自身的审美观点
价廉	对价格极其敏感,打折、赠送、特价等营销手段对于这些消费者有非常大的诱惑力
实惠	重视商品的使用价值,讲实惠,图方便
名牌	购买任何产品都必须是名牌,对于非名牌产品则是不信任的
奇异	出于个性化的需求追求产品的与众不同
安全	极其注意商品是否卫生安全

3. 消费者的感觉

感觉是人通过视觉、听觉、触觉、嗅觉对外界的刺激物的个别属性的反应。消费者对不同的刺激物或情境会产生不同的反应,但对于同一事物或情境也并不一定每次都会产生相同的反应,这导致购买行为经常出现不同的结果。

4. 消费者的态度

态度是指人们对事物的看法和行为倾向,包括肯定与否定、接近或回避、支持或反对。消费者态度会影响消费者的心理和消费者购物行为的方向,并且态度一旦形成就会在相当长的时间内具有稳定性,会长期影响消费者的购买行为。

从心理学的角度来说,消费者对某一产品的态度,主要包括三个方面:

(1) 情感。是指消费者对产品是否符合自己的需要而产生的主观态度体验,如对产品是喜欢还是不喜欢。情感是主观因素,从某种程度上有一定的非理性倾向,更多地受到消费者的生理本能和性格等因素的影响。

(2) 认知。指消费者对某种商品的信念,是对认识对象的一种评价。认知是否正确、客观、公正,是否存在偏见、误解、曲解,都会对消费者的购买行为产生极大的影响。

(3) 行动。即由不同的态度所引起的不同的行为倾向。如果态度是肯定的,所采取的行动则是喜爱、购买;如果态度是否定的,那么消费者所采取的行动则可能是拒绝、放弃。

5. 消费者的个性

个性指一个人的整体心理面貌,即具有一定倾向性的各种心理特征的总和,是在一定社会历史条件下,通过参加社会实践活动并受外界环境的作用逐渐形成和发展的。

个性的心理特征是指个体上经常表现出的一种稳定的心理特点,反映了人的心理活动与行为差异,主要由以下几个部分组成:

(1) 气质。苏联心理学家巴甫洛夫用条件反射证明了高级神经活动的两种基本过程具有三种特征,它们的不同组合形成了四种气质类型,拥有不同气质类型的消费者在购买行为上有明显的差异,如表 4.4 所示。

表 4.4 气质类型及特点

气质类型	感受性	耐受性	可塑性	速度
胆汁质	低	较高	小	快
多血质	低	较高	大	快
黏液质	低	高	稳定	慢
抑郁质	高	低	刻板	慢

(2) 性格。是人对现实的稳定态度和习惯化了的行为方式中所表现出来的个性心理特征。性格是消费者最为重要的个性心理,可以根据不同的标准对消费者的性格类型进行划分。

根据消费者的购买心理活动过程的特点,可以分为善于思考、反复权衡的理智型,情绪化、易受诱惑的冲动型,目的明确、决策果断的意志型。

根据心理活动倾向,可以分为只相信自己的内向型消费者和乐于与他人沟通、购买热情高的外向型消费者。

根据受他人影响的程度,可以分为谨慎行事、购买经验丰富的独立型消费者和易受他人影响的顺从型消费者。

(3) 能力。是人顺利完成某种活动所必须具备的一些心理特征。根据消费者对所购买商品的认知程度可划分为两类:一为知识型。这类消费者非常了解自己即将购买商品的有关信息,长期积累的消费经验使得他们非常有主见,很少受他人的影响,一般不需要别人来为自己出谋划策,会用自己对商品的感受来进行思考与判断;二为无知型。与前一类相反,这类消费者没有丰富的消费经验,对商品的了解极少,因而在购买的过程中比较依赖外界力量的帮助,容易相信营销人员的推荐。

(二) 外在环境因素

消费者生活在社会环境之中,他们不可能摆脱客观外物和所处环境对于自身所产生的影响,这些因素也是很复杂的,本书主要从以下几个方面进行分析。

1. 社会因素

社会因素主要包括社会角色、社会阶层、相关群体、家庭等。

(1) 社会角色。每一个消费者都在社会生活中扮演着不同的角色,无论是自觉还是不自觉,他们都会在自己的消费行为中做出适合自己角色的动作。例如,教师在着装时基本上都会以庄重大方为主要的服装风格,对流行时尚甚至个性化的奇装异服则较少关注。

(2) 社会阶层。社会阶层是指具有相似的社会地位、文化水平、价值观和共同兴趣爱好的人组成的持久不变的群体。在商品的选择上,高薪收入者比较重视产品的品牌档次,倾向于购买高档、奢华的商品;而低收入者则对价格较高的消费品持谨慎的态度。在购买地点的选择上,前者一般出入于高级商场,后者一般会选择折扣商店。

(3) 相关群体。是指影响消费者购买行为的个人或集体。按照对消费者的影响程度可以分三种:一是基本群体,包括家庭成员、朋友、同事、邻居等,这类群体与消费者日常接触最多,关系最为密切,消费者与这类群体之间相互影响、相互作用;二是次要群体,即消费者所参加的社会团体、组织,这类群体对消费者的影响是间接的;三是期望群体,与前两种群体不同,消费者并不是其中的一员,而是渴望成为其中的一员,因此他们会追随这一群体中的某些成员,极力去仿效,如娱乐明星、体育明星等在消费者中的影响力是巨大的。

相关群体的影响也表现在三个方面,一是他们的消费行为或生活方式,易使消费者改变自己原有的购买行为或更换自己的购买行为;二是期望群体引起的仿效影响,会使一些忠诚追随的消费者跟随他们的消费行为和方式;三是促使人们的购买行为趋于一致。

企业在进行市场营销时,绝对不能忽视相关群体的影响力,应注重了解他们的爱好,迎合他们的需求,扩大销售。

(4) 家庭。家庭是以婚姻、血缘和继承关系的成员为基础组成的社会生活的基本单位。人们的价值观、审美观和行为习惯大多是在家庭的影响下形成的,家庭也是影响消费行为最直接、最密切的一个重要因素。

家庭购买决策有两种类型,一是一人决定。这说明在这个家庭中某一个成员拥有比较绝对的发言权,只要他决定购买,别的成员一般不会提出反对意见。二是全体协商,一人决定。在进行购买决策时,家庭集体参与讨论、提出意见,在综合意见后,再由一人拍板决定。大多数情况下,在购买如房子、汽车等大件商品时才会采取这种方式,一般的日常用品可能性不大。

2. 文化及亚文化因素

文化对消费者行为的影响是多方面的,它影响人们的消费习惯,决定人们的需求内容和获得满足的方式,这种影响主要是以形成某种风俗习惯来制约人们的行为。例如,中国人重视春节,因此在春节前,消费者购买行为是一年当中的高峰期,而在西方,圣诞节则是商家销售的最佳时间段。但是文化的影响不是强制性的,而是长期熏陶的结果。消费者时刻受到自身所处的文化环境的影响,而在不知不觉中接受了文化所确立的行为准则。

亚文化是指在社会中不占主导地位的一种局部的文化现象。一个国家或社会内部的文化风俗并不是整齐划一的,若干社会成员因民族、职业、地域等方面具有共同的特性,进而组成一定的社会群体或集团。亚文化对消费者的心理和行为则会产生更直接、具体的影响。其中对消费者购买行为影响较大的亚文化群体主要有以下四类：

（1）地域群体。即使是同一民族，因为居住在不同的地域，也会表现出语言、生活习惯的不同。

（2）年龄亚文化。不同年龄的亚文化群体有不同的价值观念和消费者习惯，对产品或服务有不同的要求。比如，老年人比较保守，对老产品持信任态度，对出现的新产品或服务则持怀疑态度；而年轻人则追求新颖、时尚、个性化，喜欢尝试新产品或服务，容易诱发随机性或冲动性的购买行为。

（3）性别亚文化。男性与女性在消费行为方面存在明显的不同。女性消费者喜欢"货比三家"，在挑选商品时不厌其烦，有时还会犹豫不决，购买动机的随机性较大，男性消费者大多是因为需要某种商品才会进行购买。

（4）民族亚文化。每个民族经过长期的发展而拥有了属于本民族的独有的、稳定的民族风俗和习惯，这种亚文化在民族生活方式、消费习惯等方面都有所体现。

3. 经济因素

经济因素是影响消费者购买行为最基本、最具决定意义的因素，包括外部经济因素和内在经济因素。

（1）外部经济因素主要指政府的经济政策、产品的价格、经济周期等。

政府作为拥有强制权力的机关，颁布的有关经济发展的各项政策，如央行调整准备金率的幅度与频率、政府的补贴措施与力度等都会对消费者的购买行为产生重大影响。

消费者对某种产品的购买行为首先要受到产品价格的影响，一般来说，当产品价格上涨时，消费者就会减少对该类产品的购买数量或频率，当产品价格下降时，消费者就会加大对该类产品的购买。

经济周期与消费者之间相互影响，消费者的行为会影响经济周期的发展，如果消费者购买需求旺盛，购买力强，那么经济发展的周期会缩短；相反，时间则会拉长。

（2）内在经济因素主要指消费者的经济收入和消费支出的结构情况。

消费者的经济收入直接决定了消费者的购买能力。消费者的收入主要包括工资、福利、补贴及额外收入等。由于各种因素的影响，不同地域、不同行业、不同阶层他们的收入水平是不一样的，因此企业要针对不同的收入水平进行细致的市场切分。

综上所述，我们可以得出这样一个结论，消费者的购买行为是复杂多样的，是多种因素共同作用的结果，但是也是可以找到规律，进行科学分析的。企业在进入市场时，必须对所面向的消费者进行客观、准确、细致的研究，制定适合的营销方式，取得理想的营销效果。

【拓展训练】

2016年中国全年电影票房457.12亿元，同比增速3.73%。2003～2015年是中国电影市场的快速增长期，年复合增速达到35%，2015年达到48%高峰。2016年全年票房457.12亿元，相较去年440.69亿元票房同比仅增加3.73%，创下10年新低。爆炸式增长不再，良好观影习惯养成，观影选择愈发趋于理性，市场发展进入新阶段。2016年北美电影票房总收入114亿美元，较2015年111.4亿美元相比小幅提升，创历史新高。

2016年国产电影票房总计266.63亿元,票房占比为58.33%,较年61.68%占比有所下降;90部进口影片贡献了中国电影市场42%票房(见图4.5)。

图 4.5　2011～2016 年中国电影市场规模及增速

2016年中国电影市场喜忧参半,影院和银幕建设突飞猛进,平均产出不尽如人意(见表4.5)。

表 4.5　2016 年中国电影市场情况

1. 观影人数增速回落,影院上座率有待提升
2. 国产电影生产数量提升,放映率仍不过半
3. 国产片票房贡献能力有限,优质影片数量缺乏
4. 上映影片类型多样,剧情片和动画片强势来袭
5. 国产头部电影票房贡献力度有待提升
6. 在线购票格局已定,票补退潮助推产业健康升级

国产电影生产数量有所提升,但放映率仍不过半。

2016年国产电影放映率仅40%,相较于美国100%上映率资源浪费严重。2016年我国共生产电影故事片772部、动画电影49部、科教电影67部、纪录电影32部、特种电影24部,总计944部,超过前十年峰值2012年的745部。

2016年上映影片总数达到376部,上映总量下降,上映率下滑,仍未超过40%。对比美国市场,由于是过审发行,美国电影上映率达到100%。

(资料来源:http://www.chyxx.com/industry/201704/517724.html)

结合自己观看电影的感受,讨论以下问题:

1. 爱看国产电影还是进口电影?
2. 选择哪部电影有受到他人的意见和建议的影响吗?
3. 购买电影票的渠道是什么?
4. 自己属于哪一类型的消费者?

 **任务实施**

经过调查,张胜分析销售下滑的原因可能有以下几个方面:价格比同类产品低,不符合消费者的购买心理;新的竞争品牌出现,抢占了市场份额;产品在设计、功能上更新过慢等。针对这种情况,公司应及时进行市场调查,丰富产品的组成,使得高、中、低档产品合理搭配,满足消费者的不同需求;对于竞争对手的出现,要第一时间掌握其产品的相关技术信息及其

竞争优势,有针对性地进行产品调整;缩短产品的更新周期,定期推出新产品,抢占新市场;加强宣传的力度,扩大产品知名度。

思考题

1. 消费者购买行为的概念和特点分别是什么?
2. 消费者的购买模式有哪几类?其内容分别是什么?
3. 影响消费者购买行为的因素都有哪些?

任务二　生产者购买行为分析

【学习目标】　了解生产者购买行为与消费者购买行为的区别,掌握生产者购买行为的类型及影响生产者购买行为的要素。

【知识点】　生产者的购买行为类型,生产者购买决策过程,影响生产者购买行为的因素。

【技能点】　掌握生产者购买行为的特点,分析影响生产者购买行为的因素。

DY电子科技有限责任公司三年来一直为某电器生产企业提供智能控温面板,双方的合作非常愉快。但在合同即将到期时,电器生产企业却表示双方再继续合作的可能性很小,因为他们企业购买了一套新的生产设备,原采用的智能控温面板规格不符合新的标准。DY电子有限责任公司很重视这一大客户,很想与之继续合作,所以公司市场部的主管决定亲自出面,找到解决这个问题的办法。

两家公司有着良好的合作基础,电器生产者需要新规格、新标准的配件,对于原有的合作伙伴是否能满足这一需求,他们并没有把握。因此该公司将原因告知,是希望DY电子有限责任公司有所行动,能够生产出与之相匹配的配件。

一、生产者市场概述

（一）生产者市场的含义

生产者市场又称生产资料市场或产业市场,该市场的购买者经常购买机器设备、原料、零部件等,其目的是为了更进一步加工制造成品或劳务,出售或出租以获得利润。生产者市场的特点如表4.6所示。

表4.6 生产者市场的特点

数量少,购买规模大	购买的数量是以满足某一时期的生产需要为标准,其购买数量和金额都远远大于消费者市场
购买者的地理分布相对集中	受到历史传统、交通运输条件、原材料产地等因素的影响
买卖双方关系密切	供应者与生产者双方各取所需,在长期的合作中营造良好的氛围、保持密切的关系
需求缺少弹性,受价格变动的影响较小	生产者是根据消费者对商品的需求状况来确定自己的需求数量,而不是依据价格来决定的
购买的专业化	由专业人员及高层管理人员具体施行,购买行为较为理性
影响购买决策的人员较多	谨慎的购买行为,参与购买决策的人员数量较多

(二) 生产者市场的购买对象

生产者的购买对象是为了生产其他产品而购买的产品,主要有以下几类:

1. 原材料

这类产品是未经加工的原始产品,完全参与生产过程,构成产品的实体,它一般作为企业生产原料而被购进,因此在购买时都是大批量地定时定量购买,如矿石、原油、棉花等。

2. 零部件

这是已完工的零件产品,但还没有被组装到最终的产品中,如汽车发动机、轮胎、仪器仪表、应用软件等。

3. 生产装备

一般指企业的固定资产,主要包括企业的主要生产设备、厂房等。它们大都价格昂贵,在性能方面的要求也很高,它们参与产品的生产,但不构成产品的实体,其价值以折旧的形式计入产品的成本中。

4. 服务

主要指与大型设备有关的服务,如安装、调试及人员的培训等。有时也可单独购买服务。

5. 消耗品

也称消费品,是维持企业生产与经营的必需品。这类物品价格低,消耗快,需要经常购买,如办公用具、清洁用品等。

二、生产者购买行为的类型

根据生产者购买目标和需求的不同,其购买行为可大致分为三大类。

(一) 直接重购

直接重购是指购买者根据以前的购买惯例采购一直在重复购买的产品。这是最简单的购买行为,生产者只需要按照过去的规定和惯例进行采购就可以了,决策过程相对简单,甚至可以由采购人员自行决定。

(二)修正重购

修正重购是指购买者对过去的采购从价格、规格、交货方式等方面进行适当修正的购买行为。进行修正的目的是为了寻找到更低的价格、更好的服务或更为便利的交货条件。这种行为的情况较为复杂,交易双方的决策人数也会相应地有所增加。

(三)全新购买

全新购买是指生产者为了增加新的项目或更新产品或设备,购买以前从未购买过的产品或服务的行为。由于是第一次购买,对于生产者来说,购买成本越高,风险也就越大,因此在这一过程中,参与决策的人数较多,购买过程也更为复杂。

【知识拓展】

基于电商的火热发展,快递等配套产业也跟着迎来了黄金期,营业收入和利润增长幅度惊人。不过,比起快递业越来越如鱼得水,电商企业最近却是越来越头疼了,因为支撑其业务发展的纸箱的价格从去年开始呈现出疯涨的趋势,几乎是一天一个价,部分企业甚至是以每天上百万元地增加成本。一些企业为了消化掉这一部分的成本不得不对产品进行提价,而这显然不是一个长久之计。

伴随着纸价的上涨,整个相关产业链也呈现出"蝴蝶效应"。根据国家邮政统计的数据显示,2016年中国快递业业务量突破300亿件。猛增的快递业务量也导致了纸箱需求狂增。据保守估计,按照当时国内电商的市场规模,一年要使用掉的瓦楞纸箱约为99.22亿个。以此为基数,每个纸箱仅上涨一元,造成的影响都可以达到百亿元级别。

为了应对随着纸箱涨价而日益增加的成本,供应商企业也在不停地想办法,最直接的就是对商品提价,因本身就是薄利多销而无法提价的商家则会提高包邮门槛。

另外,还有一些企业尝试使用进货时的原包装发货,或者使用不同型号的中转箱代替一次性纸箱。不过,后者因为回收工作给消费者和快递员带来相当大的不便,操作性不强。

即便整个电商行业面对涨价哀嚎一片,但从目前全球的情况来看,出于环保的原因,全球的纸浆生产能力仍在减弱,预计未来一段时间内,纸价会继续呈上涨态势。

(资料来源:http://news.cnfol.com/chanyejingji/20170922/25384974.shtml)

三、生产者购买的过程

对购买过程进行分析,主要是针对修正重购或全新购买而言的。

(一)购买过程的参与者

所谓购买过程的参与者是指那些参与购买决策过程的个人或群体,包括使用者、影响者、决策者、批准者、购买者和把关者,他们共同组成一个"采购中心",负责购买并承担由此而产生的风险。

1. 使用者

指企业中将要实际使用产品或服务的人。他们往往是最初提议购买的人,对产品在规格、品种等方面的选择起到一定的决定作用。

2. 影响者

对购买行为起到直接或间接影响的人员。他们通常协助决定产品的规格与标准,在这一环节中,企业的技术人员承担着重要角色。

3. 决策者

指企业中真正有权做出购买决定的人。他们一般在购买数量和选择供应商等方面做出相应的决策。

4. 批准者

他们是那些有权批准决策者或采购者所提出的购买行动方案的人。

5. 购买者

即实际执行采购任务的人员。他们负责与交易对象进行谈判,在简单的购买行为中,购买者就是决策者,而在较为复杂的购买行为中,他们是重要的参谋者。

6. 把关者

是指有权阻止销售者接触或将信息传递给采购中心相关成员的人员。他们在购买过程中履行监督与管理的职责,确保购买过程的公开与公平,维护企业的利益。

采购中心的规模大小因所采购的产品规模大小而变化,并不是固定不变的,每个人所承担的角色均有其不可替代的地位和影响,在购买过程中的作用同样是不可忽视的。

(二)购买决策过程

在直接重购的情形下,购买行为比较简单,所经历的阶段也最少,而修正重购或全新购买的过程则较为复杂,大体可分为八个阶段,如图4.6所示。

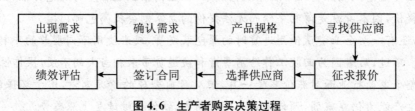

图 4.6 生产者购买决策过程

1. 出现需求

购买某种产品是为了满足需要,而这种需求的出现是受到某种内部或外部刺激而产生的。例如,机器设备老化,影响了正常的生产,需要尽快更新,而原来的供应商所提供的产品不符合要求或双方在某些方面没能达成一致,以致企业想更换新供应商。企业在参加一些展览会或受到广告的影响,发现了更好的产品等因素都有可能引发新的需求。

2. 确认需求

即确定所需产品的特征和数量。如果是复杂的产品,购买人员需要与其他相关人员(如技术人员、工程师等)共同研究产品的全面特征,并按其各个属性的重要程度进行排序,以此来确定需求的重要项目。

3. 确认产品规格

在决定需求要项后,购买者接下来的工作就是明确该产品的技术规格,对产品进行价值分析,以求产品的技术规格和性能达到最理想的状态,从而降低企业的成本。

4. 寻找供应商

凡是购买复杂的、价格昂贵的产品,都要广泛地寻找适合的供应商。可以通过企业名录、电脑资料、其它公司介绍、商业广告、展览会等方式进行寻找,找到之后,企业可以根据自己的需求和标准将这些候选者划分成几个等级,列出选择的先后顺序。

5. 征求报价

购买者将请合格的供应商提出报价,并通过对报价单进行分析,筛选出报价相对比较合理的供应商,将他们作为主要的选择群体。

6. 选择供应商

购买决策者对合格的供应商及他们的报价再进行全面的综合比较,并通过与供应商的直接接触,争取最有利的价格和交易条件。当然,供应商的数目也是需要考虑的。更多时候,为了避免过分依赖于一家供应商而面临较大风险,企业可以选择与多家供应商进行合作。

7. 正式签订购买合同

一旦确定了供应商之后,购买者就要给选定的供应商发出订货单,详细准确地列出技术规格、购买数量、交货时间、退换货政策、保证条款等内容,双方签订正式的交易合同。

8. 绩效评估

购买者通过征询使用者的意见、检查合同的履行情况等对自己的供应商的绩效进行审核和评估,并将此作为与供应商是否继续合作的一个重要的依据。

四、影响生产者购买行为的因素

与消费者购买行为一样,生产者的购买行为也会受到来自各方面因素的影响,主要有四个方面,如表 4.7 所示。

表 4.7 影响生产者购买行为的主要因素

组织因素	人际因素	环境因素	个人因素
目标	地位	经济环境	年龄
政策	权限	政治环境	收入
管理制度	相互关系	技术环境	教育程度
工作程序	互相影响的程度	竞争环境	个性特点

(一)组织因素

即企业单位本身的因素。这一因素在影响生产者购买行为的诸多因素中拥有特殊的地位。每个生产企业都有自己的目标、政策、管理制度、工作程序和组织结构。这些组织因素会对购买决策产生很大的影响。生产者市场的营销者要准确了解企业内部的情况及其变化,如购买决策层的组成情况、采购部门的地位、决策方式是集中还是分散等,有针对性地采取措施予以应对。

(二)人际因素

指企业内部的人际关系,主要涉及参与购买决策过程的各个方面的人员。采购中心成员的地位不尽相同,权力大小有所区别,彼此之间的关系也不一样,复杂的人际关系对于购买的影响是不可忽视的。因此,营销人员必须了解主要的决策人员,他们的行为方式和评价标准及互相之间的影响程度等,以积极采取有效措施争取他们的支持。

(三)环境因素

影响购买决策的环境因素主要指各种宏观营销环境,包括经济环境、政治环境、技术环境、竞争环境等。

购买者受到目前与预期未来的经济环境的影响,如市场需求状况、未来的经济增长预测、生产的资金成本等。当经济发展的不确定性较高时,企业会中止原先的购买计划。

购买者的行为也会受到政治环境、科技环境、竞争对手情况的影响,如政策的调整、新技术的出现、竞争对手的购买行为等,都会对企业的购买产生不同程度的影响。

(四)个人因素

个人因素主要指采购中心成员的个人特征,包括年龄、收入、受教育程度、个性特点、所处职位等。每个参与购买决策的成员都难免会受到自身主观因素的影响,这些主观因素会使得他们在购买风险的认知、选择供应商、购买产品的数量和规格上可能会出现差异,从而对整个购买决策和购买行为产生影响。

任务实施

针对这种情况,市场部主管的首要工作就是核实情况是否属实,如果是借口,要找出这背后的真实原因及其找借口的真实目的,采取措施来解决;如果情况属实,又想与之合作,可以根据对方的实力判断其能否生产出自身需要的产品,如果可以,那么继续合作的可能性则是很大的,毕竟双方有着很好的合作经历。

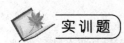

1. 生产者的购买类型有几种?请尝试进行分析。
2. 生产者购买过程的参与者有哪些?各自的职责是什么?
3. 影响生产者购买的因素有哪些?你还能发现哪些因素?

实训题

调查在校大学生购买手机的动机、目的及使用情况。

实训目标：

根据学生自身及其周围同学购买手机的动机、品牌的选择、购买目的及使用情况等信息，利用消费者行为分析的知识运用，将理论学习转化为分析问题、解决问题的实用能力。

实训内容：

1. 设计调查问卷，注意调查的侧重点。
2. 面对面调查，培养学生的交谈、沟通能力。

实训时间：

在本章学习结束后，利用周末业余时间来完成。

操作步骤：

1. 自由组合，形成5～6人的学习小组。
2. 进行任务分工，明确各人的任务内容及完成时间。
3. 设计调查的形式与方法。
4. 收集与分析资料。

成果形式：集体完成调查报告，在课堂上进行讨论。

案例讨论

如今，如果在网络上搜索"购物中心广告"，那么最先映入眼帘的必然是一些衣着时尚的靓丽女性，用妩媚而毫不费力的姿势拎着大包小包走向品牌店的场景。男性，似乎正一步步成为商业边缘的小众群体。

惊人的男性购物数据

波士顿咨询公司(BCG)发表的《中国消费新趋势》指出，中国是目前全球增长最快的消费市场，而其中男性消费者每年在网上购物的开支已高于女性，达到约1万元人民币。同时，近年，中国还出现了"都市潮流男士"和"活跃的银发老年"的消费群体。无论"线上"（网上购物）还是"线下"（实体店消费），中国的男性消费者都正在大量增加。

《中国消费新趋势》进一步指出，73%的一线城市男消费者认为，个人仪表对于求职和约会非常重要；88%的一线城市男消费者会上网查看美容时尚资讯；而83%的一线城中18～35岁男性认为，使用护肤品很有必要。

另一份商业杂志在2016年给出的数据中则指出，虽然女性在日常消费的总量上超过男性，但是针对于"狂热型"消费，男性的消费比率甚至超出了女性49%。在运动装备、游戏、体验娱乐等方面，男性更是成了绝对意义上的狂热消费者。线上游戏平台Steam去年的估值暴增40%，仅仅是因为它们延长了圣诞打折期限和贴心地为中国玩家增加了寒暑假打折季。这些都证明了，针对自己喜好的事物，男性"剁手"起来比女性更快、更狠。

男性，不应被忽视的商业群体

实际上，男性一直以来都是一个不可忽视的商业群体，但由于"挣男人的钱更难"成为了一种普遍认知，于是在女性主题商业的"蜜糖"里，男人逐渐被拒之门外，甚至被主动推向了网购。

九宜城认为，当商业决策者沉溺于女性主题（包括儿童业态）的"蜜糖"里时，会进一步削弱商业对男性消费者的洞察和思考，让本就"营养不良"的环节进一步退化。如果以"木桶理

论"来分析,那么无论女性主题商业的长板如何增长,男性消费的短板也难以弥补——更可怕的是,也越发没有动力去弥补。

再进一步思考会发现,无论女性主题如何创新,由于数量的增长最终都会走向红海。实际上儿童业态已经出现红海竞争的态势,同质化、廉价化的态势正在滋长。而当女性主题商业变成红海之后,商业优势将被迅速抹平,前期的投入和定位也将变得无用。从这个角度来说,女性主题商业可能是一剂甜蜜的慢性毒药。

许多数据已经证明,男性消费者是一个不可忽视的群体。随着千禧一代逐渐成为购物中心的消费主力军,以性别进行商业划分的观念必须要被打破。谁能提前占据男性主题消费的蓝海,谁才能够在未来开拓一片属于自己的领域。

在九宜城看来,充满个性化、具有丰富选择性的商业社会,才是这个日趋多元化社会的发展趋势。所有人的购物时代,必须也必将到来。(资料来源:http://www.linkshop.com.cn/web/archives/2017/386165.shtml)

分析:
1. 男性、女性在购买行为上有哪些区别?
2. 你是如何看待男性"剁手族"的?

项目五 目标市场营销战略

任务一 市场细分

【学习目标】 通过学习市场细分的概念、意义、标准与步骤,掌握进行市场细分的能力。
【知识点】 市场细分的概念与意义,市场细分的依据、步骤与方法。
【技能点】 掌握进行市场细分的技能。

DY电子有限责任公司的电磁炉产品,即将进入市场。面对广阔的市场空间,电磁炉的销售人员需要找到自己的细分市场,才能制定有针对性的营销策略,但如何寻找细分市场呢?作为市场营销部人员的张明陷入了思考当中。

企业不可能满足所有市场的要求,为了实现市场营销战略,就必须要按照一定的标准对市场进行细分,并在细分的基础上结合自身的实力和外部环境,经过分析、评估后选择对企业最有吸引力的市场作为目标市场,然后在这个目标市场中为自己的产品选择适当的竞争地位。因此,市场细分是选择目标市场和市场定位的前提和基础。

市场营销管理人员通过市场细分、目标市场选择,发现和选择了有吸引力的市场之后,还要进一步开展市场定位工作,这是市场营销管理过程的主要步骤。市场细分(segmenting)、选择目标市场(targeting)以及市场定位(positioning)构成了目标市场战略(即STP战略))的全过程。

一、市场细分

市场细分是指企业按照消费者的欲望、需要、购买习惯和行为等因素把整个市场细分为两个或两个以上的子市场,以确定目标市场的过程。市场的细分是调查分析不同的消费者在需求、资源、地理位置、购买习惯和行为等方面的差别,然后将上述需求基本相同的消费者群分别收并为一类,形成整体市场中的若干"子市场"或"分市场"。不同的细分市场之间,需求差别比较明显,而在每一个细分市场内部,需求差别则比较细微。

理解这一概念时应注意以下几点:市场细分是对消费者群组的细分,市场细分的基础是消费者同质需求的差异性,市场细分不同于市场分类。

二、市场细分的原则

市场细分既要确保满足消费者需求的有效性,又要确保企业经营的可操作性和盈利性。市场细分的原则主要有以下几点:

(一)可衡量性原则

可衡量性原则是指细分市场必须是可以衡量的,即细分出来的市场不仅范围比较明晰,而且该市场的大小也能被大致判断出。满足这个原则,才可以较好地估算细分市场的规模和相应的购买力。

(二)可进入性原则

可进入性原则是指企业有能力进入选定的细分市场,即细分市场应是企业能够对消费者产生影响,企业产品能够展现在消费者面前的市场。市场细分应当能反映出不同细分市场在可进入性上的差异,以便企业进行比较选择。企业在细分市场时,必须考虑企业营销活动的可行性。

(三)可盈利性原则

可盈利性原则是指细分出来的市场必须具有一定的规模,足以使企业实现其利润目标。过度的细分会使单个目标市场规模过小,从而影响效益。同时,关注多个小目标市场会使企业出现产品品种多,批量少,成本高,管理复杂等问题。因此,企业必须考虑细分市场上的消费者数量、消费者购买力和产品的使用频率。

(四)稳定性原则

稳定性原则是指在一定时期内,细分市场必须保持相对稳定,以便企业能够制定出中长期的策略。需求经常变化会造成开发新产品的失败,甚至资源配置的损失。

(五)发展性原则

发展性原则是指企业选择的细分市场具有未来发展的潜力,通过企业的开发有可能发展成为一个大市场,能够给企业带来长远的利益。可见,细分市场的选择是企业经营领域的选择,具有战略意义。因此,细分市场的选择必须与企业的长期发展战略相结合。

三、市场细分的依据

划分市场应考虑相关的因素,也就是要选择适当的市场细分依据。消费品市场的顾客主要是普通消费者,而生产资料市场的顾客主要是生产企业。这两类顾客的动机和目的各不相同,因而市场细分的依据也就有所不同。

(一)消费品市场细分的依据

市场上的企业各具特色,但它们也拥有一些共同的标准,这就是市场细分的一般标准,包括地理因素、人口因素、心理因素和行为变量等。这些因素可以进一步划分为若干具体的变量因素,企业可以利用这些变量进行消费者市场细分,也可以运用组合效用进行更综合的考虑。

1. 地理细分

企业按照消费者所在的地理位置以及其他地理变量(包括位于城市还是农村,气候条件,交通运输状况等)来细分消费者市场。市场潜力和成本费用会因市场位置不同而有所不同,企业应选择那些本企业能最好地为之服务的、收益较高的地理市场作为目标市场。

2. 人口细分

企业按照人口统计变量(包括年龄、性别、收入、职业、教育水平、家庭规模、家庭生命周期阶段、宗教、种族、国籍等)来细分消费者市场。某些行业的企业通常用某个人口统计变量来细分市场。例如,服装、化妆品、理发等行业的企业长期以来按照性别细分市场;汽车、旅游等行业的企业长期以来按照收入细分市场。许多公司通常采取"多变量细分"这一策略。

3. 心理细分

企业按照消费者的生活方式、个性等心理变量来细分消费者市场。消费者的欲望、需要和购买行为不仅受人口变量影响,还受心理变量影响,所以还要进行心理细分。

(1)生活方式细分。生活方式是影响消费者的欲望和需要的一个重要因素。生活方式不同的消费者对商品有不同的需要;消费者的生活方式一旦发生变化,就会产生新的需要。市场营销实践中,越来越多的企业按照消费者的不同生活方式来细分消费者市场,并据此设计不同的产品和安排市场营销组合。

(2)个性细分。企业还可以按照消费者不同的个性来细分消费者市场。这些企业通过广告宣传,试图赋予其产品与某些消费者的个性相似的品牌个性,以树立品牌形象。

4. 行为细分

行为细分,是企业按照消费者购买或使用某种产品的时机、消费者所追求的利益、使用者情况、消费者对某种产品的使用率、消费者对品牌的忠诚度等行为变量来细分消费者市场。

(1)时机细分。在现代营销实践中,许多企业往往通过时机细分来扩大消费者使用本企业的产品的范围。

【知识拓展】

时机细分在春节消费中的应用

2017年春节,各个餐厅、酒楼年夜饭的预订情况都不错,时机细分使得年夜饭预订量稳步增长。很多酒店不仅接受门店预订,还提供外送服务;有的门店外送年夜饭的比重占到30%~40%;有的虽占比低一点,但也有20%的份额。很多酒店的年夜饭预订量一直比较稳定,2017年的价格与往年相比也没有变化。另外,随着人们生活水平的提高,消费者更注重健康科学饮食,不仅要吃得好一点,还不能造成浪费。家人对老人和孩子的关注度也逐年提高,有的消费者预订年夜饭时还特别强调要安排适合老人和孩子的菜品。可见,在年夜饭预订方面,人口细分和心理细分、行为细分都可以派上用场,大有可为。

(2) 利益细分。消费者往往会因为各自不同的购买动机、追求不同的利益而购买不同的产品和品牌,所以企业要按照消费者购买商品时所追求的不同利益来细分消费者市场。以购买牙膏为例,有些消费者购买防蛀牙膏用以防治龋齿;有些消费者购买草本牙膏用以防治口腔溃疡。企业可根据自己的条件权衡利弊,选择其中一种消费者群作为目标市场,设计和生产出满足目标市场需要的产品,并且通过适当的广告媒体和广告词,把产品的信息传达给追求这种利益的消费者群。

(3) 使用者细分。许多商品的市场都可以按照使用者情况,如非使用者、曾经使用者、潜在使用者、初次使用者和经常使用者等来进行细分。资金雄厚、市场占有率高的大公司,一般都会注意关注潜在使用者这类消费者群,注重吸引潜在使用者,以扩大市场阵地;中小企业资金薄弱,往往更注重吸引经常使用者。

(4) 使用率细分,又叫数量细分。许多商品的市场还可以按照消费者对某种产品的使用率(如少量使用者、中量使用者、大量使用者)来进行细分。大量使用者往往在实际和潜在购买者总数中所占比例不大,但他们所消费的商品数量在商品消费总量中所占比例却很大。研究表明,某种产品的大量使用者往往有某些共同的人格、心理特征和广告媒体习惯。企业掌握了相关信息,就可据以合理定价、撰写适当的广告词和选择适当的广告媒体。

(5) 忠诚度细分。所谓品牌忠诚,是指受价格、质量等诸多因素的影响使消费者产生对某一品牌的产品情有独钟并长期购买这一品牌产品的行为。品牌忠诚度的高低,可用消费者重复购买次数、购买挑选时间和对价格的敏感程度等标准进行衡量。

5. 组合效用细分

组合效用测量的是某个特征水平上的消费者偏好,然后与多特征评价结合在一起,测量总体选择的偏好。组合效用分析是根据消费者在决策中所显示的特征的权重来确定他们的偏好。一般在个体水平上对这些权重或效用进行评价。细分将那些具有相似的偏好模式以及对特定的产品特征有相似权重的消费者,与其他的具有不同特征的消费者群区分开来。

表 5.1 某公司对家具市场的细分

项 目	细分内容
户主年龄	18～34 岁、35～49 岁、50～64 岁、65 岁以上
家庭人口	1～2 人、3～4 人、5 人以上
月收入水平	2 500 元以下、2500～5000 元、5000 元以上

以上细分依据往往是相互影响、共同作用的,不能截然分开,但其中必定有最主要的决定性因素。因此,市场细分不能只考虑某一方面的因素,也不能考虑所有的因素,而是要根据产品特点,选择将消费者之间产生明显差异的若干个因素有效地结合起来,这样才能选出比较理想的目标市场。同时,要不断地调整用作市场细分的因素,以便寻找新的、能够提供更好机会的细分市场。

（二）产业市场细分的依据

细分产业市场的变量中除了与消费者市场细分变量相同的变量（如利益、使用者、使用率、忠诚度、待购阶段、态度等），还有最终用户、消费者规模等常用的变量。

1. 最终用户

在产业市场上，不同的最终用户对同一种产业用品的市场营销组合往往有不同的要求。例如，电脑制造商采购产品时最重视的是产品的质量、性能和服务，价格并不是考虑的最主要因素，飞机轮胎必须达到的安全标准比农用拖拉机轮胎必须达到的安全标准高得多等。因此，企业面对不同的最终用户要相应地运用不同的市场营销组合，采取不同的市场营销手段，以投其所好，促进销售。

2. 消费者规模

消费者规模也是细分产业市场的一个重要变量。许多公司通过建立适当的制度来分别与大客户和小客户打交道。例如，一家办公用品制造商按照消费者规模将其消费者细分为两类：一类是大客户，由该公司的全国客户经理负责联系；另一类是小客户，由推销人员负责联系。

3. 消费者地理位置

消费者的地理位置会影响推销和分销成本。如果在该地区有特别强势的对手，那么竞争的激烈程度就会相应提高。近年来，人们对碳足迹的关注度日益提高，不少企业开始致力于将其供应商集中在当地，如一些绿色超市制定了尽可能在当地采购新鲜食品的政策。产品的需求也会呈现多元化，如工厂在操作冷却设备时对软化水的化学品的需求，会随着当地水质条件的变化而有所不同。消费者的产品偏好则会由于地理位置的不同而存在差异。

4. 采购方式

客户采用的不同采购方式，为市场细分提供了依据。例如，可以将企业客户细分为想要租赁产品的企业和想要购买产品的企业；有积极采购行为政策的企业和受价格因素支配的企业；想要单一供应源的企业和想要双重供应源的企业等。

5. 其他变量

许多企业实际上不是用一个变量，而是用几个变量，甚至是一系列变量来细分产业市场。

四、市场细分的步骤

为了确保市场细分的有效性，企业的市场营销人员应该了解和掌握细分市场的程序。美国市场学家杰罗姆·麦卡锡曾提出过一般的市场细分步骤。

（一）正确选择市场范围

任何一个企业都有其自身的任务和目标，并将此作为企业制定生产经营战略和市场开拓战略的依据。企业一旦进入一个行业，便要考虑产品市场范围的选择问题。而产品市场范围的确定是以市场的需求，而不是以产品的特性为依据的。也就是说，市场范围的确定必须贯彻"需求链"的思想。一旦市场需求发生了变化,整个产品的市场范围也要做出相应调整。

(二) 列举潜在消费者的基本需求

在产品的市场范围确定后,企业营销人员可以将市场范围内的潜在消费者分为若干个专题小组,了解他们的动机、态度、行为等,从而比较全面地列出影响产品市场需求和消费者购买行为的各项因素,作为以后进行深入分析研究的基本资料和依据。

(三) 分析潜在消费者的不同需求

消费者的不同需求是细分市场的基础。企业通过抽样调查,分析确定相关性较大的因素(即潜在消费者的共同需求),然后用聚类分析法划分出一些差异性较大的细分市场,再根据潜在消费者不同的态度、行为、人口变数、心理变数和一般消费习惯等进行下一步细分,从而发现不同的潜在消费者在需求上的差异,即找出他们的不同需求。具有不同需求的消费者群构成了企业的细分市场。为了确保细分的效果,可以重复上一步,直至有三个或三个以上的细分市场出现为止。

(四) 删除潜在消费者的共同需求

潜在消费者的共同需求是企业无论选择哪些细分市场作为目标市场都必须使之得到满足的要求,它是企业做出产品决策的重要依据之一。但它不能作为细分市场的依据,只能作为企业制定市场营销组合策略的参考。所以,在进行市场细分时要剔除潜在消费者的共同需求。

(五) 初步确定细分市场

对细分市场的初步确定是指为细分市场暂时命名,即在分析了解潜在消费者的不同需求,进行市场细分并剔除各细分市场上潜在消费者的共同需求后,各细分市场上剩下的需求,这些需求各不相同。这时,为了便于对各细分市场的特点做进一步的分析,可根据各细分市场上消费者的特点暂时为各细分市场确定一个名字。

(六) 进一步认识各细分市场的特点

上述工作完成后,企业还需进一步对各细分市场消费者的需求及其行为特点做深入的分析与考察,确定已掌握了各细分市场的哪些特点,还需要对哪些特点进行进一步分析研究,从而决定是否需要再细分或重新合并市场。这一步是对以上几步的重新认识和必要调整,以形成细分市场的雏形。

(七) 测量各细分市场的大小

只有那些拥有足够的潜在购买者,并且他们又具有充足的货币支付能力,使企业能够补偿生产与销售成本,并能获得利润的细分市场才有开发的价值。而那些消费者需求没有体现为有支付能力的购买力或潜在消费者数量极少的细分市场则不值得开发。因此,还要将经过以上步骤划分出的各细分市场与人口变数结合起来加以分析,测量出每个细分市场中潜在消费者的数量、他们的购买能力和产品的使用频率,从而掌握各细分市场的市场潜量。

经过以上七个步骤,企业便完成了市场细分的工作,随后企业可以根据自身及产品的实际情况,选择目标市场,并采取相应的目标市场营销方法,制定出与目标市场需求相适应的市场营销组合策略,更好地为目标市场服务。

【课堂练习】

通过市场细分,我们可以将不同的消费者区分开来。

但是,企业的市场细分怎样才会产生更大的营销价值呢?你身边有按照性别来细分市场的饮品吗?你是怎样评价这种细分方式的?

五、市场细分的方法

市场细分的方法主要有单一变量法、主导因素排列法、综合因素细分法、系列因素细分法等。

(一)单一变量法

所谓单一变量法,是根据市场营销调研结果,把影响消费者或用户需求最主要的因素作为细分变量,从而达到市场细分的目的。例如,影响玩具市场需求量的主要因素是年龄,可以针对不同年龄段的儿童设计满足不同需求的玩具,这一点一直为玩具商所重视。

(二)主导因素排列法

主导因素排列法,即用一个因素对市场进行细分。例如,按性别细分化妆品市场,按年龄细分服装市场等。这种方法简便易行,但难以反映复杂多变的消费者需求。

(三)综合因素细分法

综合因素细分法,即用影响消费需求的两种或两种以上的因素进行综合细分。例如,用生活方式、收入水平、年龄等三个因素,可将女性服装市场划分为不同的细分市场。

(四)系列因素细分法

当细分市场涉及多项因素,并且各因素按照一定的顺序逐步进行,可以由粗到细、由浅入深,逐步进行细分,这种方法称为系列因素细分法。

任务实施

对企业而言,可以从不同的角度采用不同的方式寻找细分市场,但也存在共性的地方,而这些共性的方面是值得企业思考和借鉴的。

1. 细分市场是以机会为出发点的。企业需要考虑:这个市场上有哪些机会?哪些客户群的需求没有得到满足?是否存在新的客户群?哪些客户群是竞争对手服务不好的?

2. 要深入分析和理解客户的需求差异,而不是停留在表面的特征划分上。高质量的细分需要建立在对市场和客户需求充分调研的基础上,对客户需求的各种差异进行反复分析和理解,直到找出能充分区分需求差异又能与自身能力相匹配的细分维度。

3. 企业的资源是有限的,尤其对正处于创业和成长期的企业来说,因此企业在细分市场和选择目标市场时需要聚焦。

4. 细分市场是动态发展的。企业在进入不同的市场时,需要结合客户需求和竞争状况的不同,采用不同的细分方式。而企业在业务发展的不同阶段也需要使用不同的细分方式。

5. DY 电子有限责任公司市场细分实操。

依据以上原则,DY 电子有限责任公司营销部门的张明在对电磁炉市场进行细分时进行了如下操作:

(1) 对电磁炉市场来说,它属于消费品市场细分,一般的细分依据包括地理因素、人口因素、心理因素和经济因素。

(2) DY 电子有限责任公司作为一家中小型企业必须要集中资源,找到购买潜力最为集中的区域进行销售。

(3) 从人口因素来说,通过婚姻状况可以划分出传统家庭和单身家庭,这有助于 DY 电子有限责任公司找到目标市场。

(4) 心理因素可能产生的影响主要涉及品牌知名度和关注度问题,对此问题,DY 电子有限责任公司可以通过低价和同质保障来予以解决。

(5) 在经济因素细分中就需要找到需求低价同质电磁炉产品的收入群体作为细分市场。

思考题

1. 消费者市场细分的依据是什么?
2. 请对手机市场进行细分。

任务二 目标市场选择

【学习目标】 通过学习市场的内涵、市场选择的策略与方法,掌握进行目标市场选择的能力。

【知识点】 目标市场的内涵、市场选择的策略。

【技能点】 掌握目标市场选择的策略与方法。

目前,国内的小家电市场上,M 公司的电磁炉处于行业垄断地位。DY 电子有限责任公司作为一家刚进入电磁炉市场的中小型企业,目前在市场中还处于追随者的地位。在市场细分的基础上寻找自己的目标市场,进而开展有针对性的营销活动,是 DY 电子有限责任公司的当务之急。营销部的张明受领导指派参与了此次任务。

目标市场是在市场细分和确定企业机会的基础上形成的。企业通过市场细分,会发现有着不同欲望的消费者群,发现市场上尚未得到满足的需求,这种"未被满足的需求"就是市场机会。一般来说,只有与企业的任务、目标、资源条件相一致并且比竞争者具有更大优势的市场机会才是企业机会。确定了企业机会,也就基本确定了企业的目标市场。张明和他的团队伙伴们决定以此思路开展工作。

一、目标市场概述

（一）目标市场的含义

目标市场是企业为满足现实或潜在的消费需求而开拓的特定市场。目标市场与市场细分是两个既有区别又有联系的概念。市场细分是发现市场上未被满足的需求,按不同的购买欲望和需求划分消费者群的过程。而确定目标市场则是企业根据自身条件和特点选择某一个或几个细分市场作为营销对象的过程。

一个细分市场要成为目标市场,需要具备以下条件:有较大的购买容量和稳定的发展前景;市场竞争较小,或虽激烈,但企业仍具有一定的竞争优势;企业有能力满足市场需求并且能取得一定的销售利润;该细分市场与企业经营发展方向一致。

（二）目标市场选择的标准

每个企业由于自身的实际需要不同,选择目标市场的标准也不尽相同,但常用的目标市场选择标准有以下几个:

1. **市场容量与效益**

市场有一定的购买力,能取得一定的销售利润是选择目标市场的重要条件之一。企业得不到必要的利润,就没有进入该细分市场的动力。例如,在一些国家和地区,虽然存在着很多未被满足的需要,但由于经济落后,居民收入水平低、购买力低,因而有些高档商品还不能以这些国家和地区作为目标市场。

2. **市场潜力**

市场既要存在未被满足的需要,还要有一定的发展潜力,这是企业选择目标市场的首要条件。对市场发展潜力的测定,可以从最近几年的某细分市场销售额递增比率、当年销售额和次年预计销售额入手,分析该细分市场的需求状况和需求变化趋势,从而掌握该细分市场的发展潜力。目标市场有发展潜力,企业才能在满足消费者潜在和未来的需求中得到长期发展。

3. **竞争状况**

如果目标市场上竞争对手众多,竞争激烈,竞争者完全控制了目标市场,那么企业选择这种目标市场就没有任何实际意义。一个理想的目标市场,既存在未能满足的需要、一定的购买力和市场规模,还要具有竞争对手较少、竞争者没有完全控制目标市场的竞争优势。

4. 开拓能力

目标市场的选择要与企业的综合实力相适应,只有企业的实力能达到细分市场的需求,才能将其作为企业现实的目标市场。企业是否具有开拓该目标市场的能力,是选择目标市场必备的主观条件。这里主要是指企业的人力、物力、财力以及经营管理水平。

二、目标市场选择的影响因素

企业在选择目标市场时必须根据自身的具体情况,权衡利弊得失,慎重选择。一般来说,在选择目标市场时,企业需考虑以下一些因素:

(一)企业的资源积累状况

企业的资源状况不同,对目标市场的选择情况也会有所不同。当企业有较雄厚的资源积累,如企业拥有大规模的生产能力、产品和技术开发能力、庞大的销售网络或著名商标等时,通常采用全面选择的方法来选择细分市场。而资源积累较少、实力较弱的企业往往较多选择专门或集中选择的方法,使自己有限的资源优势得到充分的发挥。

(二)产品特性

产品特性是指产品是否同质,能否改型变异。在有些产品市场中,不同企业的产品差异性较小,尽管这些差异是存在的,但消费者一般并不太重视或不加以区别,亦即它们适应消费的能力较强。例如,食盐、纯净水等可视为"同质性产品","对同质性产品"刻意追求其差别化则可能成本过高,得不偿失。而对一些差异性较大的产品,如服装、汽车等,不仅本身可以开发出不同规格型号、不同花色品种的产品,这种不同还会带来品质、性能等方面的较大差别,消费者对这类产品的需求也是多样化的,选择性很强。因此,宜采用专门或集中选择的方法。

(三)产品的生命周期

在选择目标市场时还要考虑产品正处在生命周期的哪个阶段。当产品处于生命周期的投入期或成长初期阶段时,由于竞争对手较少,品种比较单一,消费者对产品不太了解,因而需求的差异性表现得不明显,通常可采用全面性方法。当产品处于生命周期的成长期或进入成熟期时,市场上生产同类产品的企业增多,竞争加剧,消费者需求的差异性也逐步变得清晰起来,这时宜采用专门或集中选择方法,以便更好地满足不同消费者的需要,并设法保持原有市场,延长产品的生命周期。

(四)市场特性

市场特性是指不同细分市场的消费者对产品需求差异的大小。如果市场上所有的消费者对某些产品的需求比较相近,购买习惯等没有太大的差异,对市场营销刺激的反应较为一致,如对一些廉价的一次性使用产品,通常消费者不会有什么特殊要求。对这类产品采用全面选择的方法可大大降低产品成本。而对于一些需求差异性较大的产品,如汽车、手表、化妆品等,则可采用专门或集中选择的方法。

（五）竞争对手的市场策略

目标市场营销对于企业获得竞争优势起着至关重要的作用。为了获得竞争优势,企业在选择目标市场策略时,还必须了解竞争对手采取何种策略,根据竞争对手的不同情况做出不同的选择,或采取与竞争对手相同的目标市场策略,或采取与竞争对手不同的策略以避免直接竞争。也就是说企业应把目标市场的选择策略与竞争战略系统有效地结合起来。

总之,企业必须综合考虑以上因素,在充分进行市场分析的基础上,慎重选择目标市场。

三、目标市场选择的基本要求

目标市场是企业整个营销策略的中心,企业以此展开营销活动,以达到自身的营销目的。在细分市场的基础上,企业可以选择一个或几个细分市场作为自己的目标市场。企业在选择目标市场时要掌握以下基本要求:

（一）成本最小

企业应该深入分析进入目标市场所需的成本大小,应比较各个细分市场的产品成本,在一般情况下应以产品成本较低的细分市场为目标市场。这一成本估算不仅包括生产成本,还应包括各种营销活动带来的成本支出。

（二）能力匹配

在若干个细分市场中,企业确定目标市场,必须考虑本企业的人力、财力以及技术力量和经营管理水平是否与欲开发的目标市场的需求潜能相匹配,企业有无实力满足或逐步满足消费者的需求。从另一角度考虑,企业还要分析自身对于这一目标市场是否还会有实力"盈余",如果存在这种情况,应该扩大目标市场的范围,使之与企业实力相匹配。

（三）风险最低

企业进入一个目标市场,必定面临一定的风险。这种风险主要来自主客观因素的不相符,导致原有策划方案无法实施,或就算实施了也实现不了预定目标,或是会出现无法预料的意外事件。如果多个企业选择同一细分市场为目标市场,那么竞争就不可避免,竞争的风险也会随之产生。企业要充分考虑各种因素和突发事件,未雨绸缪,精心策划,把风险降到最小。

（四）收益最大化

企业选择的目标市场,应该能够给企业带来可观的经济效益,这一市场应有足够的销售数量。如果只有消费欲望而不能形成实际的购买力,那么这一细分市场就不应被选为目标市场。即使是在评估后被认为确实有经济效益的细分市场,企业也应对其再进行比较评估,以收益最大化为原则来确定经济效益最好的细分市场,并将其作为目标市场。

四、目标市场选择的基本步骤

(一)初步筛选

企业在选择目标市场时,可以采用排除法进行初选,一步步缩小选择范围,即先从最明显的因素开始,针对一个因素进行分析,排除一批不符合要求的市场;然后再分析下一个因素,再排除一批,直至剩下少数合适的对象作为初选的目标市场。初步筛选要避免两个错误:一是忽视能为企业主要产品提供良好前景的市场,错过巨大的市场机会;二是在前景不好的市场里花费太多的调研时间。

(二)消费者分析

在进行初步筛选之前,经营者应该首先建立起针对消费者或用户的主要候选产品的消费形象,该形象包含着个人或集团性的、现有或潜在的消费者所需要的产品特性。它可以具体回答:谁适合使用这种产品?怎样使用这种产品?在哪里可以买到这种产品?怎样买到这种产品?为什么买这种产品?什么时候买这种产品?回答这些问题意味着消费者已经开始选择候选产品。

(三)需求量估计

估算市场需求的目标是找"缺口",找那些总体来说"供不应求"的市场。对市场容量的估计,应尽可能采用已有的统计资料,确定目标市场。对市场容量的估计可分为直接估计和间接估计。对市场容量的直接估计是借助实际销售资料或消费量进行估计。在初步筛选时要求对候选产品在很多地区的市场潜力进行"快速确定"。对市场潜力的评估只要求确认目标市场的前景即可。

(四)市场的选择与确定

目标市场初选的结果可能有三种:一是按企业目前的情形,没有合适的细分市场。这时还应进一步查清原因,找出关键问题,然后对症下药,等条件改善了再考虑如何进入;二是仅有一个细分市场是潜在的市场,此时需做进一步的详细分析,以便做出决策;三是有多个细分市场具有进入的可能性,这时就更需要进一步调查研究、进行比较,以便做出更合适的判断。

以上情况中前两种比较简单,研究重点应放在第三种上。因为是初步的选择,故范围应尽可能广泛,只有当某个国家或地区的市场确实不具备进入的可能性时才能放弃,以避免错过大好机会。对初选的目标市场,还应该进行更深入的调查,明确每个可能的目标市场的容量和本企业在这个市场上的销售前景,以便做出正确的决策。

(五)评估细分市场

经过初步筛选后的市场数目已经较少,对这些市场要进行更精确的评估。一家企业在评价不同的细分市场时,必须分析以下三个因素:细分市场的规模和发展,细分市场结构的吸引力,企业的经营目标与资源。

1. 细分市场的规模和发展

营销者首先必须搜集和分析目前各种市场的销售额、增长率和预期利润等各种资料。一般来说,理想的细分市场是具有大的目前销售额、高的增长率和高的利润贡献的细分市场。但是较小的企业面对这类市场时可能会发现自身缺少所需要的技术和资源来为较大的市场服务,或者这些细分市场的竞争太激烈了,易使较小的企业倾向于选择一些较小的不太有吸引力的细分市场,且在这些市场上容易获得更多的利润。

2. 细分市场结构的吸引力

细分市场可能具有理想的规模和发展特征,但从盈利角度来看,它未必能带来理想的利润。所以,营销者还必须考察一些影响细分市场长期吸引力的主要结构因素,一般包括四个方面,即竞争者、替代性产品、购买者的力量和供应商讨价还价的能力。

3. 企业的经营目标与资源

评估细分市场必须确定以下几点:它是否符合企业的长远目标;企业是否具备在该细分市场获胜所必需的技术和资源。如果企业要真正赢得细分市场,它需要发挥其足以压倒竞争者的优势。企业如果不能制造具有某些优势价值的产品,就不应该进入该细分市场。即便一个细分市场具有适当的规模和增长率,它在结构上也有吸引力,营销人员在决定是否进入这一细分市场时还必须考虑这样做是否符合自己企业的目标与资源状况。企业应该选择适宜的细分市场,采取开拓战略为企业创造生存发展的潜在机会点。

(六)选择目标市场的营销策略

由于企业生产能力、方式、财力以及经营方式等方面存在着一定的差异,因此目标市场的营销策略也就不一样。归纳起来,有三种不同的目标市场策略可供企业选择:无差异营销、差异性营销和集中性营销。

1. 无差异营销

无差异营销是指企业经过市场细分后,权衡利弊得失,不去考虑各细分市场的特性,而注重细分市场的共性,决定只推出单一产品,运用单一的市场营销策略,力求在一定程度上满足尽可能多的消费者的需求。

一般来说,这种策略除了适用于市场需求同质的产品外,主要还适用于需求广泛,能够大量生产、大量销售的产品。采用这种策略的企业一般具有大规模、单一、连续的生产线,拥有广泛的或大众化的分销渠道,并能开展强有力的促销活动,投放大量的广告和进行统一的宣传,因而往往能在消费者或用户的心目中建立起"超级产品"的印象。例如,早期的美国可口可乐公司,由于它拥有世界性专利,因此在相当长的时间内,只生产一种口味的产品,而且仅用一种瓶子盛装,甚至连广告词也只有一种。但其曾凭这种单一产品和单一营销组合的无差异策略长期占领世界软饮料市场。

无差异营销的最大优点便是成本低。大批量的单一品种的生产降低了单位产品的生产、库存和运输成本,无差异的广告宣传等推销活动可以节省促销费用,忽略市场差异则相应降低了市场调研、产品研制、制定多种市场营销组合方案等所要耗费的人力、财力与物力。

这样,企业生产产品的低成本转化为了产品的低价格,从而提高了企业产品的价格竞争力。

2. 差异性营销

差异性营销策略是指企业决定同时为几个子市场服务,设计不同的产品,并在分销渠道、促销策略以及定价决策等方面都做出相应的改变,以适应各个分市场的需要的营销活动。

差异性策略的优点:一是生产和销售的针对性强,容易打开相关市场,有利于企业在市场竞争中获得更大的市场占有率;二是如果一个企业在数个细分市场上都能取得较好的营销效果(连带取得优势通常都较为容易),就能树立起良好的市场形象,增强企业的市场竞争力;三是这种策略还有利于企业综合利用各种资源和生产能力,分别满足不同地区消费者的需求,增加产品销量,提高经济效益。实行差异性营销的缺点是,虽然能够创造更大的销售额,但是市场调研、广告宣传等营销费用以及生产成本、管理费用、库存成本等也会大幅度增加。

因此,这一策略的运用必须限制在这样的一个范围内:销售额的扩大所带来的利益,必须超过营销总成本费用的增加。这就要求,企业不能选错细分市场,也不宜卷入过多的细分市场。

3. 集中性营销

集中性营销是指企业集中所有力量,以一个或几个性质相似的子市场作为目标市场,试图在较少的细分市场上占据较大的市场占有率。

中小企业的资源有限,无力在整体市场或多个细分市场上与大企业抗衡,而在大企业未予注意、不愿顾及或自己又力所能及的某个细分市场上实行集中性营销,则往往易于取得经营上的成功。由于资金占用少、周转快、成本费用低因而能取得良好的经济效益,而且因为易于满足特定需求而有助于在这一特定市场取得有利地位,因此如果细分市场选择得当的话,企业不仅可以取得较高的投资收益率,而且能够迅速扩大市场规模。

这一策略的不足之处是潜伏着较大的风险。因为所选目标市场范围比较窄,一旦目标市场突然不景气或出现恶化,如消费者的需求偏好突然发生变化,或者市场上出现了比自己强大的竞争对手,企业就会立即陷入困境当中。

【知识拓展】

买彩电可吃"自助餐"

海尔集团与华联家电联手推出按需定制产销新模式,即最新研制开发的海尔彩电新品样机,2000年9月17日在华联家电下属十大连锁门店同时亮相,它们均由华联家电根据市场需求向海尔集团定制定购,消费者还可自行选择其外观、结构和功能设置等,预约登记定购。

以往的家电营销模式是"厂方产什么,商家销什么,消费者就买什么"。而这次启动的"按需定制、按需定购"的创新产销模式,其最大的新意就在于变消费者的被动"看菜下筷"为主动"上桌点菜"。华联家电与海尔集团签约定制的四种三新(新科技、新功能、新型号)彩电新机种,从研制开发起就融入了销售方的"声音"。例如,产品一律设有的前置输入、前置耳机插孔、超强接收218频道等功能配置,甚至包括机种外壳的各种色彩样板确定和机型型号的定名,均为华联家电根据对市场需求信息的搜集和反馈,向供货商提出一揽子定制定购要求清单目录后试生产的内容。

更有创意的还在于：起样机悉数上柜后，供货商和销售商还联手向消费者提供了多张单页详细介绍各类样机，设有所有配置功能的"菜单"。通过现场演示和技术讲解，客户可如同上桌点菜那样根据自己的需求、喜好包括经济上的精打细算，随意勾选自己的"菜谱"。经销售商交由供货商下单"炒小锅菜"，定制定购的批量产品其销售权在一定期限内也由华联家电独家"买断"。行家将这种探索性的产销模式称为以人为本的"个性化研制开发"和"个性化消费"。

五、目标市场选择的方法

企业在选择目标市场时，可采用的选择方法归纳起来主要有五种，即集中选择、多重选择、专门产品选择、专门市场选择和全面选择。

（一）集中选择

集中选择是指企业集中全部资源专攻某一细分市场。最简单的办法莫过于只选一个细分市场，即以一种产品满足一个市场的需要，以一个细分市场为其目标市场。通过这种方式，企业能够在一个规模适度的市场中占有很高的市场份额，从而取得强有力的竞争地位，在了解该市场需求特点，建立良好信誉方面都占有相对优势。

另外，在生产、分销、促销等方面，集中选择一个市场可使企业节省部分开支，如果在这个市场上经营良好的话，投资回报也会是相当可观的。但是，集中选择单一市场要承担较大的风险，所以大部分企业更愿意选择多个细分市场开展营销活动。

此种方法较适合于以下情况：资源有限，只能占领某一个细分市场；该细分市场吸引力较大且尚无有实力与该企业抗衡的竞争对手；对企业未来整个市场的拓展和发展来说，该细分市场具有至关重要的作用。

（二）多重选择

多重选择是指企业选择多个细分市场作为自己的目标市场。这些市场都具有吸引力，符合企业的要求和资源状况。这些细分市场之间很少或没有联系，但都可以为企业创造利润。即使一个市场情况不好，企业也可以在其他市场上继续获得收益，这样选择目标市场比选择单一目标市场的风险要小一些。但是，企业所选择多个细分市场在分散企业风险的同时，也容易分散企业有限的注意力。

（三）专门产品选择

专门产品选择是指企业只生产和销售能够满足各类消费者需要的某一类产品。企业选择同一种产品的若干个细分市场作为目标市场。使用这种方法，企业可以在一种产品领域中建立良好声誉。不过，由于企业只生产一种产品，所以一旦新技术或新产品出现，企业便会面临效益降低的危险。

（四）专门市场选择

专门市场选择是指企业集中力量生产销售供某一类消费者需要的各种产品。企业选择一类细分市场,经营多种该市场消费者需要的产品。当该市场产生新的需求时,企业亦可以以自己的知名度向消费者推销新产品,开发有效的新产品分销渠道。当然,当企业所选定的这个消费群体的需求出现下降时,对所有东西的需求都会降低,那么企业各种产品的分销便会变得相当困难。

(五)全面选择

全面选择是指一些较大的企业选择一个大市场为目标市场,生产多种产品或一种产品满足该市场上所有消费者的需要。这对企业的实力有很高的要求。

DY电子有限责任公司的张明等人决定在进入这一市场前研究当前市场领军者M公司产品的不足之处,期望通过发现M公司的不足之处,找到市场空间。经过周密分析,他们终于发现了M公司产品有以下不足:① 以单身用户为对象的电磁炉市场正在扩大,而M公司仍把重点放在传统家庭身上;② M公司产品样式单一,而市场要求多样化;③ M公司产品品牌附加值高、产品价位高,消费者可能会寻找低价的同质量替代品。张明等人将研究结果汇报给公司领导,DY电子有限责任公司针对调查结果,决定将目标市场选择为针对单身用户为对象的电磁炉市场,并制定相关的营销策略。

1. 简述各种目标市场策略的适用范围。
2. 如何确定目标市场?

任务三 市 场 定 位

【学习目标】 通过学习市场定位的概念以及制定策略、步骤与方法,具备进行市场定位的能力。

【知识点】 市场定位的概念,市场定位的三个层次,市场定位的策略。

【技能点】 掌握市场定位的步骤与方法。

在完成市场细分、目标市场选择之后,DY电子有限责任公司针对调查结果,决定将以单身用户为对象的电磁炉市场为自己的目标市场,并制定相应的营销策略。在此基础上,DY电子有限责任公司需要进行市场定位。但如何进行市场定位呢?这个问题又摆在了张明等人的面前。

对张明所在的DY电子有限责任公司而言,企业在选定目标市场之后,还要决定怎样占领市场。DY电子有限责任公司为了能与竞争企业的产品有所区别,进一步开拓和抢占目标市场,取得产品在市场上的竞争地位和优势,更好地为目标市场服务,需要在目标市场上给本企业产品确定一个精准的市场定位。

一、市场定位概述

(一)市场定位的含义

市场定位是指勾画企业产品在消费者心目中的形象,使企业所提供的产品具有一定特色,符合目标消费者的需要和偏好,并与竞争者的产品有所区别的计划性活动。

在理解这一概念时,应注意以下几点:

(1)市场定位的对象是消费者,其结果是要在消费者的心中建立起关于企业及其产品的良好形象。

(2)市场定位是一套行动系统,它应贯穿于产品的设计、生产、促销、销售、售后服务等所有的经营环节之中。

(3)市场定位是针对消费者心理的行动。

(二)市场定位的原则

对企业来说,一个企业的产品、服务、人员、形象、渠道以及其他方面实行的差异化,虽然都是经过设计安排的,但并不是每一个差异都能发挥出很好的作用,有的差异甚至是毫无意义的。若要判断应选取哪些差异来进行定位,则必须对全部差异进行比较和评估。有效的差异化应满足下列各原则(见表5.2):

表5.2 市场定位的原则

定位原则	说 明
重要性	是指该差异化能向相当数量的消费者提供较高价值的利益
明晰性	是指该差异化是其他企业没有的,或是该公司用一种突出、明晰的方式提供的
优越性	是指该差异化明显优于通过其他途径而获得相同的利益
可沟通性	是指该差异化是可以沟通的,是买方可以看见的
不易模仿性	是指该差异化是其竞争者难以模仿的
可接近性	是指买方有能力购买该差异化
盈利性	是指公司将通过该差异化获得利润

（三）市场定位的依据

在营销实践中，企业可以根据产品的属性、利益、价格、质量、用途、使用者、使用场合、竞争者等多种因素或其组合进行市场定位。具体来讲，市场定位的主要依据包括如下几个方面：

1. 产品属性定位

在重要属性上，确定本产品在消费者心目中相对竞争品而言的独特地位。通过了解当前消费者如何看待企业的产品或品牌，企业可以改变自身在消费者心目中的地位。例如，某啤酒企业根据自身产品在消费者心目中"清新"的形象，推出苦味适度的啤酒，以满足那些喜欢淡啤酒的消费者的需求。

2. 消费者利益定位

根据产品带给消费者的某项特殊利益定位，如一些连锁超市强调"天天平价"，吸引了很多精打细算的消费者。

3. 产品用途定位

根据产品的某项用途定位，如广告词为"怕上火喝王老吉"的王老吉凉茶，把自己定位为消暑降火的功能饮料。

4. 使用者定位

针对不同的产品使用者进行定位，从而把产品引导给某一特定消费者群。例如，有的企业将性质温和的婴儿洗发液推荐给留长发的、天天洗头的年轻人。

5. 使用场合定位

一些产品可以通过多种不同的使用场合进行定位，如小苏打可以作为冰箱除味剂，也可以作为调味汁和卤肉的配料，不同的企业可以据此进行不同的定位。

6. 竞争者定位

以某知名度较高的竞争者为参考点来定位，在消费者心目中占据明确的位置。例如，七喜的广告语"七喜非可乐"在一定程度上强化了七喜在消费者心目中的形象。

7. 质量价格组合定位

例如，海尔家电产品定位于高价格、高品质，华联超市定位于"天天平价，绝无假货"。

【知识拓展】

康乐氏橄榄油的的市场定位

来自西班牙的国际顶级橄榄油品牌康乐氏，在进入中国市场之初，就通过对消费者的调研得知，目前橄榄油的消费人群主要有以下特征：在年龄方面，消费人群的年龄跨度比较大，可以说是一款老少皆宜的产品；在性别方面，接受访问者中77.8%为女性，说明橄榄油的购买者大多为女性。

清晰地定义目标购买对象，精确地提炼目标对象的共同价值取向，这对品牌策划将起着重要的作用。因此，康乐氏对女性消费者的购买特点和消费心理进行了重点分析：首先，女性是家庭食用油的"把关人"，决定家庭食用哪种油料；其次，白领高知女性具有较高的收入，为留住青春不吝惜花费；再次，女性具有喜欢聊天，相互推荐食品、化妆品和服饰的特点。

根据女性消费者的消费心理特点，康乐氏橄榄油将自己定位为"来自地中海的健康食用油",突出宣传其将为中国厨房里带来健康革命,推出以"康乐氏全民健康计划"为主题的健康科普知识宣传活动,内容涉及橄榄油的菜肴制作、产出环境、加工特点、产品特征及对各种疾病的防治等相关方面,并有针对性地向女性消费者发放精美的宣传材料,传播健康生活的理念。

二、市场定位的三个层次

在现代市场营销学中,市场定位是一个多维的过程,它包括三个相互关联的层次,即产品定位、品牌定位和企业定位。

(一) 产品定位

产品定位是市场定位的第一步,是指使某个具体产品深刻定位在消费者心中,让消费者一产生类似的需求,就会联想起这种产品,产品的各个特点都应与这一定位形象相符合。这是其他所有定位的基础,产品定位是为了让产品在消费者心目中留下深刻印象。这里的产品可以是有形的物品,如汽车、可乐;也可以是无形的东西,如音乐;还可以是人员,如某个明星等。

(二) 品牌定位

品牌定位必须以产品定位为基础,通过产品定位来实现。一旦品牌定位成功,品牌作为一种无形资产就可与产品脱离,而具有独立的价值,品牌的价值甚至会比产品本身的价值还高得多,它是产品销量的保证。因此,品牌可以转卖,品牌可以授权,即使不是同一家厂商生产的产品,只要冠以同一品牌,就会在消费者心中拥有同样的地位。

(三) 企业定位

企业定位处于定位阶梯的最高层。企业必须先完成他们的产品和品牌的定位,然后才能在公众心中树立企业美好的形象。没有好的产品定位和品牌定位较为稳固,企业的地位难以得到稳固。企业定位对前两步起着强化的作用,较高的企业定位可以确保企业的产品定位和品牌定位较为稳固,一旦企业获得较高的地位,其他各种地位也就会相应地得到巩固,还会使企业获得长期效益。

企业定位首先应有良好的产品定位和品牌定位,如果企业的生产技术不先进、产品质量不如人、品牌知名度不高,企业的定位就无从谈起。此外,企业定位还要考虑其产品使用范围是否与企业定位相符。

市场定位的三个层次共同构成整体的经营活动,它不仅关系到建立公共关系和开展广告宣传,它还是制定企业市场营销整体策略的核心部分。市场定位像一根无形的线索,从上到下贯穿企业所有部门,企业各部门人员都必须服从市场定位策略,围绕它开展各项工作,为实现企业总目标而共同努力。

三、市场定位的策略

企业常用的市场定位策略主要有避强定位策略、迎头定位策略和重新定位策略,如表 5.3 所示。

表 5.3 市场定位的策略

序 号	策 略	内 容
1	避强定位策略	是一种避开强有力的竞争者的产品定位方式。这种方式的优点在于:能够迅速占领市场,并能在消费者或用户心目中迅速竖立起产品和公司的形象。由于这种定位方式市场竞争风险较小,成功率较高,常为多数企业所采用。但空白的细分市场往往也是开发难度最大的细分市场
2	迎头定位策略	是与在市场上占据支配地位的,即与最强的竞争对手"对着干"的定位方式。虽然迎头定位面临一定的风险,但不少企业认为它是一种更能激励自己奋发上进的可行的定位尝试,一旦成功就会取得巨大的市场优势,如可口可乐与百事可乐之间持续不断的竞争。实行迎头定位,必须做到知己知彼,尤其应清醒估计自己的实力,而且其目标不一定要是压垮对方,只要能够平分秋色就已是巨大的成功
3	重新定位策略	是指对销路少、市场反应差的产品进行二次定位或多次定位。企业在营销过程中可能会遇到产品定位不当,或虽然过去企业的市场定位很成功,但随着营销环境、消费者需求的变化,或新的强有力竞争对手的出现,原来的定位不再有效。这时,企业便需要考虑进行重新定位。重新定位旨在使企业摆脱困境,重新获得增长与活力

四、市场定位的基本步骤

企业要想在目标市场上取得优势和更大效益,就必须在了解购买者和竞争者两方面情况的基础上,确定本企业的市场位置,即为企业树立形象,为产品赋予特色,从而以独到之处取胜。这种特色可以是实物方面的,也可以是心理方面的,或者是二者兼而有之,如质优、价廉、豪华、名牌、服务周到、技术超群等。

企业市场定位的过程包括以下三个步骤,即确认本企业的潜在竞争优势、准确选择相对竞争优势和明确展现独特的竞争优势。

(一)确认本企业的潜在竞争优势

在确认本企业的潜在竞争优势时,企业所要做的关键工作是要明确以下三个问题:一是竞争对手的产品定位如何;二是在目标市场上足够数量的消费者欲望得到满足的程度以及还需要什么;三是针对竞争者的市场定位和潜在消费者的真正需要的利益要求,企业应该和能够做什么。这些问题的明确,需要通过市场调研进行认真、详细的分析与研究。

(二)准确选择相对竞争优势

相对竞争优势是指企业能够胜过竞争者的现有的和潜在的能力。准确地选择相对竞争优势就是将一个企业各方面实力与竞争者的实力进行比较的过程。比较指标应是一个完整的体系,只有这样,才能准确地选择相对竞争优势。常用的方法是分析、比较企业与竞争者在以下七个方面中究竟哪些是强项,哪些是弱项。

(1) 在经营管理方面,主要考察领导能力、决策水平、计划能力、组织能力以及个人应变的经验等指标。

(2) 在采购方面,主要分析采购方法、储存及运输系统、供应商合作程度以及采购人员能力等。

(3) 在生产方面,主要分析生产能力、技术装备、生产过程控制以及职工素质等。

(4) 在技术开发方面,主要分析技术资源(如专利、技术诀窍等)、技术手段、技术人员的能力和资金来源是否充足等。

(5) 在市场营销方面,主要分析销售能力、分销网络、市场研究、服务与销售战略、广告资金来源等是否充足以及市场营销人员的能力等。

(6) 在财务方面,主要考察长期资金和短期资金的来源、资金成本、支付能力、现金流量、财务制度以及人员素质等。

(7) 在产品方面,主要考察可利用的特色、价格、质量、支付条件、包装、服务、市场占有率、信誉等。

企业通过对上述指标体系中的每一个指标进行全面、认真的分析比较,便可以选出对本企业来说最合适的优势项目。

(三) 展现独特的竞争优势

企业在这一步骤中的主要任务是要通过一系列的宣传促销活动,将其独特的竞争优势准确传播给潜在消费者,并在消费者心目中留下深刻印象。企业要顺利地完成这一任务,必须要做好三方面的工作:首先,应使目标消费者了解、熟悉、认同、喜欢和偏爱本企业的市场定位,在消费者心目中建立与该定位一致的形象;其次,企业应通过一切努力来强化在目标消费者心中的形象,保持对目标消费者的了解,稳定目标消费者的态度、加深与目标消费者的感情,以巩固其与市场定位相一致的形象;最后,企业应注意目标消费者对其市场定位理解出现的偏差或由于企业市场定位宣传上的失误而造成的目标消费者认识上的模糊、混乱和误会,及时矫正与市场定位不一致的形象。

五、市场定位的方法

企业只有突出自身产品的特色与优势,强调差异化,才能吸引更多的消费者。体现产品差异化的方法有许多,企业可选择的方法主要有以下几种:

(一) 质量优势定位

质量是消费者最关心的内容,也是产品在竞争中能否立稳脚跟的、首当其冲的关键因素。产品质量是指产品具有一定用途、满足消费者需要所具备的特性,即产品的使用功能或叫使用价值。不同产品的具体质量特征是不同的,如电视机的图像清晰,手表的走时准确,皮鞋的美观耐用等。同时,不同产品的具体质量特性中往往也具有一些共同的方面,这些共同的质量特性包括性能、寿命、经济性、安全性、可靠性和外观。产品质量的核心是性能,其他特性则是从这一核心中引申和发展出来的。质量定位较适合同类产品质量差别较大的企业。

(二)情感定位

企业可以通过多个方面来实现情感定位,如可以通过商品的命名、设计、宣传以及独特的销售方式等多种手段体现出来。在各种定位要素中融入某种让人心动的人情味,是情感定位的关键,使消费者在感情上产生共鸣,这种感情应是真情实感,而不是企业一厢情愿的矫情。一旦消费者认为企业在利用他们的感情做生意,从而产生的欺骗感往往会将他们对产品本身的好感一扫而光。因此,企业在采用情感定位法时,必须讲究技巧,应从消费者最需要、最关注的情感出发,以免产生负面效果。

(三)服务优势定位

消费者往往分辨不出核心产品与服务之间的差异,只能将预期接受的服务的质量作为选购的标准。于是,服务因素在市场竞争中已取代了产品品质与价格,成为竞争的新焦点。人们已经充分认识到,要在21世纪消费者主导的市场竞争中生存下去,服务已成为企业赢得消费者、留住消费者的关键之处。服务的重要性在产品的质量和价格差别较小或难以体现时,会表现得更为明显,这时服务项目的多少或服务水平的高低便成为了企业取得竞争优势的关键。

(四)功能优势定位

产品的功能从心理与行为的角度可以分为两大类。一类是产品的基本功能,这类功能取决于产品本身的物理化学性质,如产品的结构、成分、稳定性指标等。产品的基本功能包括实用功能、方便功能、舒适功能、耐用功能和安全功能。另一类则是产品的心理功能,即产品唤起消费者高层次需求或满足消费者高层次需求的功能,如产品能满足人们对审美的需要,能提高消费者个人的身份感,有象征社会地位和个人品格的意义等。产品的心理功能主要取决于消费者本人对产品的认知和理解,以及社会习俗对于这些心理功能的约定。如表5.4所示,常用的功能优势定位方法主要有以下几种。

表 5.4 常见的功能优势定位方法

序号	名称	内容	示例
1	组合功能定位	把 A 与 B 产品功能加以组合。这种组合是将两种或两种以上的物品加以组合,从而产生一种具有多样化功能的新产品	方便面就是一种组合产品,是面条与菜料的组合,用开水一冲即食。再把碗、叉组合进来,只要有开水,连碗筷都不用带,方便面就更方便了
		将几种相互关联的商品放置在同一包装物内,称为系列包装	目前,商场里经常见到的礼品篮,采用的也是这种包装法,还有超市经常开展的买一赠一促销活动,也常常采用组合包装法

续表

序号	名称	内 容	示 例
2	单一功能定位	我们常常可以看到这样一种现象,消费者也会欢迎某些简单功能的产品	电脑应操作越简单越好,其原因就在于一些单功能产品具有多功能产品所无法比拟的优势
3	重点功能定位	凸显品牌的特色与优势,让消费者能够根据自身偏好,对不同品牌进行排序,快捷选择商品	某品牌手机重点宣传产品的拍照功能
4	功能延伸定位	通过变更产品的颜色、体积、形状和用途,改变人们在脑海中对它所形成的固定观念,创造新的需求	某些饮料产品开发出口袋装系列

任务实施

张明和他的团队伙伴在研究后认为:以DY电子有限责任公司当前实力来看,无法撼动M公司在电磁炉市场的垄断地位。他们分析后认为目前市场中确实存在"未满足需求的市场",因此张明等人建议公司可针对这部分市场,准确运用自身的相对竞争优势,采用避强定位,抢占填补当前的空白市场。在市场定位上,他们建议DY电子有限责任公司针对单身用户开发适合单身人士使用的电磁炉产品。由于品牌附加值低,所以公司在价格定位上可以低于当前市场的主流产品,从而在价格定位上具有竞争优势,而在品质上则要求产品能够起到替代品的功效。其他营销活动的开展要围绕以上定位进行。

思考题

1. 市场定位的策略有哪几种?
2. 简述市场定位的实施步骤。

实训题

×××运动品牌"市场定位"业务胜任力训练

实训目标:

引导学生选择某国内运动品牌进行"市场定位"业务胜任力训练的实践活动;切实体验市场细分、目标市场选择和市场定位,理解目标市场营销的完整流程,培养相应专业能力与职业核心能力;通过践行职业道德规范,促进健全职业人格的塑造。

实训内容:

(1) 在学校所在地选择三家商场或品牌专营店,了解该运动品牌的品种、层次与定位,分析其定位特点;

(2) 相关职业能力和职业道德规范的认同践行。

实训时间:

在讲授本章节时选择周末进行。

操作步骤：
(1) 将班级按每 10 位同学一组分成若干组，每组确定 1~2 人负责；
(2) 每组确定选择一种国内运动品牌作为调研的对象；
(3) 学生以小组为单位进入商场或专营店进行调查，并详细记录调查情况；
(4) 对调查的资料进行整理分析；
(5) 提交小组分析报告；
(6) 各组在班级实训课上交流、讨论。

成果形式：
撰写市场定位分析报告。

案例讨论

如家，有什么与众不同

一次偶然的机会，季琦在查阅客服记录时发现，客户反映携程网提供的异地酒店订购服务信息准确、方便、高效，但由于所有和携程合作的酒店都是星级酒店，价格过于昂贵，这对经常出差的商旅人士来说是个不小的经济负担。

季琦敏锐地意识到一个巨大的商机摆在自己的面前！在当时的中国酒店行业内，基本上只有两种类型的酒店可供客户选择，一种是硬件设施好但价格昂贵的星级酒店；另一种是价格低廉但硬件设施很差的招待所和小旅馆。那么对于经常出差的人士，以及追求性价比的旅行社等旅行团体来说，这两种选择都不是最好的。

创办一个与众不同的、介于星级酒店和小旅馆之间的经济型商务快捷连锁酒店的想法在季琦头脑中迅速形成。2001 年 8 月，携程旅行网在中国香港成立唐人酒店管理公司。2001 年 12 月，唐人公司正式以"如家"(Home Inn)命名连锁酒店品牌，仅仅 4 个月后，如家加盟、发展了 11 家连锁店。2006 年，如家在美国纳斯达克上市，当天开盘价达到 22 元，高出发行价 59.4%。2010 年，如家被美国纳斯达克 OMX 全球指数集团纳入纳斯达克中国指数(NASDAQ ChinaIndex)成份股。2010 年，如家在中国国内各大城市的加盟酒店已达到 500 多家，平均客房入住率高达 95% 以上。

问题：分析案例中如家在细分市场及定位中的成功之处。

项目六　市场竞争战略

任务一　竞争者分析

【学习目标】 通过对竞争者的分析，全面掌握竞争对手类型、优势和劣势，并了解竞争对手的反应模式。

【知识点】 识别竞争者，判定竞争者的战略和目标，评估竞争者的优势和劣势，判断竞争者的反应模式，确定攻击对象和回避对象。

【技能点】 能够根据企业的实际情况全面分析自己的竞争对手，并制定适当的竞争策略。

任务描述

DY电子有限责任公司是一家中小型电子企业。2014年，DY电子有限责任公司开始涉足移动电源市场，2016年，公司在正式准备进入手机制造行业前，总经理委托市场总监周健对DY电子有限责任公司手机业务的竞争者情况进行分析，并形成报告。

任务分析

我国手机制造行业现在已经逐步走向成熟，华为、中兴、小米、VIVO、OPPO、苹果、三星等国内外品牌占据手机市场的绝大部分份额。DY电子有限责任公司要想进入手机制造领域并在将来闯出一番天地，必须首先要弄清楚谁是自己的竞争对手，它们的战略和目标是什么？它们的优点、缺点是什么？它们的竞争反应模式是什么样的？进而决定自己的产品特色和市场定位，以及在今后的竞争中该进攻谁和回避谁，以及采用何种竞争策略。

相关知识

企业要想在市场竞争中取得竞争优势，就需要比竞争对手更好地满足消费者的需求。俗话说，知己知彼，百战不殆。企业要想在激烈的市场竞争中取胜，选择合适的竞争手段固然重要，但在此之前必须先弄明白自己的竞争对手是谁。一般而言，企业的竞争者分析需要做好五个方面的工作。

一、识别竞争者

竞争者顾名思义就是与企业争夺消费者的对手。看起来识别竞争者似乎是一件很容易的事,很多人会简单地认为只有同行才是冤家,但企业的竞争者的范围是极其广泛的,如果不能正确地加以识别,就会患上"竞争者近视症"。根据不同的视角我们可以将竞争者分成不同的类型。我们可从行业和市场两个方面来识别企业的竞争者。

(一) 行业竞争观念

行业是一组提供一种或一类密切替代产品的企业,因此所有提供具有相互替代性产品的同行企业都可以称为是企业的竞争者。例如,从行业竞争的角度分析佳能相机业务,其竞争对手包括尼康、索尼、富士、松下、卡西欧、奥林巴斯、三星等诸多相机行业企业。

(二) 市场竞争观念

从市场竞争方面来看,竞争者是指那些满足同一目标市场或相同市场需求的产品或服务的所有企业或者个人的总体。

例如,从市场竞争观点来看,消费者购买相机是为了获得一种能够满足其"拍照""留下美好回忆"需要的产品。从这一角度进行分析,佳能的相机业务的竞争者除了其他相机外,还包括能够提供这一功能的专业摄影机、DV机、照相手机、摄像头等产品,那么生产这些产品的企业也就构成其竞争者。由此可以看出,采用市场竞争观点分析竞争者,可以拓宽企业的眼界,有利于其更广泛地看清自己的现实竞争者和潜在竞争者,从而有利于企业制定更为有效的长期发展规划。

二、判定竞争者的战略和目标

(一) 判定竞争者的战略

公司最直接的竞争者是那些处于同一行业、同一战略群体的公司。战略群体是指在某一特定行业内推行相同战略的一组公司。他们战略的差别主要体现在目标市场、产品线、产品档次、产品性能、技术水平、价格、服务、销售范围等方面。

区分战略群体有助于理解以下三个方面的问题:① 同一战略群体内的竞争最为激烈;② 不同战略群体的进入与流动障碍不同;③ 不同战略群体之间存在现实或潜在的竞争。这主要体现在两个方面:一是,不同战略群体的消费者可能会有交叉,如中低收入、中收入、高收入消费者都可能购买 iPhone 手机;二是每个战略群体都试图扩大自己的市场,从而可能会涉足其他战略群体的"领地"。

因此,企业必须不断地根据竞争者战略的调整而不断地修正自己的战略。

(二) 判定竞争者的目标

虽然不同竞争者的最终目标都是为了获取利润,但是每个公司对长期利润和短期利润的重视程度不同,对利润满意水平的看法也不同。不同竞争者的具体的战略目标又是多种多样的,它们的战略目标也有着不同的侧重点和目标组合。一般而言,竞争者的目标由企业的规模、历史、经营管理状况、经济状况等多种因素共同决定。了解竞争者的战略目标及其组合有助于判断他们对不同竞争行为会做出的反应。

三、评估竞争者的优势与劣势

评价竞争者的优势和劣势是竞争者分析的重要内容。对竞争者的评估可分三步进行:

(一)收集信息

收集竞争者业务上最新的关键数据,主要包括:销售量、市场份额、产品质量、企业信誉、成本、利润、生产技术、人员素质、财务实力、投资回报率、新投资、设备利用率等。企业可以通过查找第二手资料或通过市场调研获取第一手资料来收集信息。

(二)分析评价

根据所搜集的资料我们要对竞争者的优势与劣势进行综合分析,并在此基础上制定下一步的竞争策略。例如,某公司通过调研了解到消费者对三家主要竞争者的五个属性评价赋分情况,如表 6.1 所示。

表 6.1 竞争者优势与劣势分析

品牌	消费者对竞争者的评价				
	消费者知晓度	产品质量	情感份额	技术服务	企业形象
A	5	5	4	2	3
B	4	4	5	5	5
C	2	3	2	1	2

说明:表中 5、4、3、2、1 分别表示优秀、良好、中等、较差和差五个不同的等级。

可根据上表进行分析评价:竞争者 A 的产品知名度和质量都是最好的,但是在技术服务和企业形象方面逊色一些,导致情感份额下降。竞争者 B 的产品知名度和质量都不及 A,但是在技术服务和企业形象方面优于 A,使情感份额达到最大。

在此基础上可以制定下一步的竞争策略方向:公司在技术服务和企业形象方面可以攻击竞争者 A,在许多方面都可以进攻竞争者 C,竞争者 B 的劣势不明显。

(三)优胜基准

以竞争者在管理和营销方面的最好做法作为基准,然后加以模仿、组合和改进,力争超过竞争者,又被称为比学赶超策略。优胜基准的步骤为:确定优胜基准项目,确定衡量关键绩效的变量,确定最佳级别的竞争者,衡量最佳级别竞争者的绩效,衡量公司绩效,制定缩小差距的计划和行动,执行和监测结果。

四、判断竞争者的反应模式

在了解竞争者目标和优劣势的基础上,需要进一步判断竞争者对企业策略可能产生的反应的模式。竞争者的反应模式不仅受其竞争目标和优劣势的制约,还受到其企业文化、企业价值观、营销观念等多种因素的影响。了解竞争者的反应模式,有利于企业选择最为合适的攻击对象和攻击策略。常见的类型有以下四种:

(一) 从容型竞争者

指对某些特定的攻击行为不会做出迅速反应或强烈反应,只有在经过深思熟虑,觉得具有充分把握的基础上才会做出反应的竞争者。他们一般不会做出迅速反应的原因可能是:认为消费者忠诚度高,不会转移购买;认为该行为不会产生大的效果;缺乏做出反应所必需的资金条件等。

(二) 选择型竞争者

指只对某些特定类型的攻击做出反应,而对其他类型的攻击无动于衷。比如,仅对广告宣传做出针锋相对的回击,而对价格调整等其他行为则不做回应。

(三) 凶狠型竞争者

指对所有的攻击行为都做出迅速而强烈的反应。这类竞争者往往意在警告其他企业,使其停止攻击。面对这一类型的竞争者,企业一般情况不要对其贸然发动进攻,以免给企业带来无法预期的损失,除非企业相对其具有实力上的绝对优势。

(四) 随机型竞争者

指对竞争攻击的反应具有随机性,有无反应和反应强弱无法根据其以往的情况加以预测。

五、确定攻击对象和回避对象

根据竞争双方的情况选择适当的竞争对手,或避免与某些竞争者交锋,是企业竞争策略的重要内容。企业在接下来的进攻策略选择方面需要做出以下三个方面的选择:

(一) 强竞争者与弱竞争者

攻击强竞争者风险较大,但一旦取得成功便可以较大程度地提升自己的生产、管理和促销能力,更大幅度地扩大市场占有率和提高利润水平。而攻击弱竞争者所耗费的资金和时间都相对较少,但能力提升和利润增加也较小。

(二) 近竞争者和远竞争者

首先需要指出的是,这里的"远"和"近"不是简单地指距离的远近,更多地是指竞争关系的远近。多数公司重视同近竞争者对抗并力图摧毁对方,但是竞争胜利后可能会招来更难对付的竞争者。

（三）"好"竞争者与"坏"竞争者

"好"竞争者指的是那些遵守行业规则和市场秩序,根据行业增长的潜力,提出切合实际而不是"非分"设想的竞争者。而"坏"竞争者则是通过违反行业规则,破坏市场秩序,而不是靠努力去扩大市场份额,敢于冒大风险,打破行业平衡,给行业带来"麻烦"的竞争者。公司应支持好的竞争者,攻击坏的竞争者。

最后,需要指出的是,竞争者的存在会给公司带来一些战略利益,如增加总需求,导致产品更多的差别,为效率较低的生产者提供了成本保护伞,分摊市场开发成本,降低了违反发垄断法限制而遭受惩罚的风险等。

【任务实施】

DY 电子有限责任公司计划进入手机制造领域,并计划推出 DYDZ 手机。因为手机制造企业的经营业务范围相对较为集中,所以企业在进行竞争者分析时可以采用行业竞争观念,重点分析目前市场上主要的手机制造企业,详细了解各个竞争对手的资源和目标,以及各自的优点和缺点,进而明确在今后的竞争过程中应该运用何种策略来应对不同的竞争对手。

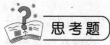
【思考题】

如何评价"同行是冤家"这一观点?

任务二　基本竞争战略

【学习目标】　通过对基本竞争战略的学习,掌握影响市场竞争结构的五力模型的要素构成,熟悉可供企业选择的竞争战略的基本类型,领会不同战略适用的条件。

【知识点】　五力竞争模型、竞争战略基本类型。

【技能点】　学会运用五力模型对企业所处的市场竞争结构进行分析,并根据企业的实际情况选择合适的市场竞争战略。

【任务描述】

DY 电子有限责任公司虽然是一家具有较长发展历史的电子企业,制造技术较为先进,而且具有较为强大的产品销售网络,但公司原来一直是从事电子产品生产销售。2014 年,公司进入移动电源市场,2016 年,开始计划进入手机制造行业,所以该公司的手机制造相关技术不成熟,市场运营经验不够丰富。而目前中国的手机制造行业已经逐步走向成熟,为了确保相关业务的顺利展开,所以在开展工作之前,总经理委托市场总监对公司的手机业务做一份市场竞争策略分析,为其选择一个最为有效的市场竞争战略,以便其在今后的市场竞争中能够取得一定的优势。

我国手机行业虽然说是已经逐步走向成熟,但是行业中仍是鱼龙混杂,很多中小企业都参与手机制作,有些企业为了获取利益甚至仿制一些知名手机品牌的产品。DY电子有限责任公司在看到手机生产领域内的混乱情况后,也对市场进行了分析。分析结果显示,关于公司能否进入手机制造领域,答案是肯定的。但是碍于DY是小品牌,目前很难与行业内较为知名的大企业相抗衡,应该本着务实、不冒进的原则来选择合适的竞争策略。

竞争战略又称经营战略,重点分析的是企业或者是某个战略业务单位应该如何开展业务,尤其是如何建立竞争优势。企业在选择企业竞争战略之前首先要学会如何分析其所在行业的竞争环境,其次才是选择合适的竞争战略类型。

一、行业竞争环境分析

迈克尔·波特认为,有五种基本的竞争力量共同影响着一个行业的市场吸引力,它们分别是行业中现有竞争者、潜在竞争者、替代品、购买者和供应商(见图6.1)。企业在制定市场竞争战略时,应当综合这五种竞争力量对企业的影响,弄清本企业生存的优势和劣势,寻求企业在本行业中的有利地位。

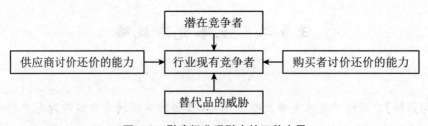

图6.1 影响行业吸引力的五种力量

(一)行业现有竞争者

对现有竞争者进行分析,主要考虑行业内部企业间竞争的关系和开展竞争的激烈程度,这主要取决于行业内现有的竞争者的数量、各家企业的竞争实力,以及所经营产品的差异程度等。

(二)潜在竞争者

对一个行业来说,潜在的竞争者会带来新的生产能力,冲击已有的市场竞争格局,分割企业的已有市场,给企业带来威胁,使企业的获利能力降低。对潜在竞争者进行分析主要是分析潜在竞争者给企业带来的潜在威胁的程度。

潜在竞争者能否进入某行业,对该行业企业构成威胁,取决于该行业进入障碍的大小,进入障碍越大大,则相对威胁越小。构成一个行业进入障碍的因素主要有以下几点:

1. 规模经济

规模经济是指在一定时期内,企业所提供的产品或服务的单位生产成本会随着生产的绝对量的增加而逐步下降。产品的规模经济迫使新加入者在进入某行业时必须明确:到底是以较小的规模进入还是以较大的规模进入。因为以较大的生产规模进入,虽然可以降低单位生产成本,但同时也有可能会面临行业中现有企业的强烈抵制;而以较小的规模进入,则有可能会因为单位成本过高而无法快速打开市场。

2. 产品差别化

这是指因消费者对企业品牌的忠诚程度不同,而形成的产品之间的差别。当新产品进入时,新加入者往往要花费较长的时间去适应市场,并让消费者接受自己的产品。

3. 资金投入

在进入新的行业时,企业需要对资金投入情况和自身经济实力进行判断。若该行业需要大规模资金,而企业不能筹集足够的资金时,便很难进入。比如,相对房地产建造行业而言,房产中介服务行业对资金投入方面的要求就小很多。

4. 转换成本

这是指企业从一个行业转换到另一个行业时所要支付的成本。转换成本包括企业购置新的设备、员工再培训等成本,还包括为进入新的行业而必须放弃原有的生产线所付出的代价。如果转换成本过高,就会形成较大的进入障碍。

5. 营销网络或分销渠道

原有企业已形成自己的营销网络,原有的分销商一般已为原有的企业提供分销服务。新竞争者进入后需要提供更为优厚的条件,才能让原有的分销渠道商接受其产品,但这样做会造成其利润水平的下降。

6. 原材料和技术障碍

行业中原有的企业可能会凭自己对原材料的控制和技术方面的优势为新加入者设置障碍。

(三)替代品的威胁

替代品是指那些与本企业产品具有相同或相似功能的产品。替代品会对企业构成威胁,在质量相同的情况下,替代品的价格越具吸引力,则对企业的威胁越大。比如,两种瓶装纯净水的价格分别为1元和5元,普通的消费者往往会出于经济考虑而选择售价为1元的纯净水,因为在普通消费者眼里它们之间是可完全替代的。

(四)购买者讨价还价的能力

购买者是一个不容忽视的竞争力量。购买者往往会要求企业降价、提供高质量的产品、增加服务等,但这些都会降低企业的利润水平。在市场交换的双方中,企业往往具有更强的讨价还价能力。但是在以下几种情况中，购买者的讨价还价能力会明显增强：① 购买者是企业的重要客户；② 购买者的购买的是标准化的产品；③ 购买者转换成本较低；④ 企业提供的产品不是购买者所需产品的重要组成部分。

此外，当购买者对所购商品非常了解，充分掌握该产品信息时，其在购买过程中也会具有较强的讨价还价能力。

（五）供应商讨价还价的能力

企业的供应商可以通过抬高产品或劳务的价格、降低出售的产品的质量，甚至以停止供货对企业进行威胁，从而增强他们讨价还价的能力。

在以下的情况下，供应商具有较强的价格谈判能力：① 少数几家公司控制着整个供应市场；② 供应者所销售的产品没有替代品；③ 作为购买者的企业不是供应者的重要客户；④ 供应者的产品是企业生产产品时的重要组成部分。

此外，当供应商采用前向一体化战略时，购买者也很难与之在购买条件上讨价还价。

【知识拓展】

我国物流行业市场竞争格局分析

物流是继电商、金融、云计算后的又一个国家级的基础设施建设行业。在2009年国务院颁布的《物流业调整和振兴规划》中，物流产业发展已上升至国家战略层面。2017年，国家邮政局规划打造"快递航母"，计划到2020年形成三四家年业务量超百亿件或年业务收入超千亿元的快递企业集团，培育两个以上具有国际竞争力的世界知名快递品牌。

我国的物流行业竞争现状可以被简单概括为：菜鸟、京东和顺丰争霸。民营物流的潜在"三巨头"正相互攻守、寻求结盟，同时他们又分别代表着重构物流产业链的三个方向。

京东是从商品到平台再到物流全线打通的电商企业。阿里的菜鸟联盟则是平台到物流的半打通。这是两者选择不同物流切入点的关键之处。因此，菜鸟联盟选择的方式是——做平台、数据服务，与物流合作伙伴的信息系统高度整合，未来进一步做生态；京东则像亚马逊，先形成端到端能力，然后加强标准化、产品化，以服务的方式提供给第三方使用。但这两者都在客户运营方面有所欠缺，即亚马逊Prime那样的绑定客户的能力。

顺丰是另一类物流基础设施的积极建设者。它从快递业务起家，在国内同行用加盟制、价格战抢夺电商件市场时，采取差异化的战略定位中高端市场，通过自营投入运输网络建设，保证物流服务的高端和时效，成为快递业利润和市值最高的龙头企业。顺丰的直营模式对标的是美国邮政、德国邮政、FedEx、UPS和法国邮政等世界500强物流企业的发展路径。

从模式上看，三者代表着三种探索未来物流模式的不同方向。菜鸟最晚起步，优势在于物流平台模式的低成本和高速扩张性，挑战在于协同效率；京东胜在仓配一体化带来的体验和效率，但投入成本高；顺丰在运输网络的效率方面拥有优势，但错过了整个电商爆发期，缺乏商流和信息流。

但也有人表达出不同的观点，认为，三家巨头中一家是物流网络，而其他两家是物流公司，拿3000多人的菜鸟和十几万人的顺丰、京东对比并不公平。物流行业中现在有七家上市公司，有市值千亿的，也有很多百亿级的，不是"三足鼎立"，而是"群星璀璨"。

特别值得关注的是，在我国的物流竞争体系中还有有着国企血统邮政快递（EMS）和近几年逐步在各大中城市布局,专注于"同城快递"而崛起的全民传送等一些新兴快递企业。

在民营物流领域的龙头竞争时代,竞争方式已从草莽时期的价格战升级为资本战,以及业务和战略上的卡位战;竞争范围也从围绕着快递业的局部战争,演变为产业链上下游、甚至是跨界的战争;而互联网巨头的参与,则直接让战场升级至包含了数据、技术、资本和商业模式等在内的全方位的竞争。

(资料来源:https://baike.baidu.com/tashuo/browse/content? id=eca9aca4845a7d4ed52788f7&lemmaId=&fromLemmaModule=pcBottom)

二、市场营销竞争战略的基本类型

(一)成本领先战略

成本领先战略是指企业在内部加强成本控制,在营销、研发、生产和管理等企业活动中把成本降到行业最低,从而获得更高的利润或竞争力。例如,格兰仕微波炉通过成本控制,使其产品的成本低于竞争对手,从而取得产品售价上的强竞争力,通过价格竞争成为行业中的领先者。

采用成本领先战略可使企业获得以下好处:形成进入障碍;增强价格竞争力,取得竞争优势;降低替代品的威胁。这种战略的不足之处:容易引起价格战;可能会影响其它竞争优势的提升;可能会破坏产业价值链关系的协调。

【知识拓展】

成本领先战略的"有效"与"失效"

一般面对以下情况时,成本领先战略更为有效:① 行业内部竞争激烈,价格是最重要的竞争手段;② 行业提供的是标准化或同质化的产品,难以差异化;③ 市场同质化,大多数消费者的要求相同;④ 需求的价格弹性高;⑤ 消费者转换成本低,具有较大的降价谈判能力。

但遇到以下情况时,成本领先战略也可能失效:对手开发出成本更低的生产方法、经营模式,或通过模仿形成相似的产品和成本;新进入者后来居上;技术变化降低了企业资源的效用,尤其是过度追求低成本,导致降价过度,引起利润降低;缺乏对市场变化的预见能力;或降低了产品、服务的质量,影响了消费者的购买欲望。

实施成本领先战略要求一个企业拥有通畅的融资渠道,能保证资本持续、不断地投入;产品易于制造,生产工艺简约;占有低成本的分销系统;紧凑、高效的生产管理;更先进的技术、设备,更熟练的员工,更高的生产、营销效率,更严格的成本控制,更完善的组织结构和责任管理体系;以数量为目标的激励机制。

(二)差异化竞争战略

差异化竞争战略指企业的产品或服务与竞争对手有所差别,企业主要依靠有特色的产品或服务来满足消费者的不同需求,进而取得竞争优势。

例如,为了在饮品市场开辟新的市场,农夫山泉公司推出了农夫果园系列果蔬饮料,并以"喝前摇一摇"的独特广告创意将产品推向市场,取得了较为良好的市场效果。

【知识拓展】

统一集团的"小茗同学"系列冷泡茶

我国的饮料市场上，碳酸饮料、乳品饮料、果蔬饮料和茶饮料四大品类同步发展，竞争相当激烈。为了能在饮料市场占据更大的市场份额，统一集团于2015年3月份推出了一款以"95后"为主要目标消费者群体的"小茗同学"（见图6.2）。"小茗同学"系列冷泡茶饮料，以"认真搞笑，低调冷泡"为品牌口号，产品采用冷泡工艺，充分释放茶叶中的茶氨酸，使茶清爽甘甜不苦涩，采用独特的双盖设计和幽默搞笑的品牌人物形象将产品迅速推向市场，并同时推出了青柠红茶、冰橘绿茶、翡冷绿茶、茉莉萃茶和溜溜哒茶五种口味供消费者选择。

图6.2 "小茗同学"

"小茗同学"的市场反响非常好。2015年，统一集团财务年报显示净利润为8.3亿元，其中"小茗同学"和"海之言"两款新产品贡献了25亿元的收入，占总销售额的20%。

采用差别化战略可使企业获得以下好处：形成进入障碍；把企业间的竞争转为非价格竞争，降低产品价格的敏感度；增强企业的议价能力。这一战略的不足之处有：需克服市场对产品接受的障碍；差别化战略的成本相对较高；当差异化的产品在市场上畅销后，容易引起竞争者模仿；差异化意味着市场的细分，在一定程度上会限制其市场规模。

【知识拓展】

差异化战略的"有效"与"失效"

差异化战略适用于以下几种情境：企业有很多途径去创造消费者认为有价值的特色，以体现其竞争优势；消费者对产品属性的需求具有多样性；采用类似途径"差异化"的对手很少；技术变革太快，竞争方式主要集中在不断推出新特色或新款式上。

差异化战略也面临着许多风险。例如，对手价格很低，消费者就有可能放弃"差异化"而选择"价廉"。一旦市场看重的特色重要性下降，或用户对产品特征、差异的感觉不明显时，可能会忽略这些差异。遇到大量模仿、"山寨"产品，就会缩小可感知的差异；特别是在产品生命周期的成熟期，有技术实力的竞争者很容易通过学习，缩小彼此之间的差异。过度的差异化会导致成本上涨，产品价格超过消费者的最大承受能力，抵消了"差异化"带来的吸引力。

这一战略要求企业必须拥有良好的研发能力，产品质量、技术和工艺等方面的优势、具有良好的企业声誉；企业进入行业的历史悠久，或拥有独特的学习能力，善于吸取其他企业的经验和技能；拥有强大的营销能力；能对研发、制造及营销等职能进行有效协调和控制；拥有吸引高级专家、创造性人才和高技能员工的机制和企业文化；来自销售渠道各个环节的大力支持与配合。

（三）集中性竞争战略

集中性竞争战略，又称聚集战略，是指企业集中优势资源于某一特定的目标市场上，并为这个特定的目标市场提供特定的产品和服务的策略。集中战略适合实力相对较弱的企业，有利于中小企业在局部市场上取得相对的竞争优势。当企业的实力在行业中处于较弱的地位，无法与同行业的其它企业相对抗时，可以采用集中战略，提供专门化的产品，以期满足特定细分市场上的消费者需求。例如，美国 AFG 玻璃公司生产有色钢化玻璃，并将目标瞄准微波炉、淋浴室玻璃门等细分市场，市场占有率达到 70% 以上。

【知识拓展】

甲公司是美国本土的一家软饮料公司。美国软饮料市场几乎被百事可乐和可口可乐两大巨头占领。该公司由于规模相对较小，无法通过规模经济实现成本领先。由于碳酸饮料容易使人发胖，人们也越来越关注健康，最终甲公司决定专门致力于果蔬饮品的生产。该公司的果汁饮品始终强调"营养健康"，并根据不同人群的特征研究开发出不同类型的产品，如针对女性消费者推出益气补血的枣类饮料、富含维生素 C 的番茄汁、胡萝卜汁等；针对肥胖人群推出低糖、低脂的果蔬饮品等。甲公司在果蔬饮品上越做越出色，在竞争激烈的软饮料市场中为自己赢得了一席之地。

（资料来源：百度文库，集中化战略案例精析）

集中性竞争战略的优点是可使弱小的企业更有效地在某一细分市场上获得生存机会。不足之处则包括：市场需求变化快，消费者需求的转移会给企业带来较大风险；大企业的进入也可能会轻易地将小企业逼上绝路。

任务实施

在当今智能机一统天下的时代，DY 电子有限责任公司进入手机制造领域，是企业寻求新的产品领域，不断拓展自身业务范围的选择。目前，我国手机行业已经逐步走向成熟的发展现状，以及该企业本身在手机制造方面还不具备明显的竞争优势，在销售市场完全打开之前无法获得规模经济的成本优势。而且在目前手机功能越来越齐全且同质化较强的背景下，企业也很难在短时间内开发出能够完全颠覆市场竞争格局的新功能或新特色。综合以上分析，DY 电子有限责任公司的手机业务在起步阶段最适合选择集中性竞争战略，选择合适的目标市场（如老年智能手机或学生手机），并为其消费者提供专业化的手机产品服务。

思考题

1. 影响某一行业吸引力的因素主要有哪些？
2. 简述成本领先战略的基本观点是什么？试阐述企业可以通过哪些途径实现这一战略目标。

任务三　市场地位与竞争战略

【学习目标】 通过本任务的学习,了解企业市场地位的不同类型,理解不同市场地位的企业的竞争目标和竞争策略的差异。

【知识点】 企业的不同市场地位、不同市场地位企业的竞争目标和竞争战略的选择。

【技能点】 通过对企业自身条件和市场竞争环境的综合分析,能够准确地把握自身的市场地位,并为企业选择适当的市场竞争战略。

任务描述

DY电子有限责任公司是一家中小型企业,2016年开始进入手机制造行业,在公司缺乏相关的技术支持、资金支撑的不利影响下,进军手机制造业无疑是巨大挑战。为了使得企业竞争战略的制定准确而有效,公司继续委派周健为公司的手机业务确定市场地位并制定有效的市场竞争战略。

任务分析

DY电子有限责任公司作为手机市场的新进入者,目前在手机产品的制造技术、生产成本以及市场运营等诸多方面都处于劣势地位。要想在我国逐步趋于成熟的手机市场中占有一席之地,该企业首先必须通过认真分析,找准自己的市场地位,并根据自身的条件和当前的市场竞争格局确定企业长期的市场竞争目标,进而选择合适的竞争战略。

相关知识

作为一个企业,要想在竞争中选择合适的竞争战略,首先必须找准自己的位置、明确自己的目标。根据企业在行业中的实力不同,一般可以将企业分成市场领导者、市场挑战者、市场跟随者和市场补缺者四种不同的市场地位。处在不同市场地位的企业,其竞争目标不同,那么其竞争战略的选择也会存在较大差异。

一、市场领导者战略

市场领导者是指在同行业中拥有最大的市场份额的企业,它在新产品开发、价格变化、渠道建设、促销战略等方面对本行业其它企业起着领导和示范作用。例如,我国移动通讯服务市场中的中国移动、石油化工行业的中国石化等。

市场领导者的地位是在竞争中不断积累形成的,市场领导者虽然拥有着最大的市场份额,但它往往会成为众多挑战者的进攻对象,因而其市场地位也并不是稳定不变的。因此,在市场竞争中,市场领导者的首要目标是维持其市场第一的领导地位。市场领导者要击退其他公司的挑战、保持第一位的优势，往往需要在以下三个方面做出努力：

（一）扩大总需求

当市场总需求扩大时，处于领先地位的企业因其市场占有率最高而可获得最多的利益。一般来说，市场领导者可以从三方面扩大市场总需求：

一是寻找新用户。可以通过说服那些尚未使用本企业产品的人逐步开始使用，把潜在消费者转变为现实消费者，也可以进入新的细分市场。例如，强生公司通过营销宣传说服越来越多的成年人购买和使用原先仅仅针对婴儿市场的洗护产品。

二是开辟产品新用途。例如，无人机原先是一种儿童玩具，现在已经逐步发展成为具有摄影拍照、运输送货、灭火等多种功能特殊装备，甚至成为具备侦查和武装打击能力的军事装备。

三是增加新产品的使用量。可以通过提高消费者的使用频率，增加单次使用量，扩大使用场所以及及时更换超过保质期或使用期的产品等方式来实现。例如，奶制品企业鼓励大家早晚都喝奶；宝洁公司劝告使用飘柔洗发液的用户，每次用两份比一份效果更好。

（二）保护现有市场份额

处于领导地位的企业，必须时刻应对竞争者的挑战，保卫自己已有的市场份额。例如，可口可乐必须提防百事可乐，麦当劳必须提防汉堡王，通用汽车必须提防福特。

最好的防御方法是积极主动地向竞争者发动"进攻"，以维持自己市场的领先地位。当然，前提是通过不断创新，使自己始终在新产品开发、成本控制、渠道建设以及消费者服务等方面保持领先地位。即使不发动主动进攻，至少也要加强防御、堵塞漏洞，不给挑战者有机可乘。

【知识拓展】

防守战略的基本类型

1. 阵地防御：是指围绕企业目前的主要产品和业务建立牢固的防线，根据竞争者在产品、价格、渠道和促销方面可能采取的进攻战略制定自己的预防性营销战略，并在竞争者发起进攻时坚守原有的产品和业务阵地。

2. 侧翼防御：是指企业在自己主阵地的侧翼建立辅助阵地以保卫自己的周边和前沿，并在必要时将其作为反攻基地。

3. 以攻为守：是指在竞争者尚未构成严重威胁或在向本企业采取正式进攻行动前抢先发起攻击以削弱或挫败竞争者。

4. 反击防御：是指市场领导者受到竞争者挑战后采取反击措施。要注意选择反击的时机，可以迅速反击，也可以延迟反击。如果竞争者的攻击行动并未造成本公司市场份额的迅速下降，可采取延迟反击，在弄清竞争者发动攻击的意图、战略、效果和其薄弱环节后再实施反击，不打无把握之仗。

5. 机动防御：是指市场领导者不仅要固守现有的产品和业务，还要发展一些有潜力的新领域，以作为将来防御和进攻的中心。

6. 收缩防御：是指企业主动从实力较弱的领域撤出，将力量集中于实力较强的领域。

（三）扩大市场份额

一般情况下，企业的利润率是随着市场份额呈线性上升的。因此，市场领导者要不断扩大市场份额，在市场规模不变的情况下，要采取积极的战略以取得更大的市场份额。

不是市场份额提高了，利润就会自动增加。作为市场领导者，在扩大市场份额过程中要密切关注经营成本的增加和营销组合调整对企业利润的影响，尤其要注意不能为了盲目地提高市场份额而违反市场竞争规则或者是触犯反垄断法。

二、市场挑战者战略

市场挑战者是指在市场上居于次要地位的企业，他们常常挑战市场领导者和其他竞争者，以夺取更大的市场份额，进而夺取市场领导地位。

要想成为一个真正的市场挑战者必须具备两个条件：首先，实力必须足够强大，能够向市场领导者或其他对手发起挑战；其次，具有争夺市场第一的野心和抱负。

市场挑战者往往采取以下几种进攻战略来攻击竞争对手：

（一）正面进攻

进攻者集中全力向对手的主要方面发动进攻，即进攻对手的强项，而不是弱点。在正面进攻中，攻击者必须在产品、广告、价格等方面的实力远超对手才能取得成功。

（二）侧翼进攻

现代进攻战的主要原则是"集中优势兵力，打击对方的弱点"。当市场挑战者难以采取正面进攻时，就应考虑采取侧翼进攻，即采取避实就虚的战术来制胜。侧翼进攻也是一种最有效和最经济的策略形式，较正面进攻有着更高的成功机会。

（三）包抄进攻

当挑战者确信自己拥有优于竞争对手的充足资源，并确信围堵对手的计划足以打垮对手时，可以采取全方位、大规模进攻对手的包抄进攻战略。精工手表就是通过运用其在款式、特征、使用者偏好以及种类齐全等多方面的优势包抄它的竞争对手，征服了广大的消费者的。

（四）迂回进攻

进攻者不仅避开竞争对手现有的市场阵地，而且绕过其对手的市场，攻击较容易进入的阵地，以扩大自己的市场。这是一种间接的进攻战略。

（五）游击进攻

指对竞争对手的不同阵地发动小的、断断续续的进攻，目的是骚扰、拖垮对手，并使自己逐步占领市场。此种战略适用于实力较弱、资金缺乏的小企业向大企业发起进攻。打"游击战"可以使用减价、密集促销等方法,而且最好选择进攻小的、孤立的、防守薄弱的市场。

三、市场跟随者战略

市场追随者是指那些在产品、技术、价格渠道和促销等方面跟随或模仿市场领导者的企业。大多数居于第二位的企业不会选择向市场领导者发起进攻,而是喜欢跟随在市场领导者之后,维持和平共处的局面。因为在激烈的市场竞争中,两个强大的竞争对手之间的"两虎相争"的最终结果往往不是"必有一伤",而是"两败俱伤"。市场跟随者在竞争战略选择方面主要采用跟随或者是模仿,其中最难的是对追随的"度"的把握。可供选择的跟随战略主要有以下三种:

(一)紧密跟随

紧密跟随是指跟随者在尽可能多的细分市场和营销组合方面模仿市场领导者的做法。在这种情况下,市场跟随者很像是一个市场挑战者,但只要它不在根本上侵犯到主导者的地位,就不会引发直接冲突。有些追随者甚至依赖于市场领导者的投资生活。当然,这种局面的稳定性也依赖于被跟随或模仿企业的态度以及竞争反应模式。

(二)距离跟随

在这种策略下,跟随者总是和市场领导者在产品的质量、功能、定价等方面保持一定的距离。市场领导者比较欢迎这种跟随者,而且乐意让它们保持一定的市场份额,并使自己免遭独占市场的控诉。这种跟随者一般靠兼并更小的企业来获得发展。

(三)选择性跟随

这种策略是指者在跟随某些方面紧密地跟随领导者,而在另外一些方面又走自己的路的做法。也就是说,它不是盲目跟随,而是择优跟随。这类企业具有创新能力,但它的整体实力不如市场领导者,需要避免直接冲突。但它以后有望成长为市场的挑战者。

四、市场补缺者战略

市场补缺者战略又叫市场利基者战略,主要是指那些实力较小的企业或是大企业中的小的业务部门,他们不与主要的企业竞争,主要靠专营某些小规模的细分市场,并通过专业化的经营来获取一定的利润。

市场补缺者在市场竞争中首先要选择一个理想的补缺基点,即目标市场。这种市场一般应具备以下几个特征:① 有一定的规模和购买力,能够保证企业盈利;② 该市场具备一定的发展潜力;③ 强大的公司对这一市场不感兴趣;④ 本企业具备向这一市场提供优质产品和服务的资源和能力;⑤ 本企业能够在消费者中建立良好的声誉并拥有抵御竞争者入侵的能力。

市场补缺者竞争战略的关键是实行专业化,主要途径有以下几种:① 终端用户专业化,即企业专门为某一类型的终端用户提供服务;② 垂直层次专业化,即企业专门为处于生产与分销价值链上的某些垂直层次提供服务,如某玻璃生产企业专门为微波炉企业提供玻璃面板;③ 消费者规模专业化,即企业专门为某一规模的消费者群服务,如小微贷款银行;④ 特殊消费者专业化,即企业专门向一个或几个客户销售产品;⑤ 地理区域专业化,即企业只在某一地点、地区或范围内经营业务。此外,还可以选择产品专业化、服务项目专业化、订单专业化等形式。

【知识拓展】

方太集团市场地位的变迁

方太集团创建于1996年,方太始终专注于高端厨电领域,坚持"专业、高端、负责"的战略性定位,向着成为一家伟大企业的愿景迈进。在发展的不同时期,该企业采用了不同的市场营销口号。

在企业发展的早期阶段,集团董事长茅理翔为了防止企业误入盲目竞争的歧途,奉行"方太不争第一,甘当第二"的经营口号。其中的理由有两点:一是第一、第二均是行业的领先者,何必一定要去争第一呢? 更何况第一也好,第二也罢,关键在于谁是强势品牌,能永远立于不败之地。他认为,方太当时正处于企业成长阶段,定位于"第二"有助于减少浮躁情绪,稳下心来精耕细作。二是,方太的市场定位是中高档,而中高消费阶层不可能是大多数,从市场占有率来讲,市场份额本身就相对比较小,所以方太要老老实实甘当第二,扎扎实实打造顶尖品牌。能长久地当第二,就是一个成功者、胜利者。

正是企业管理层的坚持,不去盲目地参与价格竞争,而是始终如一的坚持自己的市场定位,把产品质量放在第一位。经过近二十年的精耕细作,方太的高端市场定位逐步得到了市场的认可,现在的方太(FOTILE)在我国的厨具行业中品牌知名度第一、品牌忠诚度第一、品牌预购率第一、高端市场占有率第一(达30%以上)……方太凭借人性化的专业厨房科技、时尚的外观设计、卓越的品质以及完善的服务体系,成为了中国厨房文化的代言人、新生活观念的倡导者、消费者心目中的"厨房专家"。正像方太的广告口号所说的"在中国卖的最好的高端厨具不是洋品牌,而是方太"。

任务实施

DY电子有限责任公司的手机业务处于刚刚起步的阶段,无法与行业中现有的、较为成熟的知名企业相竞争,在短期内也很难取得巨大的市场成就。考虑到我国现有的手机产品的各项功能已经基本完善,综合分析认为:DY电子有限责任公司手机业务目前在行业内应该属于市场补缺者的地位,企业在较长的一段时间内应要优先考虑采用专业化经营战略,为特定的目标市场提供具有特定功能或者特色的手机产品及服务较为现实可行。

思考题

试阐述市场挑战者和市场追随者之间的根本区别。

徽商老字号企业市场竞争战略分析训练

实训目标：

引导学生选择一家具有代表性的徽商老字号企业（如胡玉美、谢裕大、口子窖、寿春堂等）作为研究对象，进行市场竞争战略分析实践活动。通过实践帮助学生理解市场地位与竞争战略的选择和运用；培养学生的搜集资料和市场分析的能力；锻炼学生对于市场竞争战略的应用能力。

实训内容：

(1) 通过对目标企业的发展背景、运营现状以及竞争环境进行综合分析，找准企业在行业中所处的市场地位，并在此基础上提出可供参考的市场竞争战略选择。

(2) 实践营销专业学生的职业技能，培养职业素养。

实训时间：

本教学任务结束后，由学生在课余时间完成。

操作步骤：

(1) 将每5~6位同学分成一组，并选择一家徽商老字号企业作为研究对象。

(2) 每组对所选企业的发展背景、运营现状以及竞争环境等方面进行深入分析，找准该企业在行业中的市场地位，并在此基础上提出可供参考的市场竞争战略。

(3) 学生以小组为单位对调查的资料进行分析整理，并撰写分析报告。

(4) 各组在班级实训课上进行交流、讨论。

成果形式：

撰写并提交×××企业市场竞争战略分析报告。

沃尔玛的成本领先战略

沃尔玛公司是一家美国的世界性连锁企业。如以营业额为标准，它就是全球最大的公司。其经营策略是"天天平价，始终如一"，即所有商品在所有地区常年以最低价格销售。为做到这点，沃尔玛在采购、存货、销售和运输等各个商品流通环节，采取多种措施将流通成本降至行业最低，把商品价格保持在最低的价格线上。沃尔玛降低成本的具体举措有以下几种：

第一，将物流循环链条作为成本领先战略实施的载体。① 通过直接向工厂统一购货和协助供应商降低成本二者结合的方式，实现了完整的全球化适销品类的大批量采购，形成了低成本采购优势。② 建立高效运转的物流配送中心，保持低成本存货。为解决各店铺分散订货、存货及补货所带来的高昂的库存成本问题，沃尔玛采取了建立配送中心、由配送中心集中配送商品的方式。③ 建立自有车队，有效地降低运输成本。运输环节是整个物流链条中最昂贵的部分，沃尔玛采取了自建车队的方法，并辅之以全球定位的高技术管理手段，保证车队长期处在准确、高效、快速、满负荷的状态。一方面这减少了不可控的、成本较高的中间环节和车辆供应商对运输环节的中间盘剥；另一方面保证了沃尔玛对配送中与和各店铺之间的运输掌握主控权,将货等车、店等货等现象控制在最低限度,保证配送中心发货与各店铺收货的平滑、无重叠衔接,把流通成本控制在最低限度。

第二,利用发达的高科技信息处理系统作为战略实施的基本保障。沃尔玛开发了高科技信息处理系统来处理物流链条循环的各个点,实现了将点与点之间的衔接成本保持在较低水平。

第三,对日常经费进行严格控制。沃尔玛对于行政费用的控制非常严格。在行业平均水平为5%的情况下,沃尔玛整个公司的管理费用仅占销售额的2%,这2%的销售额用于支付公司所有的采购费用、一般管理成本、上至董事长下至普通员工的工资。为维持低成本的日常管理,沃尔玛在各个细小的环节上都实施节俭措施,如办公室不配置昂贵的办公用品和豪华装饰,店铺装修尽量简洁,商品采用大包装,减少广告开支,鼓励员工为节省开支出谋划策等。另外,沃尔玛的高层管理人员也一贯保持节俭作风,即使是总裁也不例外。首任总裁萨姆与公司的经理们出差,经常几人同住一间房,平时开一辆二手车,坐飞机也只坐经济舱。沃尔玛一直想方设法在各个方面将费用支出与经营业收入入比率保持在行业最低水平,使其在日常管理方面获得竞争对手无法抗衡的低成本企业管理优势。

阅读材料,回答以下问题:

1. 沃尔玛为了实现"天天平价,始终如一"的经营策略,采用了成本领先战略。结合材料,试述企业在成本控制方面做了哪些努力?

2. 试述沃尔玛的做法对我国企业在经营管理中的启示。

项目七　新产品开发战略

任务一　新产品开发的必要性

【学习目标】　通过对新产品概念的学习,熟练掌握全新产品、换代新产品、改进新产品、模仿新产品,为企业新产品开发寻找合适的新产品类型。

【知识点】　新产品概念和类型、新产品开发的必要性。

【技能点】　通过对新产品概念的把握,能对特定背景下企业进行新产品开发的必要性进行分析,并提出合适的新产品类型。

DY电子有限责任公司是一家中小型企业,在2015年以前从未涉入手机制造行业。自2016年起,DY电子有限责任公司计划进入手机制造行业,但在公司缺乏相关的技术支持、资金支撑的不利影响下,进军手机制造业无疑是巨大挑战。公司又一次委派张超进行市场调研,在经过市场调研分析之后,张超应该建议公司生产具备哪些功能的DYDZ手机?对市面来说,DYDZ手机算不算新产品?

任务分析

我国手机行业鱼龙混杂,很多企业都有手机制作业务,有些企业为了利益仿制一些知名企业手机品牌的产品。DY电子有限责任公司在看到手机生产领域内的混乱情况后,对市场进行了分析,认为可以进入手机制造领域。只是碍于DY电子有限责任公司是小企业,很难与大企业抗衡,所以在开发自己品牌的手机时,更应该谨慎小心,应从新产品的内涵入手,在充分理解新产品的开发要领之后,采取符合自身实际的产品开发策略。

相关知识

在21世纪科技日新月异、形势瞬息万变的环境下,产品的生命周期日趋缩短,新产品层出不穷,消费者也比以往更加乐于接受、使用新产品。因此,开发新产品对企业而言,是应对各种挑战与变局、维持企业生存与实现可持续发展的重要保证,是企业市场营销战略的重要组成部分。

一、新产品的概念

新产品是指在构成要素上进行了整体或部分创新的产品,既包括新发明创造的产品,也包括部分革新的产品。衡量新产品的市场标准是"是否给消费者带来了新的利益"。依据产品创新程度的不同,可将新产品分为四种,如表 7.1 所示。

表 7.1 新产品的种类

新产品名称	涵义	实例	备注
全新产品	市场上原来没有,现在通过技术革新或者发明创造而产生的新产品	例如,第一次工业革命时期蒸汽机的发明;由于近代计算机技术、生物技术等的提高,而产生的诸多新产品	全新产品一般对于技术的要求较高,因而很多企业并不能也不适合这种新产品创造
换代新产品	在原有产品的基础上,进行一定的技术革新,生产出来的比原来性能更好、功能更多的产品	例如,手机换代升级、数码类产品换代升级、电视机等的换代升级	换代产品由于在使用材料和制造原理上有一定的延续性,开发起来相对容易些,因而很多企业均生产此类新产品
改进新产品	在产品的材料、结构、造型、颜色、包装等方面做出改进的新产品	例如,窗口式空调改良为分体式空调,背投彩电改进为3D电视等	改进后,产品更贴近消费者的消费习惯,因而更容易被消费者所接受
模仿新产品	本企业第一次生产,但在市场上已经存在了的产品	例如,我国大量存在的"山寨类"产品	模仿新产品无需新的科学技术,研制时间短,成本相对较低,因而消费者比较容易接受

二、新产品开发的必要性

企业之所以要大力开发新产品,主要有以下几方面的原因:

(一)产品生命周期的客观存在要求企业不断开发新产品

企业同产品一样,也存在生命周期。如果不开发新产品,当产品走向衰落时,企业也将同样走到生命周期的终点。一般而言,当一种产品投放市场时,企业就应当着手设计新产品,使企业在任何时期都有不同的产品处于生命周期的各个阶段,保证企业利润的稳定增长。

(二)消费需求的变化需要不断开发新产品

随着生产力的发展和人们生活水平的提高,人们的消费需求也发生了很大变化。消费结构的变化加快,使得消费选择更加多样化,这一方面给企业带来了挑战,使之不得不淘汰难以适应消费需求的老产品;但另一方面也给企业提供了开发新产品、适应市场变化的机会。

(三)科技的发展推动企业不断开发新产品

科学技术的发展促使许多高科技新型产品的出现,加快了产品更新换代的速度,如光导纤维的出现,对电信、互联网终端等信息处理设备的更新换代起到了巨大的推动作用。科技的进步有利于企业淘汰老的产品,研发生产出性能更优越的产品,进而把新产品推向市场。

(四)市场竞争的加剧迫使企业不断开发新产品

在市场竞争日趋激烈的今天,企业要想在市场上保持优势,就必须不断创新、开发新产品。

【知识拓展】

福特牵手众泰追赶新能源风口

在中国市场新能源汽车产业政策的压力下,福特汽车加快了在中国新能源汽车市场的布局。2017年11月8日,众泰汽车发布公告,该公司及公司全资二级子公司浙江众泰汽车与福特亚太汽车控股、福特中国签署合资经营合同,成立纯电动车生产合资企业。

在大众汽车与江淮汽车合作之后,此次福特汽车与众泰汽车的牵手,被业界看作是跨国车企与本土车企合作的又一新进展,给做大国内新能源汽车市场增加了可能性。

(资料来源:《市场营销》杂志,2017年第12期)

三、新产品开发的方式

由于新产品的形式多样,不同企业的研发能力和条件也存在差异,因此企业新产品开发的方式也有所不同。较常用的有以下几种:

(一)独立研制方式

独立研制,就是企业依靠自己的科研技术力量进行产品的全部研究开发工作,其目的是结合企业自身的特点,形成自己的产品系列,使企业在市场上占据有利地位。因为独立研制要求企业具有较强的技术力量和雄厚的资金实力,所以一般适用于那些拥有科研部门、技术力量雄厚的大型企业,有些中小企业也可以用这种方式开发研发周期不长的产品或改进新产品。

(二)协作开发方式

协作开发,就是企业与科研机构、高等院校、社会上有关专家或其他单位协作进行新产品的开发。由于许多新产品的开发涉及广泛的学科领域,因此需要投入大量的人力、物力和财力。这种协作方式可以取长补短,使科研人员迅速将其科技成果运用到实际中来,企业也可从产品设计和技术等方面得到指导和帮助,既充分发挥各自特长,又使双方都能受益。

(三)技术引进方式

技术引进,就是为了尽快研发某种比较成熟的产品,引进国外或地区外的成熟技术进行新产品开发,或直接引进设备、购买专利来生产新产品。采用这种方式,企业可以节省研发费用,在较短的时间内掌握原来没有的产品制造技术,及时生产出新产品并投放市场,缩短与竞争对手的差距。但也应注意,企业引进的技术或设备通常是别人正在使用或已经使用过的,引进前必须认真进行市场容量和产品发展前景分析,充分重视技术或设备的先进性和适用性,避免盲目引进而造成不良后果。

（四）独立研制与技术引进相结合的方式

这是开发新产品的常见方式,指在充分利用本企业专长的基础上,引进别人的先进技术,以弥补自己的不足,或是在充分吸收国外先进技术的基础上,结合本企业实际情况进行创新。这种方式不仅耗时短、投资少、风险小,而且可使产品更具特色和吸引力,有利于提升企业的技术水平和提高经济效益。

任务实施

DY电子有限责任公司勇气可嘉,尤其是在当今智能机一统天下的时代。当然,DY电子有限责任公司进入手机制造领域,寻求新的市场,不断拓展自身业务范围是很明智的选择。DY电子有限责任公司虽然是中小型企业,但哪个企业不是从中小型企业发展起来的呢？中国的很多大企业都是DY电子有限责任公司的榜样。DY电子有限责任公司采用的手机开发策略是先模仿,再自主研发,最后超越的策略。现在的DY电子有限责任公司虽然仍处在模仿时期,甚至给一些企业生产手机零部件、组装手机等,但公司的策略是正确的,只要一直走下去,终会使DYDZ手机在国内市场占据一席之地。

思考题

1. 什么样的商品可以成为新产品？
2. 我国的山寨商品如何变为正规商品？

任务二　新产品开发战略选择及开发过程

【学习目标】　通过对新产品开发战略的学习,熟练掌握领先型新产品开发战略、跟随型新产品开发战略,掌握新产品开发过程。

【知识点】　新产品开发战略的选择、新产品开发过程。

【技能点】　通过对新产品开发过程的把握,能对特定背景下企业进行新产品开发的过程进行分析,并提出合适的新产品开发战略。

任务描述

DY电子有限责任公司是一家中小型企业。从2016年开始,DY电子有限责任公司计划进入手机制造行业。我国手机行业鱼龙混杂,很多企业都有手机制作业务,有些企业为了利益仿制一些知名手机品牌的产品,面对手机生产领域内的混乱局面,DY电子有限责任公司需要对市场进行分析。于是,领导层请来市场部经理,让其带领团队分析公司新产品的开发战略,制定新产品的开发流程。

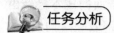

DY电子有限责任公司市场部经理接到任务后,深知任务的艰巨性。首先,手机市场内的竞争已非常激烈,要着重分析企业现有的资源以及手机市场未来的前景。其次,在制定新产品开发战略时,应结合前面的分析选择符合企业资源能力水平的战略。最后,还要弄清楚新产品开发需要经历哪些阶段。

企业制订新产品开发战略时,依据其资源及所处的市场竞争地位可以有两种选择,领先型新产品开发战略和跟随型新产品开发战略。

一、新产品开发战略的选择

(一)领先型新产品开发战略

领先型新产品开发战略是指企业首先研制、开发新产品,并率先将产品投放于市场,从而在行业中确立技术领先和产品领先地位的战略。

领先型新产品开发战略具有以下两方面的优点:

(1)成功的新产品开发可使企业对新技术成果享有独占权,能够较早地建立起针对现实及潜在竞争对手进入市场的技术壁垒,并在新产品市场上处于主动地位。在这一阶段,企业无须面对竞争者的威胁,一方面可凭技术领先、理念领先等优势树立企业及产品的品牌形象;另一方面可以占有尽可能多的市场份额,并采取撇脂定价策略赚取高额市场利润。

(2)企业在新产品生产、管理方面拥有的丰富经验和不断扩张的市场需求,有利于企业扩大生产规模,提高产品质量,降低生产成本,取得对后进入市场者的竞争优势。此外,企业还可以在必要时采取出售产品生产许可证的方式,从技术转让中获利。

领先型新产品开发战略所面临的风险主要是投入大、成本高、开发周期长。由于市场局势的瞬息万变和研发的高风险性,新产品开发的结果往往难以预料。一旦开发失败,就会给企业造成巨大的损失,挫伤员工士气。

(二)跟随型新产品开发战略

跟随型新产品开发战略是指企业密切关注市场上刚出现的新产品,一旦发现获得成功的新产品,便立即组织力量生产出类似产品,以进入这一市场的战略。

跟随型新产品开发战略具有以下三个方面的优点:

(1) 风险较小。由于采用领先型新产品开发战略的企业已经解决了产品创新过程中的一系列技术难题,特别是实践已经证明市场对这一新产品具有较好的反应,这样跟随企业就可以大大减少技术开发与市场开发中面对的失误和风险,避免可能出现的巨额损失。

(2) 投资少,成本低。跟随企业在跟进新产品时,新产品概念开发方面的成本已经由领先企业承担,所以跟随企业可以享受领先企业开辟市场所产生的外部效益。同时,跟随企业可以通过观察领先企业的创新行为进行技术的学习和模仿,不需要进行耗资巨大的技术探索研究,因此其在新产品开发方面比领先企业投资少、开发周期短、生产成本较低。

(3) 开发的产品可能更具竞争力。通过消费者的使用,领先企业开发的新产品一定会发现有待改进之处。跟随企业可以在充分了解消费者需求和期望的基础上,对领先企业的产品在若干方面予以修正、改进,从而生产出更具竞争力的产品,获得良好的市场反应。

跟随型新产品开发战略的主要缺点是跟随型企业几乎在同一时期进入市场,面临的市场竞争比较激烈,因此跟随型企业的产品必须比已有产品的性能和品质更胜一筹,或者营销实力更为雄厚,否则很难取得市场份额。

【知识拓展】

达利食品用跟随制胜

达利食品热衷于模仿处于上升期的产品,利用名人代言打响品牌,再快速占领渠道。达利食品的问世要追溯到2002年,第一个拳头产品达利园上市,主要模仿的是韩国的品牌好丽友。当时,好丽友派是全国少有的能做到夹心蛋糕不添加防腐剂,且保质期长达一年的产品。它凭借着"派"技术,在中国掀起了一股"好丽友派"的热潮。然而,好丽友将单盒价格定为14元,让很多消费者望而却步。达利食品想抓住这些对价格敏感的消费者,经过两年研发,推出了"蛋黄派",以低于好丽友三分之一的价格,迅速抢战市场。其后,达利食品又推出方形蛋糕、巧克力派、果多派等产品,形成糕点矩阵,加上电视广告的轮番轰炸,实现风头盖过好丽友。

采用相同方法,2003年,达利食品又把目光放在了流行产品上——薯片。薯片作为外来品,一上市便受广大女性消费者追捧。然而当时薯片的主流市场被品客、乐事等少数几个跨国品牌所占据,缺少本土的实力品牌与之抗争,产品定价过高。达利食品趁机推出"可比克"薯片,定位于年轻人市场,邀请周杰伦代言。它把市场占有率最大的品客薯片视为头号劲敌,采用分渠道定制产品的策略,用桶装薯片打进一线市场,以性价比更高的充气包装填补二、三线市场。可比克上市的第二个月,品客就感受到了压力,将零售价由18元一桶降到了12元(但同样重量的可比克薯片只要6元)。可比克利用分渠道和价格战,使得其销量成功超过品客。

基于两次成功经验,达利食品基本确定了产品的开发战略。它以市场上的现有产品为学习对象,经过多方调研论证,研发新品后以相对低的价格进入市场,再通过名人代言、各大电视台的广告轰炸,迅速打响品牌知名度。

(资料来源:《商界评论》杂志)

二、新产品开发的过程

新产品的开发一般需要经过八个阶段,即创意产生、创意筛选、形成产品概念、制定营销战略、市场盈利能力分析、产品开发、市场试销、批量上市。

(一)创意产生

独特且富有创造性的新产品构思是新产品开发成功的关键,其来源主要包括以下几个方面:

(1)消费者。企业的营销人员可以通过观察和倾听消费者的需求,分析消费者对现有产品提出的建议和批评,形成新产品构思。有资料表明,80%的美国公司认为,新产品构思的最佳来源是消费者。美国成功的技术革新和创新产品中60%~80%的创意来自消费者。

【知识拓展】

娃哈哈邀消费者参与设计产品和口号

2018年11月16日,娃哈哈发布消息称,娃哈哈将邀请消费者参与设计产品和口号。娃哈哈在公告中称,不管是AD钙奶、营养快线、纯净水等亟待焕新的老品,还是果茶阿润、白日檬柠檬等新品,都需要创意和灵感,希望消费者参与进来,设计产品和口号。为了鼓励消费者参与,娃哈哈还设置了奖励办法。

中国食品行业评论员朱丹蓬认为,这是宗馥莉任娃哈哈品牌公关部部长后的又一个促进品牌年轻化的举措,在宣传的同时也可以获取当前消费者对年轻化产品的认知情况和消费趋势。

(资料来源:http://finance.sina.com.cn/roll/2018-11-17/doc-ihmutuec0945546.shtml)

(2)企业内部。企业内部的各个方面如子公司、管理人员、科研人员、普通员工以及营销人员等都是产品创意的另一个重要来源。IBM公司每年有大量的发明诞生,主要原因是该公司拥有鼓励职工发明新产品的良好机制。

(3)企业外部。企业外部如批发商、零售商、经销商、代理商等,贴近消费者和市场,对消费者的要求以及产品有充分地了解,容易形成新产品创意。

此外,一些科研部门和大专院校的许多科研成果也是获得新产品构思的重要来源。

【知识拓展】

发现伟大的新产品创意的十种方法

1. 举办面向消费者的非正式论坛,使公司的工程师、设计师与消费者面对面地讨论问题和需求,通过头脑风暴找到潜在的解决方案。

2. 允许技术人员花费时间从事自己喜欢的项目。谷歌允许员工有20%的时间处理自己的事情,3M公司为15%。

3. 让消费者头脑风暴会议成为工厂参观活动的一个固定项目。

4. 对你自己的消费者进行调查,找到他们喜欢或者不喜欢你的产品和竞争对手产品的原因。

5. 花费大量的时间对消费者进行现场调研,在不被消费者觉察的情况下观察他们的产品使用情况。

6. 使用迭代法:让一群消费者待在一个房间里,集中讨论他们在产品使用过程中遇到的问题;让一群技术人员在另一个房间聆听消费者的讨论,并使用头脑风暴法提出解决方案。然后,立即把所提出的方案交给消费者进行测试。

7. 建立关键词搜索制度,定期检索和浏览各种商业出版物,以便获取新产品发布等方面的信息。

8. 把行业展会作为情报的一个来源,了解所在产业出现的所有新产品。

9. 让技术和营销人员参观供应商的实验室,并与供应商的技术人员讨论研发的最新进展。

10. 建立创意库,并使其保持开放和检索方便。同时,允许员工评价这些创意,并提出建设性方案。

(资料来源:[美]菲利普·科特勒,凯文·莱恩·凯勒,《营销管理》第15版)

(二)创意筛选

不是所有的新产品构思都能转化为现实的产品,这就需要对构思进行必要的筛选,挑选出可行性较强的创意。筛选创意的目的就是为了淘汰那些不可行或可行性较差的创意,使企业有限的资源集中于成功机会较大的创意上。筛选创意时,一般要考虑两个因素:一是该创意是否与企业的战略目标相匹配;二是企业有无足够的能力开发这种创意。

(三)形成产品概念

经过筛选后保留下来的产品创意还要进一步发展成为产品概念。在这里,首先应当明确产品创意和产品概念之间的区别。产品创意是指企业从自己的角度考虑能够向市场提供的可能产品的构想。产品概念是指企业从消费者的角度对这种创意所做的详尽的描述。以一块手表为例,从企业角度来看,它主要包括这样一些因素:齿轮、轴心、表壳,它的制造过程、管理方法(市场、人事方面的条件)及成本(财务状况)等。而从消费者的角度看,则包括其他因素:手表的外形、价格、走时准确性、是否保修、适合什么样的人佩戴等。

企业必须根据消费者的要求把产品创意发展为产品概念。确定最佳产品概念,在进行产品和品牌的市场定位后,就应当对产品概念进行试验。所谓产品概念试验,就是用文字、图形描述或者用实物将产品概念展示给一群目标消费者以观察他们的反应。

【知识拓展】

概念开发

设想一下,一家大型食品加工企业提出了这样一个创意,即往牛奶里添加一种粉状物,可以增加营养价值和改善产品的味道。上述描述的仅是一种产品创意。然而,消费者不会购买产品创意,他们要买的是产品概念。

一种产品创意可以转化为几种不同的产品概念。首先要问的问题是:谁将使用该产品?这种添加了粉状物的牛奶产品的销售对象是婴儿、儿童、少年、青年、中年,还是老年人?第二,这种产品提供的主要益处是什么?口味好、营养高、提神,还是可以强身健体?第三,人们什么时候消费这种产品?早餐、上午点心、午餐、下午茶点、晚餐,还是夜宵?通过思考和回答上述问题,一个公司可以形成如下几种概念:

概念1:一种速食早餐饮料,使成年人在不需要做其他准备的情况下便能很快地获得营养。

概念2:一种可口的餐间饮料,供孩子们中午饮用。

概念3:一种健康补品,适合老年人夜间睡觉前饮用。

上述每一种概念代表了一种产品品类,它们拥有特定的竞争对象。企业需要根据目标消费者的需求确定最佳产品概念。

(四)制定营销战略

新产品营销战略的制定包括描述目标市场的规模、结构和消费者行为,新产品在目标市场上的定位,市场占有率及前几年的销售额和利润目标等;对新产品的价格策略、分销策略和第一年的营销预算进行规划;描述预期的长期销售量和利润目标以及不同时期的营销组合。

(五)市场盈利能力分析

市场盈利能力分析的任务是在初步拟订营销战略的基础上,对新产品概念进行财务方面的分析,即估计销售量、成本和利润,判断它是否满足企业开发新产品的目标,以及对最重要的新产品可能出现的获利情况进行估算。

(六)产品开发

如果产品概念通过了经营分析,研发部门或工程技术部门就可以把这种产品概念研制成为产品模型或样品,同时进行包装和品牌的设计,这是新产品开发的一个重要步骤。只有通过产品研制,投入资金、设备和劳动力,才能使产品概念实体化。这个过程中可以发现产品概念的不足与问题,继续改进设计。完成以上步骤,才能判断这种产品概念在技术、商业上的可行性,如果因技术上不过关或成本过高等而被否定,这项产品的开发过程将会被终止。

(七)市场试销

经过测试合格的样品即为正式产品,应投放到有代表性的小范围市场上进行试销,以检验新产品的市场效率,作为是否可以大批量生产的判断依据。在试销过程中,企业要注意收集有关资料:① 在有竞争的情况下,新产品试销情况及销售趋势如何,同时与原定目标进行比较,调整决策;② 哪一类消费者会购买新产品,重购反应如何;③ 消费者对产品质量、品牌、包装等方面还有哪些不满意;④ 新产品的试用率和重购率为多少,这两项指标是试销成功与否的判断值,也是新产品正式上市的依据;⑤ 如果采用几种试销方案,则应选择比较适合的方案。

(八)批量上市

新产品试销成功后,就可开始大批量生产,并择机投放市场,新产品便进入了生命周期的投入阶段。一般来说,产品在刚推出的两年时间内,由于需要支付大量的费用,所以企业一般都不盈利或盈利甚微。

产品在投入市场时,要注意四个方面的内容:

(1) 投放时间。新产品进入市场的时间要适当。如果新产品上市会影响到老产品的销售,就应当在老产品的存货处理完毕以后再上市;如果新产品尚有改进之处,就应当在改进完善后再上市;如果新产品季节性很强,就应当在销售季节来临前上市。

(2) 投放地区。在一般情况下,新产品先在主要地区的市场推出,以便占领市场,站稳脚跟,然后再向其他地区拓展。

(3) 目标市场。企业应选择最有潜力的消费者群,作为自己新产品销售的目标市场,充分利用相关群体的影响作用,带动目标消费者群采取购买行为。

(4) 投放时的营销策略。由于新产品首次大规模投向市场需耗费大量的资金,因此企业要拟定营销策略,分配营销组合策略中各因素的费用预算,有计划地进行各种营销活动。

【课堂练习】

新产品的目标消费者应该是谁?

一些新产品专家认为,通过深入研究来获取消费者的意见是成功开发新产品的唯一路径。而另一些专家则不同意这种观点,他们认为消费者无法就他们不了解的产品提供有用反馈,也无法提供最终促使产品产生突破性创新的洞见。

正方:消费者研究对新产品的开发很重要。

反方:在新产品的开发过程中,消费者研究并不是那么有用。

【知识拓展】

可口可乐新产品开发失败案

可口可乐是1880年由美国的一位医生研制出的一种非酒精饮料,经过100多年的发展,其独特的配方和口味根植于美国消费者的心中。对许多消费者来讲,可口可乐已像棒球、热狗和苹果酱那样成为美国传统偏好,甚至成为美国符号的一个组成部分。

在20世纪80年代初,可口可乐的市场地位受到百事可乐的挑战。尽管可口可乐在饮料市场中仍处领导地位,但其市场份额逐渐被百事可乐所吞噬。多年来,百事可乐公司成功发动了"百事攻势",到1985年初,虽然可口可乐着充斥所有市场,但是百事可乐占领了超级市场销售额的2%,相当于6亿美元!可口可乐公司认为必须采取行动来终止百事可乐对其市场的侵吞。

可口可乐公司着手拟定了公司有史以来最为庞大的新产品研究方案,在市场调研中发现,消费者倾向于喜欢口味较甜的饮料。于是,公司花费了两年多的时间和400万美元研制出一种口味较甜、较温和的新型饮料。

可口可乐公司进行了20万次口味实验,仅仅在最终配方上就实验了3万次。在无标识的商品测试中,在新旧可乐间,60%的被试选择了新配方;在新可乐与百事可乐间,52%的被试选择新可乐。实验结果表明,新可乐将是一个成功的产品。于是公司在生产和宣传报道之后,在全国市场上开始销售新口味的可乐,放弃了原配方的可口可乐的生产和销售。

一开始,新可乐销量不错,但不久以后就销售平平,并且越来越多的消费者开始指责可口可乐公司改变了配方,甚至举行了抗议活动。可以说,可口可乐公司在新可乐的开发和上市上没有取得成功。

问题:阅读材料并结合有关新产品开发的相关知识,分析可口可乐新产品开发失败的原因。

DY电子有限责任公司的市场部经过分析后,选择了跟随型新产品开发战略,并在新产品开发过程中注意差异化优势的挖掘。这样,既可以跟随市场领导者的步伐,同时又可以以较少的投入形成差异化优势,这对DY这样的中小企业来说,不失为合理的新产品开发方式。

1. 领先型新产品开发战略和跟随型新产品开发战略各有哪些优点?
2. 新产品开发要经历哪些过程?

任务三　新产品的采用与扩散

【学习目标】　通过对新产品采用的学习,熟练掌握消费者采用新产品的过程,并能据此为企业扩散新产品制定合理的策略。

【知识点】　新产品的采用过程、新产品的扩散过程。

【技能点】　通过对消费者采用新产品过程的把握,为特定背景下企业进行新产品扩散,提出合适的方案。

DY电子有限责任公司是一家中小型企业。从2016年起,DY电子有限责任公司进入了手机制造行业,选择了跟随型新产品开发战略,并在新产品开发过程中注意差异化优势的挖掘。DY手机功能齐备,功能上并不亚于市场上的知名手机品牌,且价格较之更有竞争力。DY电子有限责任公司让市场部对手机这一新产品进行市场开发,并制定新产品上市方案。

任务分析

DY电子有限责任公司进军手机生产领域,并且已经研发出了新产品,接下来需要将新产品投放到市场上。所以,市场部需要了解消费者的采用过程,并据此制定出推广新产品的方案,规避可能导致新产品扩散失败的风险,制定出新产品上市方案。

一、新产品采用过程

所谓新产品采用过程,是指消费者个人由接受新产品到成为重复购买者的各个心理阶段。迄今为止,有关采用过程的研究首推美国著名学者埃弗里特·罗杰斯(Everett M. Rogers)。他在 1962 年出版的《创新扩散》一书中,把采用过程看成是创新决策过程,并据此建立了创新决策过程模型。他认为,创新决策过程包括五个阶段,即认识阶段、说服阶段、决策阶段、实施阶段和证实阶段。这五个阶段又受到一系列变量的影响,它们不同程度地推进或延缓了创新决策过程。

(一)认识阶段

在认识阶段,消费者会受个人因素(如个人的性格特征、社会地位、经济收入、性别、年龄、文化水平等)、社会因素(如文化、经济、社会、政治、科技等)和沟通行为因素的影响。他们逐步认识到创新产品,并学会使用这种产品,掌握其新的功能。研究表明,较早意识到创新的消费者与较晚意识到创新的消费者有着明显的区别。一般而言,前者较后者有着更高的文化水平和社会地位,他们广泛地参与社交活动,能及时、迅速地收集到有关新产品的信息资料。

(二)说服阶段

有时,消费者尽管认识到了新产品并知道该如何使用,但一直没有产生喜爱的感觉和占有该种产品的愿望。一旦产生这种愿望,决策行为就进入了说服阶段。在认识阶段,消费者的心理活动尚停留在感性认识上,而在说服阶段,其心理活动就具备影响力了。消费者常常要亲自试用新产品,以避免购买风险。不过,即便如此也不能促使消费者立即购买,除非营销人员能让消费者充分认识并认可新产品的特性。这包括:

(1)相对优势,即新产品被认为比原有产品好。应该着重指出的是,相对优势是指消费者个人对新产品的认识程度,而不是产品的实际状况。在某些情况下,新产品若不被消费者认识或认可,便会失去其相对优势。

(2)兼容性,即新产品与消费者行为及观念的吻合程度。当新产品与消费者的需求结构、价值观、信仰和经验相适应或较为接近时,较容易被迅速采用。

(3)复杂性,即认识新产品的困难程度。新产品越是难以理解和使用,其采用率就越低。这就要求企业在新产品设计、整体结构、使用维修和保养方法等方面与目标市场的认知程度接近,尽可能设计出简单易懂、方便易用的产品。

(4)可试性,即新产品在一定条件下可以被试用。汽车的测试、免费赠送样品等都是为了方便消费者对新产品进行试用,减少购买风险,提高采用率。

(5)可传播性,即新产品的使用结果和利益能被观察到或向其他人转述的程度。新产品在被使用时,是否容易被人们观察和描述,是否容易说明和示范。新产品的消费行为越容易被感知,其可传播性就越强,采用率也就越高。

总之,在说服阶段,消费者对新产品将形成确定性认识,他会多次在脑海里"尝试"使用新产品,看看它是否适合自己。而企业的广告和人员推销将会使消费者提高对产品的认知程度。

(三)决策阶段

通过对产品特性的分析和认识,消费者开始决策,即决定采用还是拒绝采用该种创新产品。若他决定拒绝采用,此时有两种可能:

(1) 以后改变态度,接受了这种新产品。
(2) 继续拒绝采用这种产品。

若他决定采用新产品,此时也有两种可能:

(1) 使用之后觉得效果不错,继续使用下去。
(2) 使用之后发现产品令人失望,便中断使用,可能改用别的品牌,也可能干脆不再使用这类产品。

(四)实施阶段

当消费者开始使用创新产品时,便进入了实施阶段。在决策阶段,消费者只是在心里盘算究竟是使用该产品还是仅仅试用一下,并没有完全拿定主意。到了实施阶段,消费者就要考虑"我怎样使用该产品"和"我如何解决操作难题"等问题了。这时,营销人员就要积极主动地向消费者进行介绍和示范,并提出自己的建议。

(五)证实阶段

人类行为的一个显著特征是,人们在做出某项重要决策之后总是要寻找额外的信息来证明自己决策的正确性,消费者购买决策也不例外。由于消费者在决策时面临多种选择方案,每一种方案又都有其优点和缺点,决策后,消费者总是要评价其选择行为正确与否。在决策最初的一段时间内,消费者常常觉得有些后悔,会发现所选方案存在很多缺陷,而认为未选方案有不少优点,如果再给一次机会,就有可能会选择其他方案。不过,一般后悔阶段持续时间不长便逐渐减弱。此时,消费者认为已选方案仍然较为适宜。

在整个创新决策过程中,证实阶段包括决策后不和谐、后悔和不和谐减弱三种情况。消费者往往会告诉朋友们自己采用新产品的明智之处,倘若无法说明采用决策是正确的,就可能中断采用。

【知识拓展】

发布消费指令,让消费者感知产品价值

消费者选购产品往往有一套自己的逻辑,这个逻辑就是品牌价值和产品价值。在某种意义上,产品价值比品牌价值还重要,因为在消费者的心目中,很多品牌的档次差不多,哪个品牌的产品价值更适合自己,就会选择哪个品牌。

比如,厨具行业的方太和老板、家电行业的海尔和美的,很难说哪个品牌更胜一筹。为了区别开来,老板油烟机强调"大吸力"这个产品价值,"油烟吸得更彻底",这可能对中国家庭更有吸引力;海尔卡萨帝洗衣机强调的是"空气洗"这个产品价值,更适合丝绸等高端面料的洗涤。

产品旺销,除了找准产品价值让用户充分感知外,还可以再加一个消费指令。消费指令是指通过广告或者营销活动向用户传递消费命令。换句话说,就是给消费者一个指令:在什么情况下选择我。例如,怕上火,喝王老吉;累了困了,喝红牛;小饿小困,喝点香飘飘奶茶;装修贷,找建行;买卖二手车,上瓜子二手车直卖网;小肚子吃胀了,吃健胃消食片;吃早餐,点老乡鸡;饿了别叫妈,叫饿了么;美团外卖,就是快……

光有消费指令还不够,同时还要充分展示信任状。展示信任状有几种套路:① 热销;② 最受意见领袖青睐;③ 领导品牌;④ 专家品牌;⑤ 历史悠久;⑥ 开创者;⑦ 制造方法。

一般来说,企业可根据行业地位的不同使用不同的策略,行业老大:锁定品类。行业老二:强调特性。行业老三:垂直聚焦。行业老四:开创品类。比如,电商行业老大天猫的消费指令是:网购,上天猫就购了! 京东的消费指令是:多、快、好、省,选京东。唯品会的消费指令是:全球精选,正品特卖,唯品会。寺库的消费指令是:全球奢侈品特卖,寺库网。

(资料来源:摘自《销售与市场》,2018 年第 17 期)

二、新产品扩散过程

所谓新产品扩散,是指新产品上市后,随着时间的推移不断地被越来越多的消费者所采用的过程。也就是说,新产品上市后逐渐地拓展到其潜在市场的各个部分。扩散与采用的区别,仅仅在于看问题的角度不同。采用过程是从微观角度考察消费者个人从接受新产品到成为重复购买者的各个心理阶段,而扩散过程则是从宏观角度分析新产品如何在市场上传播并被市场广泛采用的问题。

(一) 新产品采用者的类型

在新产品的市场扩散过程中,受个人性格、文化背景、受教育程度和社会地位等因素的影响,不同的消费者对新产品接受的快慢程度不同。罗杰斯根据这种接受程度快慢的差异,把采用者划分成五种类型,即创新采用者、早期采用者、早期大众、晚期大众和落后采用者(见图 7.1)。

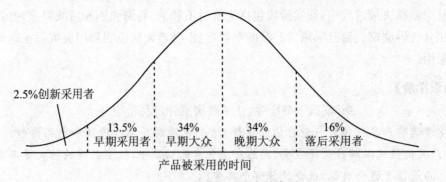

图 7.1 新产品采用者的类型

1. 创新采用者

该类采用者处于距离平均采用时间两个标准差以左的区域内,约占全部潜在采用者的 2.5%。任何新产品都是由少数创新采用者率先使用的,他们具备如下特征:

(1) 极富冒险精神;

(2) 收入水平、社会地位和受教育程度较高;

(3) 一般是年轻人,交际广泛且信息灵通。

营销人员在向市场推出新产品时,应把促销手段和传播工具集中用于创新采用者身上。如果他们采用效果较好,就会大肆宣传,影响到后来的使用者。

2. 早期采用者

早期采用者是第二类采用新产品的群体,占全部潜在采用者的 13.5%。他们大多是某个群体中具有很高威信的人,受到周围朋友的拥护和爱戴。正因如此,他们常常去收集有关新产品的各种信息资料,成为某些领域的意见领袖。这类采用者多在产品的导入期和成长期采用新产品,并对后来的采用者影响较大,所以他们对新产品的扩散有决定性影响。

3. 早期大众

这类采用者的采用时间较平均采用时间要早,约占全部潜在采用者的 34%。其特征是:

(1) 深思熟虑,态度谨慎;

(2) 决策时间较长;

(3) 受过一定程度的教育;

(4) 有较好的工作环境和固定收入;

(5) 对意见领袖的消费行为有较强的模仿心理。

他们虽然也希望在一般人之前接受新产品,却通常在经过早期采用者认可后才购买,从而成为赶时髦者。由于该类采用者和晚期大众占全部潜在采用者的 68%,因而研究其消费心理和消费习惯对于加速新产品的扩散有着重要意义。

4. 晚期大众

这类采用者的采用时间较平均采用时间稍晚,约占全部潜在采用者的 34%。其基本特征是多疑。他们的信息多来自周围的同事或朋友,很少借助媒体收集所需要的信息,其受教育程度和收入状况相对较差,所以他们从不主动采用或接受新产品,直到多数人都采用且反映良好时才行动。显然,对这类采用者进行新产品扩散是极为困难的。

5. 落后采用者

这类采用者是采用新产品的落伍者,约占全部潜在采用者的 16%。他们思想保守,拘泥于传统的消费行为模式,他们与其他的落后采用者关系密切,极少借助宣传媒体,其社会地位和收入水平最低,因此他们在产品进入成熟期后期乃至进入衰退期时才会采用。

(二)新产品扩散过程管理

新产品扩散过程管理是指企业通过采取措施使新产品扩散过程符合既定营销目标的一系列活动。企业之所以能对扩散过程进行管理,是因为扩散过程除了受到外部不可控制因素(如竞争者行为、消费者行为、经济形势等)的影响,还受到企业营销措施(如产品质量、人员推销、广告水平、价格策略等)的制约。

企业扩散管理的目标主要有：① 导入期销售额迅速提升；② 成长期销售额快速增长；③ 成熟期产品渗透最大化；④ 尽可能维持一定水平的销售额。

然而，新产品扩散的实际过程却不是这样的。根据产品生命周期曲线，典型的产品扩散模式通常是导入期销售额增长缓慢、成长期的增长率比较高，而当产品进入成熟期不长时间后，销售额就开始下降。为了使产品扩散过程达到其管理目标，要求营销管理部门采取一些措施和战略。

1. 实现迅速起飞需要采取的措施和战略

(1) 派出销售队伍，主动加强推销；

(2) 展开广告攻势，使目标市场很快熟悉创新产品；

(3) 开展促销活动，鼓励消费者试用新产品。

2. 实现快速增长需要采取的措施和战略

(1) 保证产品质量，促进口头沟通；

(2) 继续加强广告攻势，影响后期采用者；

(3) 推销人员向中间商提供各种支持；

(4) 创造性地运用促销手段使消费者重复购买。

3. 实现渗透最大化需要采取的措施和战略

(1) 继续采用快速增长的各种策略；

(2) 更新产品设计和广告策略，以适应后期采用者的需要。

4. 长时间维持一定水平的销售额需要采取的措施和战略

(1) 使处于衰退期的产品要继续满足市场需要；

(2) 扩展分销渠道；

(3) 加强广告推销。

（三）意见领袖对扩散的影响

企业总是希望产品扩散得越快越好，消费者接受得越快越好，因此缩短消费者由不熟悉新产品到采用新产品所花费的时间就成为了企业的营销目标之一。前面对采用和扩散过程的分析在不同程度上解决了这个问题，这里再从信息沟通的角度进行阐述。

1. 信息沟通与新产品扩散

研究者们发现，新产品的信息常常是从媒体传递到意见领袖，然后再从意见领袖流向追随者，追随者受意见领袖的影响远远超过媒体的影响，这叫做两级流动模型。在这里，媒体是主要的信息源，追随者是信息受众，而意见领袖则对信息受众接受信息起着重要作用，他们依靠自身的威信和所处的位置加速了信息的流动。

2. 意见领袖的作用

(1) 告知他人(追随者)有关新产品的信息；

(2) 提供建议以减轻别人的购买风险；

(3) 向购买者提供积极的反馈或证实其决策。

所以，意见领袖是告知者、说服者和证实者。不过，意见领袖通常只是一个或几个消费领域的领袖,他们仅仅在这一个或几个领域施加自身的影响,离开这些领域,他们就不再是领袖,也就没有影响了。

3. 意见领袖与其追随者

每一个社会阶层都有意见领袖。大多数情况下,信息是在每一个阶层内水平流动而不是在阶层之间垂直流动。意见领袖同其追随者有着显著的不同。

(1) 意见领袖交际广泛,同媒体和各种交易中间商联系紧密;

(2) 意见领袖容易接触,并有机会、有能力影响他人;

(3) 意见领袖具有较高于其追随者的社会经济地位,但不能高出太多,否则二者就难以沟通;

(4) 意见领袖乐于创新。

4. 网络中的意见领袖

互联网环境使得意见领袖更富有影响力。尽管他们足不出户,但可以影响成千上万的人,其影响力甚至可以遍及全世界。意见领袖有时也称为权力用户(power users),因为他们拥有强大的社会网络,从而有能力直接或间接地影响许多消费者的购买决策。与线下意见领袖类似,权力用户在他们的工作和沟通中是积极的参与者,其社会网络不仅庞大,而且发展势头良好。人数众多的追随者崇拜他们,并把他们当作可以信赖的信息源。在美国,品牌形象主要由权力使用者传播,仅6.2%的社交媒体使用者传播了大约80%的品牌信息。

三、新产品扩散失败的营销原因

新产品开发结束后,在扩散过程中许多营销因素都值得特别注意,因为许多营销因素都能导致新产品扩散的失败。

(一) 差异点传递不明晰

新产品要想打败竞争产品,关键在于与众不同的差异点,即能给使用者带来独特利益的卓越特性,并且将该特性成功传达给消费者。

(二) 市场与产品的界定不精准

在开发新产品之前,需要明确地识别出目标市场、消费者需要与新产品特性。没有明确的界定,研发就成了为虚拟的市场设计一种概念模糊的产品的过程,造成资源的大量浪费。

(三) 市场吸引力太小

每个新产品经理都在努力寻求高速增长且潜量巨大的目标市场。但在现实中,目标市场的规模往往太小或者竞争激烈,无法保障必需的投资回报。

(四) 营销组合实施不力

再好的设计、扩散计划都需要强有力的实施作为保证。品牌名称、包装、定价、促销和分销等营销组合实施不力,往往是造成新产品扩散失败的重要原因。

（五）时间安排不合理

产品推出的时间过早、过迟或者正好赶上消费者的需求急剧改变,都会对新产品的推广造成致命的打击。现实生活中,有些小成本制作的电影故意避开暑期、春节等大片上映时间推出,就是为了选择一个好的推广时间。

（六）渠道成本过高

如今,在广告、分销渠道与货架空间方面的竞争十分激烈,因此争取性价比较高的销售渠道对新产品的推出十分重要。

DY 电子有限责任公司的勇气是可嘉的,尤其是在当今智能机一统天下的时代。当然,DY 电子有限责任公司进入手机制造领域,采用了合适的新产品开发战略,形成了自身的差异化优势。市场部针对消费者的采用过程,制定了合理的扩散方案,新手机产品很快就在市场上形成了一定的知名度,获得了一批创新采用者和早期采用者的购买。

思考题

1. 试述新产品采用过程。
2. 试述新产品扩散过程。

实训目标：

引导学生选择某手机品牌的新产品进行"新产品采用与扩散管理"分析训练的实践活动；切实体验新产品的概念、新产品的开发过程,理解新产品的采用过程和企业如何推广新产品,培养相应专业能力与职业核心能力；通过践行职业道德规范,促进健全职业人格的塑造。

实训内容：

（1）在学校所在地选择三家手机卖场或品牌专卖店,了解某个品牌如何推广新产品,并对其新产品种类和新产品开发过程进行分析总结；

（2）实践营销专业学生的职业素养和职业技能。

实训时间：

本教学任务结束后,由学生在课余时间完成。

操作步骤：

（1）将班级按 10 位同学一组分成若干组,每组确定 1~2 人负责；

（2）每组确定选择一个手机品牌的一款新机型作为调研的范围；

（3）学生以小组为单位进入卖场进行调查,并详细记录调查的情况；

（4）对调查的资料进行分析整理；

(5) 提交小组分析报告；

(6) 各组在班级实训课上交流、讨论。

成果形式：

撰写并提交新产品采用与扩散分析报告。

 案例讨论

苹果的产品创新

苹果的产品改变了人们听音乐、玩电子游戏、打电话甚至阅读的方式。公司的革命性创新产品包括 iPod、iMac、iPhone 和 iPad 等。这些产品的巨大成功使得公司在 2008～2014 年每年都被《财富》杂志列为全球"最受尊重公司"。

苹果公司凭借 iPod 吸引了大批粉丝，并开始了一系列意义非凡的产品创新。这些创新展示了苹果公司在创新设计能力、外观、质感、操作方式等方面的与众不同。让苹果公司欣喜（让竞争对手索尼懊恼）的是，公司推出的革命性的 MP3 播放器成为了"新世纪备受追捧的热门随身听"，而 iTunes 在线音乐商店的推出更使得 iPod 的销量一路飞涨。

iPod 专注于改变人们享受音乐的方式。根据音乐家约翰·迈耶（John Mayer）的说法，当人们使用 iPod 时，他们觉得自己正"漫步于音乐世界"中。经过一系列的更新换代，iPod 具备了更多功能，如摄影、摄像和收听广播等。通过灵活的产品创新和巧妙的营销策略，苹果公司成功占据了市场的主导地位。iPod 的推广营造了光环效应，帮助苹果公司在其他市场扩大了份额。事实上，在 2007 年，该公司从"苹果电脑公司"（Apple Computer Inc.）正式更名为"苹果公司"（Apple Inc.），以传达公司对（除电脑之外的）其他产品的关注。

苹果公司在 iPod 之后又推出核心产品 iPhone，该产品于 2007 年进军手机市场。凭借触摸板、虚拟键盘、互联网和电子邮件等功能，iPhone 的推出引起了巨大的轰动，人们甚至愿意排队数小时购买第一批新款 iPhone。投资分析师们曾担心苹果公司与 AT&T 签订两年的服务协定和 iPhone 本身昂贵的价格可能会阻碍产品的推广。然而，产品推出 74 天后，就卖出了 100 多万部，并仅用一个季度就实现了 iPod 两年的累积销售额。事实上，为了能够使用 iPhone，半数的 iPhone 用户宁愿付费中断与其他运营商的合作，转而使用 AT&T 的服务。

在接下来的几年中，苹果公司对 iPhone 产品进行了降价，并增加了许多吸引人的手机功能，如拍照、视频、电子游戏等，以及更快的处理器和数以百万的附加应用软件。iPhone 成为了颠覆性的科技发明产品。2010 年推出的 iPhone 4 首次推出了 FaceTime 视频通话的功能，史蒂夫·乔布斯（Steve Jobs）称其为"苹果公司有史以来最成功的产品"。2011 年乔布斯逝世，他未能见证 2012 年 iPhone 5 的发布。iPhone 5 开始接受预订之后的 24 小时内就收到了 200 万份订单，远远超过了以往任何 iPhone 发布时的销量。当 iPhone 5 于 2012 年 9 月 21 日正式上市后，市场出现了供不应求的局面。

2013 年，iPad 的推出也引起了不小的轰动。iPad 采用了多点触摸界面技术，结合了 iPhone 的外观和感觉以及 MacBook 的强大功能，使用户无需借助鼠标和键盘，仅用手指触碰即可轻松使用音乐、书籍、电影、图片、视频游戏、文档等成千上万的应用程序。苹果公司紧接着发布了 iPad 的缩小版 iPad Mini、iPad Air，并开展强有力的营销活动，鼓励消费者用

iPad从事任何自己想做的事,如用iPad创作电影、构建风力涡轮机、研究珊瑚礁,以及规划自己的登山运动安全措施等。

大力扶持研发是苹果公司在行业里保持领先地位的重要方法之一。在2011年、2012年和2013年,苹果公司在研发上的投资分别为24亿美元、34亿美元和45亿美元。创造、生产和发布新产品成了苹果公司的首要任务。

(资料来源:[美]菲利普·科特勒,凯文·莱恩·凯勒,《营销管理》第15版)

思考:

1. 过去十年中,苹果公司发布了多款新产品。是什么让该公司拥有如此强的创新能力?在这方面,有没有其他公司可以与之媲美?

2. iPod的开发在苹果公司目前的成功中发挥了多大的作用?讨论iPhone和iPad的发布对公司新产品开发策略的意义。

3. 距离苹果公司上一次史诗般的创新已经有好几年了。你认为什么产品可能成为苹果公司的下一个重大创新?

项目八　产品策略

任务一　产品概述

【学习目标】　通过对产品整体概念以及产品种类的学习,能熟练判别各种产品的核心价值,能对不同产品进行归类、区分。

【知识点】　产品含义、产品整体概念及产品分类。

【技能点】　通过学习,具备熟悉和鉴别产品核心层概念,以及区分产品类型的能力。

DY电子有限责任公司经营多种类小型电子产品,其产品畅销国内外,深受中低档的消费者的喜爱。该公司生产的电磁炉、电风扇和电饭锅等产品在中低档市场上占有自己的一席之地,优质的产品、低廉的价格使其赢得了很多消费者青睐。同时,市场上其他生产同类产品的企业,由于其产品的性价比不够高,销量往往比不上DY电子有限责任公司消费者。张超刚进入该公司市场营销部门,他很想搞清楚DY电子有限责任公司产品畅销的秘诀是什么?该公司的产品比别的公司到底好在哪里?

任务分析

在我国市场上,电磁炉、电风扇和电饭锅等产品存在很多种不同的品牌,虽然产品品种相同,但是不同企业生产的产品存在很大差别,要想理解DY电子有限责任公司产品为何大受欢迎,就必须明白营销所说的产品到底是什么,产品之间的竞争主要在于哪些方面。

一、产品的定义

产品,就是指在市场上销售,用于满足人们某种欲望和需要的东西,包括以实物形态存在的有形产品,如住房、汽车、家电等,以及以非实物形态存在的无形产品,如义务教育、各种性质的培训、服务等。

市场营销中产品的概念与我们通常所理解的产品(实际的东西)是有区别的,市场营销所指的产品概念是一个整体。一般情况下,我们把产品分为三个层次来理解,这三个层次共同构成了产品的整体概念。它们的关系如图 8.1 所示。

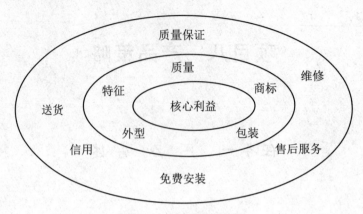

图 8.1　产品整体层次图

其中,产品整体概念的第一层是核心产品层,它主要代表了产品的核心价值;第二层是有形产品层,它代表了产品外观形式,是产品识别和被挑选的依据,如特征、商标等;第三层是延伸产品层,它代表了产品的附加服务和利益,如免费安装、售后服务等。

二、产品整体概念

（一）核心产品

核心产品是指消费者购买某种产品时所追求的价值,是消费者真正要买的东西,因而是产品整体概念中最基本、最主要的部分。消费者购买某种产品,不是为了占有或获得产品本身,而是为了获得满足某种需要的效用或价值。例如,人们肚子饿了,去购买馒头,那么馒头的核心价值就是能填饱人们的肚子。营销活动所推销的是产品的基本效用或价值,而非产品的表象特征。

（二）有形产品

有形产品是指产品外观形式,是商品识别和被挑选的依据。这里的形式是指产品的实体或劳务的外观,是产品出现在市场时可以被识别的外表特征。有形产品一般由五个基本要素构成,即品质、特征、外型、商标和包装。

（三）延伸产品

是指消费者购买形式产品和期望产品时所能得到的附加服务和价值。例如,购买防盗门,商家提供的安装调试等相关服务就是延伸产品。延伸产品主要包括质量保证、送货、免费安装、信用保证及售后服务等。在错综复杂的现代商业竞争中,不断开发具有附加价值的延伸产品成了企业与企业之间竞争的利器。

从产品整体概念来看,我们知道购买者购买的产品是一个整体系统。认识到这一点,就会发现只有向消费者提供具有更多附加利益、能更完美地满足其需要的延伸产品,才能在竞争中获胜。

【知识拓展】

乐高(LEGO)或许是第一个大规模定制的品牌之一。每个曾经拥有过一套这家丹麦公司生产的基础积木的孩子都会用塑料积木搭建出只属于他们自己的独一无二的作品。尽管乐高将自己界定为身处"游戏行业",但仍有很多父母有为孩子购买一套乐高积木的想法,因为他们认为乐高积木可以帮助提升孩子的动手能力、创造力和其他认知能力。乐高公司总是会推出一些新的产品,如与《加勒比海盗》和《星球大战》电影特许经营权绑定的受欢迎的游戏套装,并配有视频游戏。消费者可以通过下载免费的 Digital Designer 3.0 软件来自己设计、分享并搭建自己的定制产品,最终创造出来的成品是可以保存的,也可以在线上分享给其他爱好者。如果消费者想要搭建自己设计的作品,这款软件可将需要的每一部分制成表格,并生成订单,发送给位于美国康涅狄格州恩菲尔德镇的乐高仓库。消费者可以要求乐高公司提供详细的搭建指导说明,甚至是储存这些积木的箱子。2014 年《乐高大电影》(The LEGO Movie)的成功进一步证明了乐高品牌的广泛流行程度。

思考:怎样运用产品整体概念对乐高进行产品层次分析?

(资料来源:[美]菲利普·科特勒,凯文·莱恩·凯勒,《营销管理》第15版)

三、产品的分类

市场上出售的产品五花八门,产品的分类也有很多划分标准。常见的分类标准有两个,一个是按使用情况划分,另一个是按用户划分。

(一)按使用情况划分

按产品的使用情况可以把产品划分为耐用品、非耐用品和服务。

1. 耐用品

耐用品是耐用性强、有多种用途、可反复使用的产品。这类产品一般购买频率低,价格和利润较高,通常需要配备专门的人员负责推销和服务,且销售者需提供较多的保证。比如,电视机、冰箱、汽车等。

2. 非耐用品

非耐用品是具有耐久性差、消费快、购买频率高、只能使用一次或数次的产品。该类产品应采用分散网点、方便购买、微利定价、大力促销、品种多样化等策略。比如,牙膏、洗发水、洗衣粉等。

3. 服务

服务是指一般无固定形态,具有不可分、不耐久、时间性和易变性等特点的产品,该类产品需要有更多的质量保证、信用保证等。因此,对经营者来讲,质量管理、形象塑造等具有重要意义。比如,美发、教育、各种培训等。

(二)按用户划分

按产品的用户可以把产品划分为两大类,即消费品用户和工业品用户。它们又可以依据各自的标准进行具体的划分。

1. 商品按购买习惯划分

消费者购买商品的习惯是不一样的,不同的商品会采用不同的购买方式,依此可以将商品分成便利品、选购品、特殊品和非渴求品,具体如表8.1所示。

表8.1 按购买习惯划分的商品

商品种类	内涵	产品实例	销售特点
便利品	消费者需要频繁购买,而且不会花太多精力和时间进行挑选的商品和服务	包括日常用品,如柴、米、油、盐等;冲动品,如报纸、饮料、小食品等;临时用品,如临时添置的雨具等	便利品零售店绝大部分分散在居民住宅区、街头巷尾、车站、码头、工作地点及公路两旁,以方便消费者购买
选购品	消费者在购买商品的过程中,对商品的质量、价格、款式、性能等方面进行慎重选择才决定购买的商品	此类商品,如运动鞋、皮鞋、手机等,是一些需认真挑选的较为贵重的物品	经营这类商品,应注意品种搭配,搞好信息与咨询服务,配备训练有素的销售人员
特殊品	被消费者所偏爱,商品本身具有独特功能或特定品牌,拥有忠实的购买者,被特别认定而购买的商品	此类商品往往有特殊品牌,如名贵字画、珠宝等奢侈品、名牌服装及特殊服务等	营销活动应以可能的买主为中心,让他们及时了解商品购买地点、购买方式以及新产品等信息
非渴求品	消费者不了解的或者不知道的,以及即使知道也很少购买的商品	此类产品有新产品,即消费者未必知道、即便知道也未必购买的商品,以及如人寿保险。消费者虽知道此类产品,但并无兴趣购买	此类商品的销售通常在更大程度上依靠有能力的推销员来说服可能购买的消费者

2. 工业品按作用划分

工业品是指企业购买是为了进行再生产,并能从中获利的商品。工业品可按进入生产过程的情况和相对成本来划分,具体如表8.2所示。

表8.2 按作用划分的工业品

商品种类	内涵	产品实例	销售特点
原料和部件	完全进入生产过程并全部转化为新产品的工业品,具体包括原材料以及半成品和部件	用作原材料的农产品(如粮、棉、油)和天然产品(如木材、原油);组装汽车、摩托车等的部件等	这类商品的销售较为固定,一般会大批量的批发销售
资本品项目	部分进入成品中的商品,包括装备和附属两个部分。装备包括建筑物和固定设备(如计算机、电梯等)	包括轻型制造设备和工具(如起重卡车等)以及办公设备(如复印机、办公桌椅等)	生产商一般通过中间商分销给众多的分散用户。质量、特色、价格和服务是用户选择中间商时要考虑的主要因素
附属用品和服务	是指企业生产经营活动必需,在生产经营结束后被消耗或遗弃的商品	如燃料、润滑油、打字纸、油漆、部分建筑材料等	这些可以说是工业领域的便利品,一般从中间商那里购买。服务则如各类咨询服务等

 **任务实施**

营销所定义的产品是一个整体概念,它主要包括核心价值、有形产品和延伸产品三个层次,同类产品之间的核心产品是一样的,它们的区别主要在有形产品和延伸产品两个层次。DY电子有限责任公司的电磁炉、电风扇和电饭锅等产品,外观设计新潮、质量可靠、性能优越,特别迎得了中低档收入的年轻人以及农村居民的喜爱。同时 DY 电子有限责任公司的售后服务非常到位,产品的维修问题可以得到及时解决。所以,该公司产品才会如此畅销。

思考题

1. 在产品的三个层次中,哪个是企业竞争的核心部分? 如果将产品整体划分为五个层次,那么现代企业产品竞争的核心又是什么呢?
2. 在住房、汽车、牙膏、洗发水、驾校培训中,哪些是耐用品,哪些是非耐用品,哪些是服务? 说一说你判断的理由。
3. 自己设计一款商品,并详细说明它的产品整体的三个层次内容。

任务二　产品组合及其策略

【学习目标】　通过对产品组合定义、策略类型的学习,熟练运用"波士顿"矩阵图,对企业产品进行分类,并合理选择企业应大力投入的产品领域。

【知识点】　产品组合概念、产品组合策略运用及其类型。

【技能点】　理解产品项目、产品线,具备熟练应用产品组合策略的能力。

 **任务描述**

张超进入公司快一个月了,他发现 DY 电子有限责任公司经过数年的发展,在电磁炉、电风扇、电饭锅以及电子手环等生产领域小有名气。该公司生产的产品种类繁多、款式多样,如适合不同年龄层的电子手环,越来越受到消费者的欢迎。虽然,电子手环生产利润并不丰厚,但是 DY 电子有限责任公司却一直在默默探索,走出了一条适合自己的发展之路。张超很想知道,DY 电子手环是如何在市场中占有一席之地的? 如何实现从无到有、从小到大? 如何进一步巩固自身的地位,应对激烈的市场竞争的呢?

任务分析

DY 电子有限责任公司从推出电子手环,到不断拓展市场,离不开公司新颖独特的产品设计与多样化的产品组合。要深入了解 DY 电子有限责任公司电子手环等产品的发展之路,就要分析该公司的电子手环等产品组合策略,找出该公司的电子手环等产品组合的长度、宽度、深度以及关联度,总结 DY 电子有限责任公司成功的秘诀,以及面临未来挑战所应采取的策略。

一、产品组合概念

(一)产品组合定义

产品组合是指一个企业提供给市场的全部产品线和产品项目的集合或结构,即企业的业务经营范围。

(二)其他相关概念

1. 产品项目

产品项目是指产品线内尺码、价格、外观及其他不同属性的具体产品,是衡量产品组合各种变量的一个基本单位,如海尔洗衣机产品线中的小小神童洗衣机就是一个产品项目。

2. 产品线

产品线又称产品大类,是指有密切相关性的一组产品。密切相关是指此组产品或能满足同种需要,或须在一起使用,或售给同一消费者群,或由同一渠道出售,或在一定的幅度内都有价格变动。

3. 产品组合的宽度、长度、深度和关联度

产品组合的宽度、长度、深度和关联度如表 8.3 所示。

表 8.3 产品组合的宽度、长度、深度和关联度

维 度	模式类型
产品组合的宽度	是指一个企业的产品组合中所拥有的产品线数目
产品组合的长度	是指一个企业的产品组合中所包含的产品项目的总数
产品组合的深度	是指产品线中每种产品有多少花色、品种、规格
产品组合的关联度	各条产品线在最终用途、生产条件、分销渠道等方面相关联的程度

二、产品组合策略应用

(一)产品组合宽度选择

企业在决定产品线的多少时,要根据具体情况而定,适时的增加产品线数目或者减少产品线数目。

1. 扩展产品组合的宽度

企业开发和经营市场潜力大的新的产品大类,扩大生产经营范围至实行跨行业的多样化经营,有利于发挥企业的资源潜力,开拓新的市场,降低经营的风险,增强竞争能力。

2. 缩小产品组合的宽度

企业剔除那些获利能力弱、发展前景暗淡的产品大类,缩小生产经营范围,进而集中资源,用于经营那些收益高、发展前景好的产品大类,促进生产经营的专业化程度的提高,向市场的纵深发展,提高市场竞争力。

(二)产品组合深度选择

增加产品组合的深度,也就是在现有产品大类的基础上增加新的产品项目。增加产品组合深度有以下三种具体形式:

1. 向下延伸

企业将原来定位于高档市场的产品大类向下延伸,增加中低档市场的产品。比如,五粮液集团除了生产五粮液,还生产五粮春、五粮醇、金六福、浏阳河、铁哥们和京酒等,以此满足不同档次的市场需求。

2. 向上延伸

企业将原来定位于中低档市场的产品大类向上延伸,增加高档的产品项目。例如,芜湖奇瑞集团主要生产中低档私人小轿车,现在也开始生产中高档的商务用车。

3. 双向延伸

企业将原来定位于中档市场的产品大类同时向上、向下延伸,即同时增加高档与低档的产品项目。

企业增加产品组合的深度,可以更好地适应与满足市场需要,提高企业的市场竞争力。企业在增加产品组合深度时应注意一个问题,企业对产品大类的深度向低档次扩展后,在向市场推介时应考虑为这些新的产品项目塑造一种满足特定需要的市场形象,避免形成一种低档次产品的市场形象,以便减少消费者购买时的心理压力,同时也可以避免对企业高档次产品的市场形象产生不利影响。

(三)产品组合评价方法——波士顿咨询集团法

波士顿咨询集团法(BCG法)是由美国大型商业咨询公司——波士顿咨询集团首创的一种规划企业产品组合的方法。该方法认为,决定产品结构的基本因素有两个:即市场吸引力与企业实力。市场吸引力包括企业销售量(额)增长率、目标市场容量、竞争对手的强弱及利润的高低等。其中最主要的是反映市场引力的综合指标——销售增长率,这是决定企业产品结构是否合理的外在因素。企业实力包括市场占有率、技术、设备、资金利用能力等,其中市场占有率是决定企业产品结构的内在要素,它可直接体现企业的竞争实力。

通过以上两个因素的相互作用,可产生四种不同性质的产品类型,形成不同的产品发展前景:① 销售增长率和市场占有率"双高"的产品群("明星类"产品);② 销售增长率和市场占有率"双低"的产品群("瘦狗类"产品);③ 销售增长率高、市场占有率低的产品群("问号类"产品);④ 销售增长率低、市场占有率高的产品群("金牛类"产品)(见图8.2)。

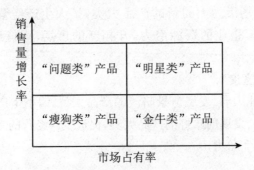

图8.2 销售增长率-市场占有率矩阵图

【知识拓展】

"明星类"产品:销售增长率和市场占有率都高的业务单位。这类单位由于市场需求增长迅速,企业必须投入巨资以支持其发展。

"瘦狗类"产品:销售增长率和市场占有率都低的业务单位。这类单位有可能自给自足,也有可能亏损,但不可能成为企业收入的源泉,不应追加投入。

"问题类"产品:销售增长率高,但市场占有率低的业务单位。这类单位属于前途命运未卜的,对这类单位是大量投入使之转为明星类,还是精简合并以至断然淘汰,管理者应慎重考虑并及时做出决策。

"金牛类"产品:销售增长率低,市场占有率高的业务单位。这类单位能为企业提供较多收入,可用来支持其他单位的生存与发展。这类单位的多少是企业实力强弱的标志之一。

三、产品组合策略类型

产品组合策略是指企业根据营销目标,对产品组合进行优化和调整的策略类型。产品组合策略大致有以下几种类型:

(一) 全线全面型组合策略

全线全面型是指企业在一定范围内,向目标市场者提供其所需的一切产品,力求覆盖所有的细分市场。国内外大型财团、超大型企业集团等实力雄厚的集团公司多采用这种策略。对我国的一些大型国有企业也采取这种策略,如中石化生产所有石油类制品。对我国的一些大型国有或民营企业来说,尽量扩充产品线,扩大经营范围,增加经营品种、规格或式样,并提供优质全面的服务,尽可能满足市场消费者多方面的需求,是一条发展的可取之路。

(二) 市场专业型组合策略

市场专业型组合策略是指企业向某一市场(某类消费者)提供所需的各种产品的产品组合策略。例如,现在全国各大旅游公司提供旅游过程中的所有产品和服务,包括乘车服务、住宿服务、餐饮服务,同时也提供旅游导游及其它相关服务。市场专业性,是现代企业发展壮大和相互竞争的手段之一,也是营销的经营手段之一。

(三)产品线专业型组合策略

产品线专业型是指企业专门生产某一类产品,以满足各种市场消费者的需要。例如,国内知名服装企业波司登国际服饰有限公司专门生产羽绒服。产品线专业型组合策略有利于企业集中力量,生产有特色、有竞争力的产品,它有利于企业提高知名度,让企业先做专,再做强,最后发展壮大。

(四)有限产品线专业型组合策略

有限产品线专业型是指企业根据专长,仅仅生产某一产品线中一个或少数的产品项目,以满足特定的细分市场的产品组合策略。例如,有些皮鞋厂只生产男女皮鞋以满足特定市场需要;又如汽车制造厂专门生产个人使用的小汽车,不生产大客车、货车以及其他用途的汽车。

(五)特殊专业型组合策略

特殊专业型是指企业以其特殊的生产条件,只生产满足特殊消费者需要的产品组合策略,如各种咨询机构、打字复印社等。这种策略由于涉及的产品具有特殊性,其产品的市场容量是有限的,因而适合小企业生产经营。

【知识拓展】

谈小米"新零售"之道

从2015年起,小米就开始了对线下渠道的探索,同年九月,小米之家的第一家店在北京当代商城店开业。2017年4月,小米在北京世贸天阶开了首个CBD商圈店,并在同月实现了全国店销售总额突破7500万元的成绩。

与国内领先的零售店相比,小米之家的平效为20倍以上,在世界范围内也仅次于苹果线下店。小米之家成功的核心是什么?雷军总结道:"合适的产品组合。从零售角度看,如果店里只卖手机,这是一个低频应用,顾客两年来一回。这就意味着我要砸非常多的市场费用,意味着整个销售效率很低。而小米长期以来丰富的产品品类为其合适的产品组合提供了强大的基础。"

"当然除了丰富的品类组合外,还需要有爆款。爆款就意味着流量,就意味着口碑,就意味着销售额,就意味着效率。所以我们怎么做出爆款是互联网时代里面最重要的事情。因为在今天信息爆炸,各种信息很多,如果你不是爆款,消费者可能根本关注不到你。"雷军补充道,"小米6,小米mix都是我们口碑很好的产品,这都是我们线下和线上的爆款。"

(资料来源:品途商业评论,ID:pintu360)

任务实施

DY电子有限责任公司从成立开始,就一直致力于产品线的拓展工作,该公司的产品线包括电磁炉、电风扇、电饭锅以及电子手环等数条产品线。其中,电子手环产品线具有一定的深度,生产儿童类、学生类、白领类、老年类等电子手环。同时,DY电子有限责任公司电子手环生产主要采用模仿的方式,紧跟电子手环产品的国际潮流,生产出中国化的同类产品。

公司不断更新的电子手环样式,吸引了不同层次的消费者,在中低档电子手环市场小有名气。

1. 如何区分产品项目和产品线?
2. 波士顿咨询集团法的内容是什么?
3. 通用汽车公司和芜湖奇瑞汽车公司的产品组合策略有何异同?

任务三　产品市场生命周期

【学习目标】　通过对产品生命周期四阶段的学习,熟练判断各种产品所处的生命周期阶段,并能制定相应的市场营销策略。

【知识点】　产品市场生命周期概念、产品生命周期阶段及特征、不同生命周期阶段的营销策略。

【技能点】　能理解产品生命周期四个阶段,具备针对产品生命周期不同阶段采用不同营销策略的能力。

DY电子有限责任公司几年前曾经生产过蓝牙耳机。刚开始,蓝牙耳机卖得还不错,经销商也很乐意销售这些产品,然而好景不长,很快公司的蓝牙耳机滞销,给公司带来了不小的损失,导致蓝牙耳机一度停产。现在,公司想再度生产蓝牙耳机,并派市场营销部张超去做市场调研。张超经过调研发现,市场上流行着很多款式新颖、功能多样化、轻巧灵敏的蓝牙耳机,而DY电子有限责任公司的几种款式老、笨重的"老古董",连张超自己也觉得卖不出去。调研结束,你认为张超应如何汇报自己的调研结果?DY电子有限责任公司的蓝牙耳机为什么会出现滞销呢?

科技是不断发展的,人民的生活水平是不断提高的,人民对于产品的要求也越来越高,促使企业要不断地创新产品,满足人民不断变化的需要,作为电子类产品之一的蓝牙耳机也不例外。产品会不断发生新老交替,老产品不断被新产品淘汰出局。要吸取DY电子有限责任公司的教训,就需要从产品生命周期入手,实时更新产品,避免被市场无情地淘汰。

从商品进入市场开始,销售量和企业利润都在随时间推移而变化,通常会呈现一个有少

到多再到少的过程。这个过程就像人生一样,所以被形象地命名为产品市场生命周期。研究产品市场生命周期对市场营销来说很重要,针对产品不同的生命周期阶段,营销者可以采取不同的策略,以提升产品市场竞争力和获利能力。

一、产品市场生命周期的概念与内容

（一）产品市场生命周期概念

产品市场生命周期是指产品从研发成功进入市场开始,一直到被市场淘汰而退出市场的整个营销阶段。也可以说是产品在市场上的存活时间,或者是被消费者认可而购买的时间。一项产品经过研究开发和试销后投入市场,标志着它生命周期的正式开始,而退出市场则意味着该项产品生命周期的结束。

（二）产品市场生命周期内容

一项产品在市场上的销售情况及获利能力,通常随着时间的推移而发生变化。根据这种随时间变化的特点,可将产品的生命周期分为四个阶段:导入期、成长期、成熟期和衰退期,如图8.3所示。

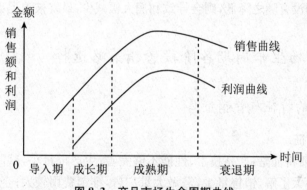

图8.3 产品市场生命周期曲线

这样划分的意义在于,它能够充分表明:企业所生产的产品是一个有限的生命;产品在生命周期各个阶段能带来的利润高低不一;生命周期的不同阶段对营销人员提出的挑战不同;在产品生命周期的不同阶段,需要制定不同的营销战略。

二、产品市场生命周期各阶段特征

（一）导入期

在这个阶段,新产品刚刚进入市场,消费者对其了解不多,因而企业需要支付大量费用开拓市场,吸引消费者前来购买。另外,受市场不确定性的影响和生产技术条件的限制,企业一般不会进行大批量生产,否则易导致利润率很低或是亏损经营的发生。这期间只有少数追求新奇的消费者会尝试购买,产品的销量处在一个比较低的水平。

（二）成长期

在这个阶段,市场已经得到开拓,产品被消费者迅速接受,利润随之大量增加。由于市场销售量的迅速增大,企业面临的市场环境比较确定,因而可以进入大批量生产阶段,生产成本随之大幅下降,消费者的购买力度持续增加,企业生产和市场销售互相促进,消费者的人数和产品的销量不断上升。

（三）成熟期

在这个阶段,产品已被大多数购买者所接受,市场需求趋于饱和状态,销售量的增长逐渐放缓。企业为了应对竞争者,维持产品的优势地位,增加了营销费用开支。由于生产方面的技术进步空间有限,因而降低生产费用变得比较困难,加之规模经营已经接近极限,因而利润可能保持稳定或是有所下降。

（四）衰退期

在这个阶段,销售额和利润出现了下降趋势。这是由于消费者的需求出现了新的变化,或是转移到了竞争者的产品上,或是转移到了其他类型的需求上面。企业既要面对竞争对手的挑战,又要面对自身产品功能品质的弱化。随着市场需求量的持续萎缩,产品的售价开始下降,若促销费用没有随之降低,则会导致利润大幅减少,最终被迫退出市场。

三、产品市场生命周期各阶段营销策略选择

（一）导入期的特征与营销策略

1. 导入期的特征

这一阶段的主要特征是：产品技术、性能不够完善；生产批量小,试制费用大,产品成本高；消费者对产品不太了解,销售量少,需做大量广告,推销费用较大；企业利润较少或无利润,甚至亏损；市场竞争者较少等。根据这些特征,企业营销的重点应为提高新产品的生命力,使产品尽快地为消费者所接受,促使其向成长期过渡。

2. 导入期

导入期采用的营销策略导入期可采用的营销策略如表8.4所示。

表8.4 导入期可采用的营销策略

策略类型	作用	市场条件
高定价、高促销策略	推出新产品,以便先声夺人,迅速占领市场	已经知道这种新产品的消费者求新心切,愿出高价；企业面临潜在竞争者的威胁,亟需尽早树立品牌等
高定价、低促销策略	以求从市场上获取较大利润在较大程度上节省开支	市场容量相对有限；产品确属名优特新,需求的价格弹性较小；需要者愿出高价；潜在竞争的威胁不大等

续表

策略类型	作　用	市场条件
低定价、高促销策略	可使产品以最快的速度进入市场,并使企业获得最大的市场占有率	市场容量相当大;需求价格弹性较大;消费者对这种产品还不甚熟悉,却对价格十分敏感;潜在竞争比较激烈等
低定价、低促销策略	使消费者能快速接受新产品,低促销费用能为企业节省开支,相对获得更多利润并增强竞争力	市场容量较大;消费者对产品比较熟悉且对价格也较敏感;有相当多的潜在竞争者等

（二）成长期的特征与营销策略

1. 成长期的特征

成长期的主要特征是:产品基本定型且保持大批量生产,成本大幅度降低;消费者对产品已相当熟悉,销售量急剧上升,利润也随之增长较快;大批竞争者纷纷介入,竞争显得尤为激烈等。

2. 成长期

成长期采用的营销策略成长期可采用的营销策略如表8.5所示。

表8.5　成长期可采用的营销策略

策略类型	具体做法及作用
提高产品质量	不断完善自身产品功能,从多方面提升产品质量,在消费者心中树立自身产品为优质品的理念
开拓新市场	随着市场销售竞争程度加剧,原有市场的争夺太过惨烈,甚至出现两败俱伤的恶果。为了避免恶性竞争,需要不断开拓新市场,如我们广大的农村市场,以及经济发展水平较低的非洲市场
树立产品形象	形象是产品质量的代言词,成功的企业都有好的、消费者认同的企业以及产品形象。很多时候消费者购买何种商品,完全取决于生产厂家,消费者认可了你的公司就相当于认同了你的产品
增强销售渠道功效	销售渠道不仅仅是销售产品,还包括为厂商提供消费者信息,向企业反馈销售资料。故此,要发挥销售渠道的桥梁作用,使之成为企业与消费者的沟通纽带
选择适当时机降价	可吸引更多消费者,又可打击竞争者

（三）成熟期的特征与营销策略

1. 成熟期的特征

这一阶段的主要特征是:销售量虽有增长,但已接近或达到饱和状态,增长率呈下降趋势;利润达到最高点,并开始下降;许多同类产品和替代品进入市场,竞争十分激烈等。成熟期的经营环境较为复杂,经营者应从企业和产品的实际情况出发,调整营销策略。对于实力不很雄厚或产品优势不大的企业,可采用防守型策略,即通过实行优惠价格、优质服务等,尽可能长期地保持现有市场。对于无力竞争的产品,可采用撤退型策略,即提前淘汰这种产品，以集中力量开发新产品，力求东山再起。对于企业实力雄厚，产品仍有相当竞争力的，则应积极采取进攻型策略。

2. 成熟期

成熟期采用的营销策略成熟期可采用的营销策略如表8.6所示。

表8.6　成熟期可采用的营销策略

策略类型	具体做法及作用
产品改革策略	它是指通过对产品的性能、品质、花色等方面进行明显改良，以保留老消费者，吸引新消费者，从而延长成熟期，甚至打破销售停滞的局面，使销售曲线重新上扬
市场再开发策略	即寻求产品的新消费者，或是寻求新的细分市场，使产品进入尚未使用过本产品的消费者的视线，如对婴儿奶粉市场和中老年奶粉市场的再开发
营销因素重组策略	它是指综合运用价格、分销、促销等多种营销因素，以刺激消费者购买。例如，降低价格、开辟多种销售渠道、增加销售网点、加强销售服务、采用新的广告宣传方式、开展有奖销售活动等

（四）衰退期的特征与营销策略

1. 衰退期的特征

替代品大量进入市场，消费者对老产品的忠诚度下降；产品销售量大幅度下降，价格下调，利润剧减；竞争者纷纷退出市场等。

2. 衰退期

衰退期采用的营销策略衰退期采用的营销策略如表8.7所示。

表8.7　衰退期可采用的营销策略

策略类型	具体做法及作用
集中策略	缩短战线，把企业的资源集中使用在最有利的细分市场，最有效的销售渠道和最易销售的品种、款式上，以求利用最有利的因素获取尽可能多的利润
维持策略	由于在衰落阶段许多竞争者相继退出市场，而市场上对此产品还有一定需求，因此生产成本降低的企业可继续保持原有的细分市场，沿用过去的营销组合策略，将销售量维持在一定水平上，待到时机合适，再退出市场
撤离策略	当产品已无利可图时，应当果断及时地停止生产，致力于新产品的开发。否则，不仅会影响企业的利润收入，占用企业有限的资源，更重要的是会影响企业的声誉，在消费者心中留下不良的企业形象，不利于企业今后的产品进入市场

任务实施

产品生命周期阶段包括导入期、成长期、成熟期和衰退期，DY电子有限责任公司的蓝牙耳机的发展也经历了这四个生命周期阶段。该公司在自己生产的蓝牙耳机进入成熟、甚至衰退期时仍不思改变，自然会导致产品的滞销。市场营销部张超发现了这一问题，建议公司吸取这一深刻教训，推出符合市场需要的新款蓝牙耳机，以收回之前的销售失地。

 思考题

1. 产品生命周期包括哪几个阶段？
2. 不同生命周期阶段的特征和策略分别是什么？

任务四　品牌、包装、服务策略

【学习目标】　通过对产品品牌相关内容的学习，熟练区分品牌名称、标志和含义，根据产品特色自行设计产品品牌，合理应用产品包装策略，熟练区分有形产品与服务的特点，能合理应用服务营销组合策略。

【知识点】　品牌和包装的概念，品牌的本质，包装策略，服务的概念和特征，服务营销策略。

【技能点】　通过对品牌以及包装策略的学习，具备理解品牌的重要性、分析特定企业的品牌含义、认识某些企业包装策略的能力。通过对服务与服务营销的学习，具备理解服务特点并能区分有形产品与服务产品的能力。

 任务描述

越来越多的我国中小型企业清晰的认识到了品牌的重要性。很多企业通过模仿、仿制行业内知名企业的产品，并开发与知名企业相似的品牌来推广产品，然而这样的做法只会使得企业走上歪路，不仅易被认定为低档商品，甚至会被认为是假冒伪劣商品。市场营销部的张超听老员工说，DY电子有限责任公司曾经吃过没有品牌的亏，而现在的DY拥有了自己的品牌，产品销售量也有了质的飞跃。张超很想知道，到底什么是品牌？品牌的设计和命名又应该注意些什么？品牌真的有那么重要吗？

任务分析

DY虽然还是小品牌，知名度也不高，但品牌作为产品的名称和识别标志，在现今的市场经济中尤显重要，有了品牌产品就有了名字，DY才能被更多的消费者认识和传播。要充分认识、理解品牌，必须从品牌本身入手，细致分析一些知名品牌的案例，真正领悟品牌的重要意义。

 相关知识

一、品牌策略

品牌也就是产品的牌子，是产品生产者给自己的产品确定的商业名称。美国市场营销

协会(AMA)对品牌的定义是：品牌是一种名称、术语、符号、象征或设计，或是它们的组合运用，用来辨别某个销售者或某群销售者的产品或服务，使之与竞争对手的产品和服务区别开来。营销学上所说的品牌与我们实际所理解的品牌有一定的区别，营销学所说的品牌是一个整体，主要包括品牌名称和品牌标志。

(一)品牌整体概念

1. 品牌名称

品牌中可以用语言称呼来表达的部分。例如，百事可乐、通用等都是美国著名的品牌名称，华为、海尔、海信、格力、联想等则是我国著名的品牌名称。

2. 品牌标志

品牌中可以被认知，不能用言语称呼的，而是用某种符号、象征、图案或其他特殊设计表示的部分。例如，世界知名汽车品牌奔驰(BENZ)的标志为三叉星加上一个圆圈，圆的上方镶嵌有四个小星，代表幸福的意思。

品牌，就其实质来说，它代表着销售者(卖者)对交付给消费者(买者)的产品利益和服务的一贯性的承诺。品牌的含义可以从六个方面理解，即属性、利益、价值、文化、个性和用户。

(二)品牌设计与命名原则

1. 造型美观，构思新颖

品牌的文字和图案等的设计应该美观，构思应该新颖，这样就会给人一种美的享受，让人更乐意购买该品牌商品。

2. 突出企业或产品特色

品牌的设计要突出企业或产品的特色，让人一看到就容易联想起该企业或产品。例如，将羽绒服品牌命名为雪中飞、南极人等；将儿童饮料命名为娃哈哈等。

3. 简单醒目

品牌所使用的文字、图案、符号都不应该冗长、繁杂，应力求简洁，给人以简单醒目的印象。例如，耐克充满动感的一勾图案，双星醒目的双星标识等。

4. 符合当地文化

品牌要符合当地的文化传统，避免犯了当地文化的禁忌。例如，香皂 safeguard 翻译为舒肤佳，饮料 cola 翻译为可口可乐，就非常符合中国人的风俗和文化传统的要求，朗朗上口，很受人欢迎。

(三)品牌使用策略

企业要想在市场中占据一席之地，采取适当的品牌策略是必须的，通常采用的策略有以下三种：

1. 个别品牌

企业对于不同的产品分别使用不同的品牌。例如，花王公司的香波产品就使用了五种不同的品牌(诗芬、魅力、爱诗、菲乐和泼洱)，配方略有不同，分别推向具有不同特定用途的细分市场。采用该策略的优点是，一种品牌的成败不会过多地影响其他品牌的销售；缺点是消耗大量的广告宣传促销费用,不利于企业创立名牌。

2. 统一品牌

企业对其全部产品使用同一个品牌,如美国通用电气公司的产品都使用"GE"品牌。采用此策略的优点是,节省品牌的设计费用,有利于消除消费者对新产品的不信任感,并能壮大企业的声势;缺点是如果各类产品的质量水平不同,使用统一品牌就会影响品牌的信誉,从而损害具有较高质量水平的产品的声誉。

3. 多品牌

多品牌策略是指企业对自己的产品同时使用两种或两种以上品牌的策略。例如,美国的宝洁公司在洗发液产品上推出"飘柔""海飞丝""沙宣""潘婷"等众多知名品牌。该策略的优点是,生产企业可在零售商的货架上占据更多的陈列面积,同时也增加了零售商对生产企业产品的依赖性;提供几种品牌不同的同类产品,可以吸引喜欢试用新品牌的消费者。该策略的缺点是,不利于广告宣传,生产和宣传费用较大。

二、包装策略

(一)包装含义

产品包装是指盛装产品的生产容器或包扎物。现代常用的包装形式一般包括三层:第一层次的包装是内包装,它最接近产品,如装有"口子窖"酒的瓶子;第二层次的包装是起保护第一层次包装作用的包装,如用来包装瓶装的"口子窖"的硬纸板盒就是属于第二层次的包装;第三层次的包装是运输包装,它是指产品储存、辨认和运输时所必需的包装,如装有12瓶"口子窖"的硬纸箱就是运输包装。

(二)包装设计的要求与作用

1. 产品包装设计的要求

(1) 符合产品自身的特点。产品设计外型要美观大方,图案要生动形象,不搞模仿、雷同,尽量采用新材料、新图案、新形状,使人产生耳目一新的感觉。例如,名酒要搭配造型美观的酒瓶以及外包装,笔记本电脑要搭配高级电脑包等。

(2) 体现产品的独特风格。产品的风格是不尽相同的,所以在设计包装时要体现出来,如服装、装饰品、各种饰品等的包装,应考虑能让购买者直接观看到商品,以便于消费者选购商品。可以采用全透明包装、开天窗包装或在包装上附有彩色图片等方式。

(3) 便于产品的使用、保管和携带。包装应考虑销售和使用的方便性,包装应该具有便于使用、携带和贮存的功能。

(4) 色彩、图案的设计要符合风俗习惯。同一色彩、图案在不同的地区会有不同的含义,所以产品包装设计应该注意回避各地的不同禁忌。

2. 产品包装设计的作用

包装设计的作用主要包括保护产品、提高产品储运效率、便于产品使用、增加产品销量和提高企业收入。

(三)产品包装策略选择

1. 类似包装策略

企业对其生产的所有产品,采用相同的图案、近似的色彩、相同的包装材料和相同的造型,使得消费者很容易联想到是同一企业产品。该策略的优点是:对于本企业的忠实消费者,容易让他们产生购买行为,因而起到一定的促销作用;可为企业节省包装设计和制作费用。该策略的缺点是:只适用于质量相同的产品,而品种差异大、质量水平悬殊的产品不宜采用。

2. 成套包装策略

企业将一系列相关产品包装在一起,便于消费者购买、使用和携带的包装策略。由于该包装策略将产品包装在一起,起到了搭配销售的作用,因此有助于扩大产品的销售量,如在洗发水包装袋中加上护发素。此外,该策略还可用在推销新产品上,将新产品搭配在老产品中,使得消费者在不知不觉中使用新产品并习惯新产品,有利于新产品的上市和普及。

3. 再使用包装

包装内的产品使用完后,包装物可做其他用途,如各种形状的玻璃饮料瓶可做水杯,精美的包装袋可做购物袋等。此策略能因包装的吸引力,使得消费者产生购买欲望,大大增加产品销售量。

4. 附赠包装策略

在商品包装物中附赠奖券或实物,或包装本身可以用于兑换礼品,挑起消费者的购买欲望,使得消费者产生重复购买的行为。例如,高炉家酒在酒瓶盖内附赠人民币或者美元;芜湖生产的金芜湖酒盒内,按照酒的定价不同附赠打火机、袜子等,都起到了很好的促进销售的作用。

5. 改变包装策略

当产品的销量减少时,为了改变现状,改变或放弃原有的产品包装,改用全新的包装。采用新的包装可以弥补原有包装的不足,改变企业原有的形象,使得消费者产生好感。但是,企业包装改变后,可能让消费者一时无法适应,故而要做一定的宣传工作。

三、服务与服务营销

市场营销学界对服务概念的研究大致是从20世纪五六十年代开始的。1960年,美国市场营销协会最先将服务定义为"用于出售或者是同产品连在一起进行出售的活动、利益或满足感"。

(一)服务的特点

大多数服务都具有以下共同特征:一是无形性,即服务是不可感知的;二是不可分离性,即服务产品的生产与消费是同步进行的,是不可分割的,即服务的生产和消费完全是同步的;三是差异性,即服务的质量水平会受到很多因素的影响,因构成成分和质量水平经常发生变化,无法像有形产品一样标准化;四是不可储存性,即服务无法像其他商品一样被贮藏起来,以备将来使用和销售。

(二)服务营销组合策略

在服务营销中,传统的4Ps营销组合依然重要。但是,由于服务的生产与消费同步,以及服务是无形的,因此需要在4Ps的基础上增加一些新的、反映上述服务特征的因素,组成新的服务营销组合。服务营销组合在4Ps的基础上增加了3个P,成为7Ps。这3个P分别为:

1. 人(people)

指包含在服务流程中的所有人,包括服务人员、消费服务的消费者以及在服务环境中的其他消费者。在服务环境中的其他消费者的活动也会影响服务消费者的感受。

2. 有形展示(physical evidence)

指服务环境、服务生产者与消费者互动的场所,以及促使服务实现或服务沟通的任何有形的物品。

3. 过程(process)

指实际服务过程、服务手段和服务流程——服务生产和提供关系。

以上三个新组合因素不但会影响消费者最初的购买决定,而且还会影响消费者的满意度和再购买决定。同时,这三个P又是服务提供商所能控制的。从商品营销到服务营销,营销的职能扩大到了整个企业,4Ps也扩充到7Ps,如表8.8所示。

表8.8 服务营销组合7Ps

产品 product	分销 place	促销 promotion	定价 price	人 people	有形展示 physical evidence	过程 process
物理特征 质量水平 包装 保修期 生产线 品牌	渠道类型 陈列 中介 销售点 运输 仓储 渠道管理	混合促销 推销员 广告 推销员促销	适应性 价格水平 期限 差异 折扣 补贴	雇员 消费者 沟通 文化价值观 雇员研究	性能设计 设备 标识 雇员制服 其他有形物品	活动流程 步骤数目 消费者的水平

【知识拓展】

全感官咖啡之旅 星巴克臻选烘焙工坊

2017年12月6日,星巴克海外首家全沉浸式咖啡体验门店——星巴克臻选上海烘焙工坊在上海市中心正式对外营业。这是继星巴克总部西雅图臻选烘焙工坊落成三年后全球第二家臻选烘焙工坊,它面积为2700平方米,几乎是西雅图店的两倍,它也是星巴克公司历史上面积最大、业务最复杂、耗资最大的门店。

这里俨然是现实版的"咖啡奇幻乐园",消费者与咖啡烘焙及手工煮制艺术仅有咫尺之遥,能亲眼见证从咖啡生豆到一杯醇厚咖啡加工的全过程。这里没有像从流水线上下来的普通咖啡,每杯咖啡都出自顶级的半自动咖啡机,还被仔细地拉了花;消费者与店员交流的机会更多了,他们会教你如何捕捉优质咖啡的独特香气;每隔十几分钟,你就能见证一批咖啡豆从烘焙机内新鲜出炉并被送入店内巨大铜制储藏罐的全过程。

随着国内消费升级和精品咖啡的普及,越来越多的网红店开始出现,作为最先在国内开始咖啡文化启蒙的企业,星巴克试图通过建造烘焙工坊给消费者带来新的刺激,否则只会持续消耗之前积累的品牌认同感。上海烘焙工坊开了一个好头,在这个拥有全国最好的咖啡文化的市场,星巴克很有可能通过这家新店再一次完成消费者教育。在开业至今的大部分时间里,这家店内随时都有 400 至 600 个消费者在喝咖啡、围观咖啡豆烘焙、选购纪念品,或是坐着聊天。除了喝惯了精品咖啡的行家,也有专门从其他门店赶过来学习先进经验的星巴克"自己人"。

不过,这家高档的门店还不是星巴克(中国)现在能够轻易模仿的未来,就连星巴克自己也认为,它是不可能批量复制的产品。某种程度上,它更像是星巴克在进入中国市场 19 年之后的一个大型 branding,既表明了企业的下一个战略方向,也展示了自己为这个体系乃至整个行业划定出的想象力边界——星巴克的创新能力。中国这个咖啡新兴市场需要向它学习的东西,其实都比想象中还要多。

(资料来源:《市场营销》杂志,2018 年第 6 期)

任务实施

DY 电子有限责任公司对其旗下产品都进行了品牌设计。因为 DY 是中小型企业,企业知名度不高,很多时候会为一些大型品牌企业做贴牌生产。在外贸订单不断减少的现在,公司更加注重国内市场,让其不同类产品采用统一的品牌标示,也就是其名称的汉语拼音首字母缩写"DYDZ",可使企业略带有洋品牌气息,有助于更好地提升产品知名度。

思考题

1. 商品的品牌对一个企业营销来说有什么作用?
2. 我国有哪些知名品牌?他们都采取了怎样的品牌策略?请列举两个例子详细说明。
3. 如何使用产品包装提升产品的销量?
4. 什么是服务?服务具有什么特点?
5. 选择一家你所熟悉的服务类企业,说明它是如何运用服务营销组合策略的。

实训题

国产液态奶品牌"产品线组合策略"分析训练

实训目标:

引导学生选择某液态奶品牌进行"产品线组合策略"分析训练的实践活动;切实体验产品的整体概念、产品组合策略,理解产品生命周期阶段,培养相应专业能力与职业核心能力;通过践行职业道德规范,促进健全职业人格的塑造。

实训内容:

(1) 针对当地几家大型连锁超市,调查不同品牌液态奶的种类,并对其产品线进行总结划分。
(2) 实践营销专业学生的职业素养和职业技能。

实训时间:

本教学任务结束后,由学生在课余时间完成。

操作步骤:

(1) 将班级按每 10 位同学一组分成若干组,每组确定 1~2 人负责;

(2) 每组确定选择一种液态奶品牌作为调研的对象；
(3) 学生以小组为单位进入超市进行调研，并详细记录调研的情况；
(4) 对获取的资料进行分析整理；
(5) 提交小组分析报告；
(6) 各组在班级实训课上交流、讨论。
成果形式：
撰写并提交产品策略分析报告。

小米手机产品生命周期及营销策略

手机行业的一大特性就是升级换代极快，一款手机的生命周期很短，短则三个月，长则半年，新款手机从上市到步入降价通道所需的时间则更短，往往不足三个月。如果恰逢整个产业的升级换代，则老款手机被革命几乎是分分钟的事情。下面以小米手机产品为例，分析小米手机的产品生命周期及营销策略。

（一）生命周期

2011年08月16日，小米手机正式发布。经过两年多的时间，小米手机产品由小米M1到小米3，从手机到小米电视、小米盒、移动电源子等十多款产品。在智能手机品种繁多的市场中，小米手机凭借其简约的外观和新颖的功能，创造了销售奇迹。

小米M1作为全球首款装有1.5G双核处理器，搭配1G内存，以及板载4G存储空间，最高支持32G存储卡的扩展，拥有超强配置的手机却仅售1999元，让众人为之一惊。导入期是小米手机进入市场的最初阶段，小米在这个阶段开展了大量的广告宣传。但是由于技术尚不成熟，生产批量小，网上预订的数量有限，因此，小米M水i面临着许多售后问题。

在小米2正式发售前，小米曾提供了600台工程机给"核心用户"试用，让他们参与改进。在收集了这些体验者发现的问题之后，小米在对小米2进行有针对性的改进后正式开售。通过小米M1、小米1S、青春版这些产品的研发出售，以及经历市场的一系列的考验，小米手机已经从导入期过渡到了成长期。

小米2、小米3代，逐渐取代了之前的产品，结束它们的生命周期。一系列新产品的推出使得消费者对小米手机产品更为熟悉，从而使小米手机产品产量增加利润稳步提高，赢得了较大的市场占有率。而当时的手机通讯市场竞争激烈，促使小米手机在产品更新研发的同时，制定了有自主特色的营销策略。由此可得结论，小米手机产品进入了成长期。

（二）营销策略

从小米官网到微博平台，这种新颖的营销模式让传统的手机企业感到震惊，原来手机还可以这样卖。在小米出现之前，手机行业普遍采用的营销渠道为公开渠道和运营商渠道，但小米手机并没有选择其他品牌的旧路，而是走了一条让人意想不到的新路——网络直销。无论你是在城市还是乡村，只要有网络，就能够买到小米手机，而不再需要到手机专卖店或运营商的营业厅。而对小米来讲，不再需要支付昂贵的渠道店建设费用，不再需要雇佣众多的渠道推广人员，仅仅依靠一个网站就可以卖手机了。在小米之前，或许别人连想都不敢想，而小米却做到了。

作为互联网营销手机的先驱者,小米对营销策略业务非常重视。

1. 产品策略

(1) 挖掘消费者对产品的新需求,从而不断创新,满足消费者更多个性化的需求。例如,在小米手机上开发新的功能:独有的无锁双系统,分区内置两个系统(MIUI、Android 原生);独特的米键功能;米聊;小米伴侣等。

(2) 小米手机的硬件配置是其最为瞩目的地方。

(3) 包装。承重抗摔能力强;物流配送渠道由凡客支持,确保货物不受损。

2. 定价策略

(1) 尾数定价。保留价格尾数,采用零头标价,将价格定在整数水平以下,使价格保持在较低一级档次上,最终敲定小米手机售价 1999 元这使小米手机定位在中端市场,给人一种低价的心理暗示,可激发购买欲望。

(2) 低价限购。利用消费者的求廉心理,以接近成本甚至低于成本的价格进行商品销售的策略。小米官网每期选择一款限量秒杀,每周固定时间准时开始,每个账号限购一件,一般都是手机配件,以半价或低价吸引流量。

(3) 小米官网上出售配件的配件专区,往往以保护套装、电池套装进行搭配销售。例如,3100 mAh 电池+专用后盖+座充,原价 247 元,现价 129 元,立省 118 元,还可搭配小米盒子等衍生产品。

3. 渠道策略

(1) 官方直销:小米手机以电商渠道为主,渠道成本约占整个手机成本的 30%。公司希望通过这种方式把中间环节节省下来,以降低手机的售价。小米手机改变传统的销售模式,充分利用网络,开拓了网络营销与电子营销的新渠道。

(2) 运营商渠道:与移动、联通、电信运营商合作,生产定制机。

(3) 第三方渠道:各大手机电商、IT 卖场。

4. 促销策略

(1) 高调发布。高调宣传发布会吸引众媒体与手机发烧友的关注,并制造媒体炒作的话题。

(2) 工程机先发市。小米手机的正式版尚未发布,却先采用秒杀的形式出售工程纪念版。

(3) 消息半遮半露,让人猜测,让媒体跟着跑,然后在万众瞩目下发布新产品。而且在新产品发布之后,总是会出现货源不足的情况,让人消费者保持"饥饿"。

(三) 结语

小米手机当时的上市计划非常成功,因为他利用了强劲的配置和 MIUI/Android 双系统,精干的营销团队和创新的营销方案。该案例是小米手机从市场导入期到成熟期的营销策略,也为后来小米的系列手机产品的上市方案奠定了理论基础并积累了实践经验,并通过对当时目标市场的有效营销,竖立了一个知名度很高的品牌形象。

思考:

1. 小米为什么能在短时间内获得成功呢?

2. 董明珠说小米没有核心科技,所以推测小米很可能会走下坡路。对此,你有何看法呢?你能给小米手机产品的未来支支招吗?

项目九　价格策略

任务一　定价目标及影响因素

【学习目标】 通过学习营销定价概念、目标、影响因素,灵活掌握企业营销定价应考虑的诸多相关因素。

【知识点】 营销定价概念、营销定价目标和影响因素。

【技能点】 通过学习营销定价目标,具备理清企业营销定价应考虑影响因素的能力。

DY电子有限责任公司作为国内一家中小型生产企业,其产品以电子类和小家电为主,在国内市场的占有份额并不高,还面临着很多相似企业的激烈竞争。例如,DY电子有限责任公司生产的电磁炉和电风扇,市场中同类产品有很多,而DY电子有限责任公司的产品一直卖得很好,这得益于其合理的产品定价。小王是公司的销售主管之一,在公司对电磁炉和电风扇进行定价时,小王也参与其中,那么小王为公司产品定价提供建议时需要考虑哪些因素呢?

任务分析

企业产品营销定价是一项非常有学问的工作,要为一件产品制定合理的价格,必须要首先明确营销定价的深层含义,进而确立本企业营销定价的目标,在充分考虑多种影响定价因素的前提之下,才能完成产品定价工作。

在市场经济条件下,企业营销定价不仅要从营销角度考虑,还需要遵循市场规律。这就要求企业在进行定价时,要考虑多方面的因素,要同时从市场需求角度和企业营销目标角度考虑具体的价格。

一、营销定价概念

企业或营利性组织均需要为自己的产品或者服务确定价格。所谓营销定价是指企业在特定目标的指导下,根据对影响产品或服务价格的因素进行研究,运用价格决策理论,对其产品或服务确定价格的决策过程。

二、营销定价目标

(一)生存目标

企业首要的目标是要在市场中生存下来。当市场需求情况发生变化,短期内出现产品积压滞销,企业资金又周转不灵的时候,就需要首先考虑把维持企业生存作为定价的首要标准。短期内,为了企业能够得以运转,产品必须销售出去,这就要求企业必须降低产品价格。当企业为了生存不得不制定超低的价格时,制定的价格必须至少能够补偿生产这种产品的可变成本,也就是原材料的成本、工人工资等的非固定资产消耗,这意味着企业还可以勉强继续维持营业。当企业渡过难关后就可以适当提高价格,以实现长期生存的目标。

(二)获取利润目标

1. 最大化利润目标

利润最大化是很多企业的目标,它意味着企业制定的价格要尽可能的高,以此来获取最丰厚的利润。利润最大化适用于产品的投入期,或者企业的产品处于完全垄断地位的时候。当一种商品首次进入市场或者处于完全垄断地位的时候,由于没有任何的竞争对手,企业就可以定尽量高的价格,以为企业带来丰厚的利润回报。

【知识拓展】

iPhone 5c 定价失败,苹果仍无低端战略

北京时间 2013 年 9 月 11 日,iPhone 5c/5s 正式上市,在中国前者售价 4488 元人民币,后者售价 5688 元人民币。这一毫无竞争力的价格在中国各类社交平台上引发了广泛的不满。随着 iPhone 5c 售价的公布,苹果当日收盘时股价下跌 2.28%。

在此之前,包括《华尔街日报》等海内外媒体均报道了廉价版 iPhone 的相关内容:iPhone 5c 将用于迎合中国消费者的需求。但苹果用实际行动否定了廉价版 iPhone 的说法,据各地官网显示,美国市场的 iPhone 5c 的裸机价格被定为 549 美元,与 iPhone 5s 的差价仅为 100 美元;中国市场的 iPhone 5c 裸机售价为 4488 元人民币,与 iPhone 5s 的差价为 800 元人民币。显然,两款 iPhone 产品的价格差异并未拉开,iPhone 5 已彻底停产,当时苹果 iPhone 阵营之中真正的低价产品是 iPhone 4s,但这一产品的配置已略显过时,很难获得低端市场的认同。

想一想:① 苹果公司对其手机一般采取的是何种定价方式? ② iPhone 5c 想走低端路线,却在定价上完全失败,是不是说明苹果手机并不想进军中国的低端手机市场呢? 对苹果而言,iPhone 5c 定价的失败是好事还是坏事呢?

2. 合理利润目标

最大化利润目标虽然能带给企业高额的收益,但是也使企业面临很大的风险。为了规避风险,很多企业以稳定生产和经营为己任,给产品制定一个较为合理的价格,并获取合理

的利润。这里的合理利润是指以企业掌握的市场信息为基础,结合产品的平均成本因素,在考虑企业未来的发展后,估算所得到的适度利润。合理的定价能够为企业带来稳定的收益,能够帮助企业稳定市场,同时也能够给企业带来稳定的发展空间。

【知识拓展】

在日常生活中,有的主产品必须当附属产品配合使用。例如,照相机(主产品)和胶卷(附属产品),照相机和胶卷配套使用才能发挥作用,满足人们照相留念的需求,它们就是连带品。因而在定价上,不能把主附产品分离考虑,而应综合考虑。通常,主附产品的定价策略是,将主产品的价格定得很低,利用附属产品的高额加成或大量消费来增加利润。在服务行业中,这种策略叫两部分定价,即将服务分成固定费用和可变的使用费。其定价策略是使固定的费用低到足以吸引人使用其服务,从可变使用费中获取利润。例如,游乐园通常收取较低的入场费,期望通过场内的各种可选消费获利。

(三) 占有市场目标

合理的定价还可以帮助企业达到占有市场的目的,因而有些企业就通过产品定价来控制市场,以实现提高市场占有率的目标。为了实现此目标,企业需要制定相当低的价格,甚至需要以放弃部分利润为代价,或者以低于成本的价格销售产品。因为越来越多的企业经营者意识到企业生产成本会随着产品产量的增加而大幅度下降,这意味着产品的市场占有率越高,产量越大,成本也就会越低,企业利润就会越多。国内的格兰仕微波炉就是利用制定超低价格一步一步走上了微波炉行业的霸主地位。

(四) 应付竞争目标

企业面临同行业企业的挑战是无法避免的,在竞争的环境下被对手打击以及打击对手是常常发生的,价格作为企业竞争的利器常常被用作企业的竞争手段。行业中实力雄厚的大企业,在面临其他企业挑战的时候,可以采取价格手段,用以遏制竞争对手达到巩固本企业市场地位的目的。行业中实力中等或一般的中型企业,在面临其他企业挑战的时候,可以采取跟随定价策略方式应付对手的打击,达到保持或扩大市场占有率的目的。当企业属于行业中势单力薄的小企业的时候,要做到首先不去挑战别的企业,在面临挑战的时候一定要沉住气,不要采取过激行为,要保全自己,做到先生存再求发展。总的来说,企业要对竞争对手时刻保持警惕,及时变动产品价格,以保证企业在市场中地位。

【知识拓展】

蒙玛公司在意大利以无积压商品而闻名,其秘诀之一就是对时装分多段定价。它规定新时装上市,以三天为一轮,新上市的时装以定价卖出,每隔一轮按原价的10%降价,以此类推,那么到10轮(一个月)之后,蒙玛公司的时装售价就削到了35%左右的成本价了。时装上市才一个月,价格却已跌到原价的1/3,谁还不来买?所以往往一卖即空。最后结算发现,蒙玛公司赚钱比其他公司多,且没有货物积压。

思考:

1. 蒙玛公司是如何通过定价策略来应对时装市场激励竞争的?
2. 你还能说出其他一些有趣的定价案例吗?

（五）投资回报目标

企业投资需要获得一定的回报。就这方面考虑，企业可以把获取一定的投资回报率作为自己的目标。采用此种定价目标，企业在定价时需要计算单位产品的平均成本，在成本的基础上再加上一定的预期利润，从而得出产品的价格。这里的预期利润就是投资回报。

【知识拓展】

中国是世界上最大的大宗商品消费国和进口国，在大宗商品交易市场占据重要地位。中国的铁矿石需求量占世界铁矿石需求量的66%，铜占46%，小麦占18%，大豆占50%左右。对于铅和锌的需求量，整个世界基本呈平稳的态势，但中国的需求量上升很快。有数据显示，从2009到2011年，随着中国城镇化建设和房地产开发建设步伐的加快，中国工业用的大宗商品使用量翻了一番。

中国作为一个发展大国家、制造业大国和世界第二大经济体，对于大宗商品的需求量是非常大的，而且增长速度非常快。但是由于种种原因，中国在国际大宗商品的定价问题上几乎没有发言权，这与其贸易大国地位极不相符。即便是在处于优势地位的大宗商品贸易领域，如稀土、原煤、天然橡胶等，中国在定价上也处于不利局面。其实，在国际贸易中，商品价格通常是按照期货价格来定价的，期货价格被认为是一个定价基准。大宗商品定价权是制定大宗商品价格发现规则的权利，期货市场实际上是一个大宗商品的价格发现市场，期货市场或者其他市场规则的制定者通常掌握着大宗商品的定价权。

三、影响营销定价因素

（一）商品价值

马克思认为，商品价格是价值的反映，商品价值量的大小决定着商品价格的高低，因而价格会围绕价值上下波动，并最终趋向于或等同于价值。这里的价值主要由三个部分组成，它们是生产资料消耗价值C，劳动补偿价值V，剩余产品价值M，商品价值＝C＋V＋M。在市场经济条件下，商品价格会围绕价值上下波动，当供给大于需求时，价格会下降；当供给小于需求时，价格会上升。

（二）商品成本

从商品成本角度来考虑，我们就要把商品与商品市场有关的所有费用都考虑在内，这些成本和费用主要包括生产成本、流通费用、售后费用和税金。在计算具体价格时，还要加上企业预期的利润。

1. 生产成本

生产成本主要指企业或营利性组织，在生产或服务过程中所用生产资料和劳动力的使用所产生的各种费用。例如，在空调生产过程中，企业需要厂房建筑或者租用费、机器设备以及其他固定资产折旧费，生产原料购买费，水电等能源消耗费，企业管理者管理企业费，以及劳动者的工资等费用，这些费用加在一起就构成了企业生产费用。在市场经济环境下，通常以行业的平均成本作为产品定价的重要因素。

2. 流通费用

流通费用是指企业在产品生产以及产品运输过程中,产生的与运输相关的费用。流通费用包括生产性流通费用和纯粹流通费用两部分,生产性流通费用是由商品的使用价值变动引起的,因生产过程在流通领域内继续进行而支付的费用,具体包含六项:运输费、包装费、保管费、利息、损耗和经营管理费。纯粹流通费用是由商品的价值形态变化而支付的非生产性费用,如广告、簿记、通讯等费用。

3. 售后费用

售后费用是指提供售后服务而产生的费用,它包括售后跟踪、服务、维修、宣传等费用。例如,空调售出后需要进行上门安装,在安装过程中产生的费用,就要计入售后费用;如果空调在使用过程中发生了问题,还要去给客户维修,产生的维修费用也属于售后费用。企业为了应对市场竞争,常常需要提供很完备的售后服务,因此把售后服务的成本算作商品成本是理所当然的。

4. 税金

税金是指工商管理部门,根据税收法律规定对生产性企业所征收的税费。由于税金具有强制性和稳定性,也是国家财政收入的重要来源,因此税金是企业必须按期支付的必不可少的部分,这部分费用也应该计入商品成本。

5. 预期利润

预期利润是生产企业或者营利性组织收入的组成部分。企业在提供产品或服务时,会预估一个利润收益,预期利润是企业在制定商品价格时考虑的重要因素之一。在市场经济条件下,追求利润是企业的目标,是企业得以生存和发展的根本和基础。

【知识拓展】

美的的成本控制

中国制造类企业在物流上花费的时间约占总时长的90%,物流仓储成本占据了总销成本的30%~40%,供应链中物流的速度以及成本问题更是令这类企业感到苦恼。美的针对供应链中的库存问题,利用信息化技术手段,一方面从原材料的库存管理做起,追求零库存;另一方面针对销售商,以建立合理库存为目标,从供应链的两段实施挤压,加速资金、物资的周转,实现了供应链的整合成本优势。

美的空调成品的年库存周转率大约是10次,而美的目标是将空调成品的年库存周转率提高1.5~2次。目前,美的空调成品的年库存周转率不仅远低于戴尔等电脑厂商,也低于年周转率普遍偏低的韩国厂商。年库存周转率每减少一次,使可直接为美的节省超过2000万元人民币的费用。通过采取一系列措施,美的已经在库存优化上尝到了甜头,因而保证了其在激烈的市场竞争下仍可获得可观的利润。

思考:

1. 美的合理的成本控制,对其商品定价具有怎样的积极影响呢?

2. 从目前来看,美的空调的年销售额位居全国第二,仅次于格力,并远超过海尔,那么你认为美的的成本控制是否是其快速成长的重要原因呢?

(三)商品市场因素

1. 消费需求状况

在市场经济环境下,产品的定价会受到消费者需求的影响。根据西方经济学理念,商品需求主要受到价格、收入、相关商品价格等因素的影响。营销定价时应结合经济学原理,考虑商品需求与商品价格、消费者收入以及相关商品价格之间的关系。

2. 市场竞争

市场经济环境鼓励企业之间相互竞争,竞争越激烈,生产效率越高,对经济的发展越有利。然而,对存在于不同行业内的企业来说,并非一定是好事。因为竞争越强,对企业的要求越高,企业定价受到的制约也就越多。按竞争程度的不同,可将市场划分为完全竞争、垄断竞争、寡头垄断、完全垄断市场四种形式,它们的竞争激烈程度依次减弱(见表9.1)。

表9.1 不同竞争程度的市场比较

市场类型	内 涵	定价原则	实 例
完全竞争市场	企业或消费者都无法对价格产生影响的市场	企业定价以市场的价格为标准,完全接受市场价格	通常将农产品市场、股票市场看作完全竞争市场
垄断竞争市场	垄断和竞争并存的市场	市场里的企业各有特色,市场里垄断与竞争并存,企业能够部分程度地控制产品价格	不同国内手机品牌,因垄断能自行定价,但由于存在竞争,不同品牌手机之间的价格差距不会大得离谱。
寡头垄断市场	某种商品的生产由少数几家企业完成,它们共同垄断了整个行业、整个市场。	企业与企业之间可以通过明的或者暗的方式联合起来,制定统一的价格以获取丰厚利润	国内航空业由几家大型公司垄断,为了应对持续的亏损,它们常常私下联合起来,集体涨价
完全垄断市场	一种商品的生产完全被一个厂商所控制	完全垄断企业,可以通过控制产品产量影响产品价格	水、电和天然气的定价几乎完全不受市场控制

(四)国家政策因素

市场本身具有盲目性,加之境内外一些不法商人可能会恶意囤积商品,从而会导致商品价格不合理的波动。如果商品价格过高,则会降低消费者的福利水平,损害消费者的正常利益;相反,如果商品价格过低,尤其是农产品价格过低,又会有损农民农业生产积极性,所以为维护正常的市场秩序,每个国家都会以国家政策为手段,干预产品定价,切实维护市场的稳定。

1. 行政手段

行政手段是指国家以政府的名义出面干涉商品的定价,可以用的行政措施有最高限价、最低限价、购买限制或凭票购买等。对于拥有很强垄断实力的商品,政府可运用行政手段制定最高价格,使商品价格不得高于这个价格;对于垄断实力较弱或者竞争过于激烈的市场,如农产品市场则采取制定最低收购价的方式确定价格。此外,在特殊时期还可以实行限买或凭票购买的方式,合理控制商品价格。

2. 法律手段

法律手段是指通过立法和运用已有法律对企业的价格行为进行管制。世界上很多国家都制定了管制价格的法律,最有名的就是"反垄断法"。为了限制垄断,维护行业合法竞争,各国纷纷制定了相关法律,通过对垄断的控制达到管制产品价格的目的,如可口可乐收购汇源集团案,就是运用《反垄断法》予以否决的。

3. 经济手段

经济手段是指国家运用经济措施来达到控制产品价格的目的。经济手段中最主要的是财政政策和货币政策。财政政策的运用,主要表现在税收和政府财政支出两方面;货币政策的运用,则主要指控制货币发行量或者控制银行利率。国内为了应对房价上涨的问题,采取了多种经济手段,起到了一定的效果。

(五)消费者心理因素

不同消费者在购买动机、购买能力、所属阶层及个性等方面存在差异,结合消费者所关注的产品"性价比",产品定价时要充分考虑消费者的心理因素。因此,面对不同的消费者可以为同一种产品制定不同的价格。实际定价过程中,可以采取价格歧视的方式,针对不同的消费者制定不同的价格。

【知识拓展】

在比利时的一间画廊里,一位美国画商正和一位印度画家在讨价还价,争辩得很激烈。其实,印度画家的每副画底价只有10~100美元,但当印度画家看出美国画商购画心切时,对其所看中的三幅画单价非要收250美元不可。美国画商对印度画家敲竹杠的宰客行为很不满意,吹胡子瞪眼睛地要求降价成交。印度画家也毫不示弱,竟将其中的一幅画用火柴点燃,烧掉了。美国画商亲眼看着自己喜爱的画被焚烧,很是惋惜,随即又问剩下的两幅画卖多少钱。印度画家仍然坚持每副画要卖250美元。从对方的表情中,印度画家看出美国画商还是不愿意接受这个价格。这时,印度画家气愤地点燃火柴,竟然又烧了另一幅画。至此,酷爱收藏的画商再也沉不住气了,态度和蔼多了,请求说"请不要再烧最后一幅画了,我愿意出高价买下。"最后竟以800美元的价格成交。

思考:上述案例中的印度画家利用了哪一种影响定价的因素,高价卖出了自己的画作?

DY电子有限责任公司在对生产的小家电,如电磁炉、电风扇等进行定价,主要考虑的影响因素是其产品的消费人群,该消费人群以收入较低的白领、普通工人、农村居民等为主。所以小王等经过深思熟虑,认为在保证产品质量的前提下,应确定较为合理的低价,以迎得普通消费者欢迎。

1. 营销定价的目标有哪些?
2. 哪些因素会影响营销定价?

任务二　定价方法与技巧

【学习目标】　通过对营销定价方法、定价技巧的学习,理解大部分产品定价的策略,能为特定企业产品灵活定价。

【知识点】　营销定价程序,营销定价方法和技巧。

【技能点】　通过对定价的步骤、几种常见的定价方法的学习,具备灵活运用定价方法促进产品销售的能力。

DY电子有限责任公司每年都会利用节假日时间在我国一些中小型城市地区,开展促销活动,对一些款式旧、性能略显落后的小型电子产品进行减价销售。同时,公司还会推出新款的同类产品,但是新款产品定价很高,而且不参加打折活动。利用该定价策略,公司取得了很好的销售业绩,赚取了可观的利润。作为公司销售部主管之一的小王是公司每次促销活动的积极提倡者和组织者,小王本人每年都会负责组织几个城市的促销活动。那么小王为什么主张公司产品多做促销呢?促销多对DY电子有限责任公司又有什么好处呢?

根据市场的实际情况和产品的特性,在不同的时机下,对产品价格进行调整是企业取得成功的关键。作为公司销售部主管之一的小王准确地掌握了定价的技巧,充分利用了消费者的心理,不仅增加了产品销量,还促进了新产品的推出,使得新旧产品都能带来丰厚的利润。

不同的企业拥有不同的生产资源、生产规模以及管理模式,促使企业选择不同的经营方式,经营方式的不同又使得企业营销定价的目标也不相同。企业在一定的定价目标的指导下,综合考虑产品的成本因素、需求状况和市场竞争情况,可以选择有针对性的定价方法,最终确定产品的价格。

一、营销定价程序

企业定价过程比较复杂,需要遵循一定的程序,定价决策需要有逻辑地、系统地、有步骤地展开。产品营销价格的制定程序一般包括六个步骤,分别为分析市场信息、确定定价目标、确定定价战略、确定定价方法、确定产品价格和调整产品价格。营销定价过程如图9.1所示。

第一步:分析市场信息
　　收集与该产品有关的市场信息,包括同类产品价格、市场需求状况、消费者的购买力、本企业产品市场占有率、宏观经济发展趋势等诸多影响该企业产品销售的市场因素。综合这些因素分析本企业产品的优势和劣势,为确定价格提供一定的依据,避免造成重大的定价失误。

第二步:确定定价目标
　　确立企业定价的目标,是维持生存获取利润、占领市场、应付市场竞争,还是取得投资回报率

第三步:确定定价战略
　　根据企业的需要,确立自己的战略目标,并把这一战略目标作为定价的依据

第四步:确定定价方法
　　根据产品自身的特色,结合定价目标,选择恰当的定价方法

第五步:确定产品价格
　　充分考虑以上四个步骤,经过讨论和分析,初步确定商品价格

第六步:调整产品价格
　　根据市场状况,对企业的产品价格进行适当的调整,以实现企业的发展目标和适应市场的变化

图 9.1　营销定价过程

二、营销定价主要方法

(一)成本导向定价法

企业以产品的生产成本为依据,以生产的成本花费为基础,确定产品的价格,这就是成本导向定价法。它主要包括成本加成定价法、目标收益定价法、变动成本定价法和盈亏平衡定价法四种方法。

1. 成本加成定价法

成本加成定价法是指以单位产品成本为基础(用 C 表示),附加一定的加成率(用 R 表示),以计算产品价格的定价方法。其计算公式为:

$$单位产品价格 = 单位产品成本 \times (1+加成率);$$

或，$P = C(1+R)$

成本加成定价法以企业为出发点，没有考虑市场需求和竞争状况，采用此方法定价，易导致产品的定价过高或过低。定价过高不利于产品打开市场销路，定价过低又不利于企业获取利润，故而要把握好定价尺度，结合市场实际情况，采取浮动的成本加成定价法，更为科学合理。例如，DYDZ手机成本为500元，若成本加成率为20%，那么DYDZ手机定价就应该为600元。

2. 目标收益定价法

目标收益定价法是指以生产的总成本为基础，预估目标总收益，两者相加后平均到每单位产品的定价方法。其计算公式为：单位产品价格＝（总成本＋目标总收益）/总产量。采用这种定价法，企业能够获取目标投资收益，在通过市场调查后，可根据预期适宜的收益率较准确地计算出产品的价格。例如：DYDZ手机总生产成本为500万元，若目标总收益为200万元，总产量为1万部，那么DYDZ手机定价就应该为700元。

3. 边际贡献定价法

边际贡献定价法是指企业定价时只考虑变动成本消耗，不考虑固定成本消耗，以补偿企业变动成本为首要目标的定价方法。边际贡献是指企业增加一个产品的销量，所获得的收入减去边际成本后的数值。边际贡献定价法以减少企业亏损为目标，当市场出现供过于求，产品出现滞销、积压，导致企业减产、停产的时候，可用此方法来确定产品价格。其计算公式为：单位产品价格＝单位产品变动成本＋单位产品边际贡献。例如，DYDZ手机成本单位变动成本为500元，单位产品边际贡献率为30%，那么DYDZ手机定价就应该为650元。

4. 盈亏平衡定价法

盈亏平衡定价法是指企业在预测未来销售量和已知成本的前提下，先求解商品盈亏平衡后，再加上目标制定而从而确定最终定价的方法。盈亏平衡点处产品价格方式为：

$$P = F/Q + V$$

其中 P 为产品单价，F 为总固定成本，Q 为盈亏平衡时的销售量，V 为单位产品变动成本。这种定价方法得到的产品价格，刚好可以完全弥补生产产品的成本，企业不亏本也不盈利。

【课堂练习】

A产品单位成本为80元，生产部门认为该产品可按10%的成本加成率定价，而该公司营销部门预计2016年该产品能销售1万件，获得利润10万元。试分别用上述两种方法确定该产品的销售单价：① 用成本加成定价法确定该产品的销售单价；② 用目标收益定价法确定该产品的销售单价。

思考：若要使两种方法确定的商品价格相同，该公司应该怎么做？

（二）需求导向定价法

这种定价法以产品的市场需求为依据，通过对需求状况的分析和研究，制定出以生产为依托的产品价格。需求导向定价法，需要考虑影响需求的不同因素，具体可以从地点、时间、产品和消费者的差异入手。

1. 地点差异

销售地点不同，产品的价格是不同的。例如，经济发达、消费水平高的广东、上海等地区,产品的价格要普遍高于安徽等地区。即使在同一个地区,超市的产品价格与路边小卖部等地方的价格也是有出入的。

2. 时间差异

产品的需求有时间上的差异性,在有的时间段销售旺盛,而有的时间段销售清冷,故而可以在需求旺盛时间内制定较高的价格,而在需求冷淡时间内制定较低的价格,以此来适应市场需求的变化。例如,KTV的时段定价规则。

3. 产品差异

标有某种纪念符号的产品,往往会引起比其他具有同样使用价值的产品更为强烈的需求,价格也可相应调高。例如,在奥运会期间,标有会徽或吉祥物的产品的价格比其他未做标记的同类产品价格要高出许多。

4. 消费者差异

消费者在职业、收入、阶层、生活习惯、品味、年龄等方面的差异,导致不同的消费者产生不同的需求。根据这些差异性可以为产品确定不同的价格。

(三)竞争导向定价法

竞争导向定价法是指以竞争对手的定价为依据的定价方法。它通常有三种方法,即随行就市定价法、密封投标定价法和主动竞争定价法。

1. 随行就市定价法

随行就市定价法,就是企业按照行业的标准,以市场价格为参考的定价方法。采用随行就市定价法,企业以竞争对手的价格作为定价基础,将自己的产品价格确定在同行业的平均水平上。随行就市定价法非常普遍。当成本难以估算或竞争对手的反应难以确定时,企业就可以采用此定价法。该方法可以有效地避免企业之间发生价格战,简化企业定价程序。

2. 密封投标定价法

密封投标定价法主要是以投标形式确立的产品价格。招标企业以投标企业的报价,而不是以企业自身情况为定价的依据,参标企业给出的最低的报价就是招标企业的最终价格。对参标企业来说,报价高、利润大,中标机会却小;报价低,中标机会大,利润却低。因此,报价时既要考虑能否实现企业目标利润,也要结合竞标状况考虑中标概率。

3. 主动竞争定价法

主动竞争定价法是根据本企业产品的实际情况,结合与竞争对手的比较结果,制定出与对手形成竞争态势价格的定价方法。此方法多为大型企业或者处于存在产品特色优势的企业所采用。

【课堂学习】

金山公司在网络营销中采用免费试用策略,其主要目的是让用户形成使用该软件的习惯后,再开始收费,如金山公司允许消费者在互联网上下载WPS2018软件试用版,目的就是想让消费者使用习惯后,再掏钱购买正版软件。这种免费试用策略是一种促销策略,与传统营销策略类似。另一个目的是发掘后续商业价值,这是从战略发展的需要来制定定价策略的,主要目的是先占领市场,然后再从市场获得收益。

Netscape(网景公司)是一家浏览器开发商,他把浏览器免费提供给用户,并创了因特网上免费使用的先河,它的目的是在用户使用习惯后,就开始收费。免费只是该公司商业计划的开始,商业利润要在收费之后才能获取。但这时候微软免费发布了IE浏览器,彻底打碎了Netscape公司的美梦。后来网景公司干脆公布了浏览器的源代码,源代码一开放,微软也就不能对浏览器用户收费了。这场竞争最终两败俱伤,谁都没有成功。

思考:

1. 为什么金山公司的免费试用策略能取得初步成功,而网景公司的免费试用战略却一败涂地呢?

2. 通过两个案例的比较分析,你认为哪些企业可以采用免费试用策略,哪些则不能呢?

三、营销定价技巧

企业依据需求、成本、竞争等因素,确定产品价格以后,还需要对价格进行适当的调整,若调整的巧妙,则可以为企业带来丰厚的利润回报,因而掌握一定的营销定价技巧是企业必需的。

(一) 新产品定价策略

新产品上市,对于企业定价的要求非常高,定价的合理与否直接决定了产品推出的成功与否,因而新产品定价需要具有相当的技巧。纵观常用的新产品定价方法,可以分为高开低走的撇脂策略、低开高走的渗透策略以及相对适中的满意定价策略三种。

1. 撇脂定价策略

撇脂定价策略是新产品上市之际,将产品的价格定得较高,以在短期内获取丰厚利润,尽快收回成本的定价策略。当新产品具备产品的质量较好、市场容量较大、短期内缺乏有力竞争者、企业生产能力有限等条件,就可以采用此定价策略。

【营销视角】

撇脂定价策略具有明显的优点,如高价格有利于树立高品质的形象,有利于企业迅速开拓市场,有利于快速收回成本,有利于获取高额的利润回报;当产品竞争者增多,市场压力较大时能够实时进行降价,掌握主动权;高价格还有利于抑制市场需求,减轻企业的生产压力。同时,这一策略也存在缺点,即高价格获利时间较短,容易引进竞争者,容易损害消费者利益等。故该策略适用于实力和信誉颇佳的大企业和概念"新、奇、特"的产品。

2. 渗透定价策略

渗透定价策略是新产品上市之初,以一种极低的价格吸引大批消费者,迅速打开市场,以提高市场占有率的定价策略。当企业形象树立起来,达到一定的市场占有率的时候,再逐渐推出新产品,并以高价出售,可获得更多的利润。

【营销视角】

渗透定价策略的优势为,产品能够迅速打入市场,被消费者所接受;在短期内能够快速地扩大销售量,提高产量,实现规模经济,降低产品生产成本;低利润能有效地阻止竞争者的进入,使得本企业牢牢控制住市场。该定价策略的劣势是,投资的回报率过低;存在较大的风险;若产品销售不良,会导致惨重损失。该策略一般适用于市场潜力较大,产品市场生命周期长的产品。

3. 满意价格策略

满意价格策略是新产品投入市场的时候,企业以适中的价格获得初期利润并使消费者满意的定价策略。

【营销视角】

满意价格策略的优点是弥补了撇脂定价和渗透定价的不足,参照市场平均价格,在降低成本的基础上,通过其他手段扩大销量,稳定地获得利润。不足之处在于企业不能及时适应市场环境的变化。

(二) 折扣定价策略

折扣定价策略是企业重要的价格竞争手段,大多数企业都会酌情调低其产品的价格,以期鼓励消费者增加购买。具体包括六种方法,如表9.2所示。

表9.2 折扣定价策略

折扣定价策略方法	内 涵	实际操作
现金折扣	商品销售者支付给消费者的现金形式的价格折扣	例如,"1.5/10,净30"表示应在30天内付款,在成交后10天内付款给予1.5%的折扣,但需在30天内付清贷款
数量折扣	根据消费者购买商品数量的多少给予一定的价格减让的折扣	例如,消费者购买某种商品,50件以下时为每件25元,购买50件以上时为每件23元
交易折扣	生产企业按中间商在市场营销活动中所实现的功能不同,给予不同的价格优惠	生产企业给予中间商的一种额外折扣,使中间商可以获得低于目录价格的价格
季节折扣	企业对购买过季商品或服务给予价格减让的折扣策略	例如,黄山旅游业在淡季有价格优惠,饮料厂商在冬季给予客户让利优惠等
价格折让	企业对中间商给予的产品让利行为,经销商可以在价格方面得到一定比例优惠	常用的价格折让有以旧换新折让、促销折让、免费服务折让、特约优惠折让和对中间商的销售返利几种
优惠卡折扣	售货方提供给消费者的一种打折凭证,消费者凭此优惠卡消费可以享受相应的优惠	提供优惠卡的售货方可以是商场、超市、旅馆、酒店、网吧、KTV等

【营销视角】

折扣定价策略是企业在销售商品时最常用的促销策略。针对上述六种折扣价格策略,请你想一想自己是否在曾经购买商品时碰到过商家对产品采用折扣定价法呢?如果有,请你能说说该商家的做法对购物行为产生了哪些影响呢?

【知识拓展】

国产空调品牌定价策略

(1) 目标利润定价法:格力

定义:根据企业的总成本和预期销售量,确定一个目标利润率,并以此作为定价的标准。

计算公式：单位商品价格＝总成本×(1＋目标利润率)／预计销量

格力电器处于双寡头垄断位置，2011年的市场占有率为41%。格力在市场占有率不滑落的前提下保持较佳利润率，以积累资源进行投资和储备。未来一段时间，格力将采取价格跟随策略，预计出货较为平稳且利润率较佳。考虑到空调降价容易涨价难，而且近期原材料价格有所回升，我们预计格力的利润率在未来一段时间会有所走低。

(2) 产品差别定价法：美的

定义：产品差别定价法是指企业通过不同的营销努力，使同种同质的产品在消费者心目中拥有不同的产品形象，进而根据自身特点，选取低于或高于竞争者的价格作为本企业产品的价格。

美的把自己的空调产品定位成健康空调，将消费者眼中普通的空调升级为空气清新机。并且通过对消费者的广泛宣传，促使消费者相信这个价格物超所值，更加偏好于选择高价的一线品牌空调产品，而不是单纯地追求低价。

(3) 渗透定价法：美的

定义：渗透定价法是企业以打开市场，巩固市场定位为目标的定价方法。所定的价格通常偏低，而低到什么程度，则完全根据竞争形势而定，不顾成本。

美的的价格策略不能被仅仅理解为低价策略，而是渗透定价战略。这是美的综合实力的体现。生产规模上去了，成本也就相应地降下来了，在保证良好的品质和完善的售后服务的前提下，美的把畅销机的价格降下来，可以赢得消费者对美的的关注。主动出击，以良好的产品品质和完善的售后服务，再加上价格优势，美的利用综合实力，让强者更强，从而最大限度地占领市场。

(4) 认知导向定价法：海尔

定义：根据消费者为企业提供的产品价值的主观评判来确定价格的一种定价方法。

海尔空调一直坚持高附加值的产品定价策略，海尔空调的价格策略从来都是非单纯的卖产品策略，而是依附于企业品牌形象和尽善尽美的服务之上的价格策略，这种价格策略赢得了消费者的心，也赢得了同行的尊重与敬佩，更赢得了市场。在空调行业利润普遍大幅下滑的今日，海尔空调的平均单价仍在3000元左右，而众多的二三线产品平均单价为1500～2500。海尔只要稍微调低价格，消费者就会争相采购，而其他品牌即使大幅降价，消费者也是少有关注。

(三) 差别定价策略

差别定价策略是指企业根据不同的消费者、购货时间、购货地点以及购货数量等，确定不同的产品的价格。常用的差别定价策略有以下三种：

1. 不同消费者差别定价策略

针对消费者购买能力的差异，对购买力强的消费者收取高价，而对购买力弱的消费者收取低价，如对学生和成人就可以确定不同的商品价格。在众多的旅游景点，学生凭学生证可以享受打折优惠；学生寒暑假放假回家，购火车票时可以享受学生折扣；甚至在很多城市，学生乘坐公交车也可享受优惠。

2. 产品服务差别定价策略

针对消费者要求的不同的服务水平，提供不同的价格标准。例如，购货时要求送货上门的与自己搬运回家的价格不同,参加演唱会时不同的观看位置对应不同的价格。

3. 消费时间差别定价策略

针对消费者购买商品的时间不同,制定不同的价格标准。例如,很多娱乐场所晚上的消费价格远远高于其白天的价格。

【营销视角】

哈尔滨市某洗衣机商场规定,商场的商品从早上9点开始,每1小时降价10%,特别是午休时间及晚上下班后的时间段,商品降价幅度较大,此举措吸引了大量上班族的消费者,在未延长商场营业时间的前提下,带来了销售额大幅度提升的好效果。

(四)心理定价策略

心理定价策略是利用消费者不同的心理需要,以及对不同价格的感受,有针对性地采取不同的定价策略。主要有以下五种基本方法:

1. 尾数与整数定价策略

尾数定价就是定价时保留小数点后的尾数,而整数定价是以整数作为产品价格。

【营销视角】

心理学家的研究表明,价格尾数的微小差别能够明显影响消费者的购买行为。一般认为,5元以下的商品,末位数为9最受欢迎,5元以上的商品末位数为95效果最佳;百元以上的商品,末位数为98、99最为畅销。尾数定价法会给消费者一种经过精心计算、最低价格的心理感觉;有时也可以给消费者一种打了折扣、商品便宜的感觉。同时,消费者在等待找零的期间,也可能会发现和选购其他商品。

2. 声望定价策略

声望定价是指利用商品在消费者心目中的形象,而故意确定一个较高的价格。

【营销视角】

金利来领带一上市就以优质、高价定位,对有质量问题的产品,他们决不上市销售,更不会降价处理。金利来领带传递给消费者这样的信息,即绝不会有质量问题,低价销售的金利来绝非真正的金利来产品,从而极好地维护了金利来的形象和地位。美国P&G公司将它的洗发液"海飞丝"打入中国市场时,确定了超高的价格,结果反而非常畅销;我国的景泰蓝瓷器,经过包装在法国可卖2000多法郎;宝丽来太阳镜,定价更是高达244~980元。

3. 参照定价策略

企业参照其他企业的价格标准,确定一个相近的价格。这种定价利用消费者心目中的参照价格,以到达推销商品的目的。

在柜台陈列时有意识地将某件价格较高的产品放在附近,以表示这些产品都属于高档之列。时装店常把女士服装按价格的高低放在不同柜台出售,明确显示其档次的不同,以适应不同层次的需要。

4. 特价商品定价策略

特价商品定价策略是企业将某几种商品定为低价,而其他商品的定价不变,并以低价商品吸引消费者的定价策略。例如,房地产商为了吸引消费者,专门对一套或者少量的几套质量一般的房子确定一个超低价,而其他房子保持较高的价格,并以低价房吸引消费者来购买。

【营销视角】

南京珠江路地铁站有家小商场,每逢节假日都要举办一元拍卖活动,所有拍卖商品均以1元起价,报价每次增加5元,直至最后定夺。这种拍卖活动由于基价定得过低,使得最后的成交价往往也比市场价低得多,因此会给人们产生一种"捡到便宜"的感觉。岂不知,该商场用的是特价商品定价术,它以低廉的拍卖品活跃商场气氛,增大客流量,带动了整个商场的销售额上升。

5. 习惯定价策略

有些商品在市场上也有了某种习惯价格,企业应当按照这种习惯价格定价,以迎合消费者的需求,如一些生活必需品由于生产企业很多,长期以来已经形成了习惯性的价格。

【营销视角】

休布雷公司在美国伏特加酒的市场中,属于营销能力出众的公司,其生产的史密诺夫酒,在伏特加酒的市场上占有率达到23%。20世纪60年代,另一家公司推出了一种新型伏特加酒,其质量不比史密诺夫酒差,每瓶价格却比它低一美元。

按照惯例,休布雷公司有三条对策可用:① 降价一美元,以保住市场占有率;② 维持原价,通过增加广告费用和推销支出来与对手竞争;③ 维护原价,听任其市场占有率降低。

不论休布雷公司采取上述哪种策略,似乎都输定了。

但是,该公司的市场营销人员在经过深思熟虑后,却采取了对方意想不到的第四种策略。那就是,将史密诺夫酒的价格再提高一美元,同时推出一种与竞争对手新型伏特加酒价格一样的瑞色加酒和另一种价格更低的波波酒。

这个产品线策略一方面提高了史密诺夫酒的地位,同时使竞争对手的新产品沦为极为普通的产品。结果,休布雷公司不仅渡过了难关,而且利润大增。实际上,休布雷公司这三种产品的味道和成本几乎相同,这次成功只是因为该公司掌握了以不同的价格来销售相同产品的策略而已。

(五)地理区域定价策略

商品的出厂地与商品的销售地往往不在一起,这就需要将商品运送到各个销售地点,运输过程中会产生如运输费、仓储费、管理费等的相关费用。这些费用导致产品在定价时,需要根据实际情况进行不同的定价,具体情况如表9.3所示。

表9.3 地理区域定价方法

地理区域定价方法	操作方法	主要优缺点
产地定价	厂商制定出厂或交货价格,只负责生产商品,交给购买方。与运输有关的费用和风险,全部都由购买方负责	购买者自行承担与订货相关的费用,具有一定的公平性和合理性。地区间的过高差价会促使"就近购买"现象的出现,不利于厂商开拓市场

续表

地理区域定价方法	操作方法	主要优缺点
统一定价	厂商将运输费用平摊,在商品的基本价格上加上平摊的运输费用,然后以统一的价格卖给不同的购买者	有利于厂商加强对最终产品售价的控制,有利于扩大企业的销售市场范围,有利于为购买者提供统一的运输等服务
分区定价	根据销售市场离产地的远近,将整个市场划分为若干区域,按不同区域制定不同的价格	能回避统一定价的盲目性,做到公平定价。但分区定价需要做好管理工作,尤其要预防串货行为的发生
基点定价	厂商选择一个或若干个城市作为销售基点城市,制定一个运送到基点城市的产品基点价格,然后以基点城市为中心,把货物发放给周边城市,并在基点价格上加上运费	有利于产品的销售,形成很多以批发为主的产品集散地,如国际有名的义务小商品市场。基点定价是在我国运用的比较普遍的定价方法之一
运费免收定价	企业为了应对市场竞争,争取更多的客户,有时也会采用免收运费的定价方法	应对市场竞争,争取更多的客户

任务实施

DY电子有限责任公司在节假日采用了不同于平日的价格策略,对旧款产品采用了折扣定价的方式,使得处于产品生命周期末端的产品,依然可以大量销售,获取利润。对新产品采用撇脂定价的方式,不仅可以推销新产品,还可以获取高额的利润。

1. 营销定价的主要目标有哪些?
2. 如何合理运用产品价格,提高产品市场占有率?

国产家电"定价策略"分析训练

实训目标:

引导学生选择某家电品牌进行"定价策略"分析训练的实践活动;切实体验产品的定价目标和影响因素,理解产品定价的主要方法和技巧,培养相应专业能力与职业核心能力;通过践行职业道德规范,促进健全职业人格的塑造。

实训内容:

(1) 到当地的大型家电卖场,调查不同品种家电的价格,并对价格进行比较分析。
(2) 实践营销专业学生的职业素养和职业技能。

实训时间:

本课教学任务结束后,由学生在课余时间完成。

操作步骤：

(1) 将班级按每 10 位同学一组分成若干组,每组确定 1~2 人负责；

(2) 每组确定选择一种家电品牌作为调研的对象；

(3) 学生以小组为单位进入家电卖场进行调查,并详细记录调查的情况；

(4) 对调查的资料进行分析整理；

(5) 提交小组分析报告；

(6) 各组在班级实训课上交流、讨论。

成果形式：

撰写并提交家电产品定价分析报告。

 案例讨论

定价是最大战略

不一样的定价,决定了企业走向不一样的发展道路。价格作为营销的基本要素之一,更是企业经营发展过程中最核心、最关键的因素,价格决定市场选择、消费群体、利润空间,更影响企业的长远发展。企业只有获得足够的利润,才会有更多的资金投入研发、提升经营效率,同时为经销商、渠道商等合作伙伴创造更多的利益,构建长期稳固的合作关系。定价就是企业最大的战略,一流的企业拥有定价权。

1. 定价就是定生死

艾德·梅尔在营销领域提出了著名的"四四二理论"。简单地说,就是成功的 40% 取决于定位,即营销对象；40% 取决于产品和价格；20% 取决于营销。

在现实的营销过程中,营销对象往往在很大程度上来说是受价格影响的,我们习惯将市场分为高、中、低端市场,也习惯将消费者细分为高、中、低端消费者。因此,按照"四四二理论",价格的作用在成功关键因素作用中就占到了 80%,定价就是定市场,价格策略关系到产品经营成败,决定着企业的生死。

定价决定了市场选择。从某种意义上来说,小米过去的成功就是定价上的成功,走的是高性价比路线。通过低价快速打开了市场,并在竞争激烈的手机市场中开辟了一片蓝海市场,成功地俘获了互联网"屌丝"用户、爸妈级用户以及城市、乡镇、农村等中低端手机用户,并推动了智能手机的全民普及。应该说小米的成功得益于早期的高性价比,但小米的后续乏力也应归咎于低价策略,一个没有高毛利的企业是无法受到资本市场青睐的。

定价影响了企业创新。管理大师德鲁克说,企业的宗旨是创造消费者,而企业的职能则是营销和创新。定价决定了企业自身的利润率,以及长期的发展能力。事实上,只有能获得高毛利的企业发展才是可期的,只有能获得高毛利的企业才舍得并愿意将足够的经费投入研发、营销、经营以提升效率。一个企业的自我更新能力、创新能力才是最核心的竞争力,而这一切都得以企业拥有足够的毛利率为基础,即企业得有钱。这样,企业才能通过创新提供更好的产品,通过营销获得更多的市场。

定价决定了合作伙伴的忠诚度。没有永恒的朋友,只有永恒的利益,商业本身不关乎忠诚,只关乎利益。而利益在某种程度上就是忠诚,利益越大,忠诚度越高。如今的商业早已是生态链经营,企业自身只是生态链中的一环。波音公司在全球拥有 13 万多家供应商、苹

果的在全球有200多家核心供应商。从某种意义上来说，这些企业的半条命已经不在自己手里了，供应商、合伙伴的竞争力决定了企业的竞争力。所以，马化腾才会说出"把半条命交给合作伙伴"这样的话，并指出腾讯的使命就是链接和赋能。

2. 低价是一条不归路

"物美价廉"是个悖论。为什么在德国，这个人口只有8000万人口的国家，竟然有多达2300多个世界名牌？为什么在日本，这个我们俗称的"弹丸岛国"的国家，却有3000多家超过200年历史的企业？这从侧面反映了，在这些崇尚"高质高价"的国家里，诞生了无数的"匠人""匠心"品牌。而那些所谓的"物美价廉"更多的是企业早期为了吸引消费者、打开市场的一种营销手段。企业利用了人性的贪婪，在各种披着华丽外衣的宣传下，营造出物美价廉的存在。价廉无法维持企业的长远发展，价廉无法持续产品研发，致使无法生产出优质产品。因为好的产品，必然需要消耗更多的时间成本和人力劳动，这就必然导致成本水涨船高，反映出来的就是产品的"溢价"。而"物美价廉"又要求产品的价格必须足够低，这便产生了无法调和的矛盾。

按照价值定价原理，所有同类产品的价格都应该差不多，上下幅度为20%左右，现实中的商品定价却是分了"三六九等"的。同样是白酒，散装酒十几块一斤，江小白20多元100 ml，而飞天茅台能卖到几千乃至上万(500 ml)，还常年供不应求。同样是包，批发市场有的几十块一个，正规商场的品牌包价格则几百上千，而爱马仕、古驰的包却卖到几万到几十万元。这样的例子不胜枚举。而正因为是市场定价，所以才让定价变得有趣了起来。

降价是"鸦片"，用久了会上瘾。科特勒说过这么一句话，营销不是通过价格卖产品，而是出售价格本身。相比于打折、促销、降价这些手段，尽管看起来可以起到立竿见影的效果，但是也会带来负面作用。比较有代表性的就是班尼路这个服装品牌。前几年里，班尼路在国内是响当当的"名牌"，代表着时尚和潮流。不过，在不断地打折、降价促销后，彻底沦为地摊货，成为了廉价品牌的代名词。

3. 一流的企业掌握定价权

从企业的角度来说，定价权的掌握不仅是行业地位的象征，更是企业实现利润增长最为有效的捷径和方法，一流的企业掌握定价权。为什么格力降价，奥克斯等也会跟着降价？为什么茅台涨价，那么洋河多半也会涨价？为什么奔驰降价的时候，大部分汽车会跟着降价？说到底，是因为这些企业拥有定价权。

定价权才是行业的话语权。早在2004年，国美电器未经过格力同意，擅自下调格力空调的售价。最后，格力宣布全面退出国美电器，自建经销体系。在当时，这被评价为一次自杀式的行动。不过事实证明，格力不仅没有衰落，反而实现了逆势上涨。表面上看，格力是为了维护大部分经销商的利益，但实际上，这是格力为了维护在空调领域的定价权做出的反应。

2015年，面对家电行业的寒冬，格力首次挑起了价格战，为此包括美的、海尔、奥克斯、志高等空调品牌在内，也不得不被动地下调价格。那一年，尽管格力的利润也受到了一定程度的损害，但是由于拥有空调的定价权，因此相比于同行的"哀鸿遍野"，格力的日子还算不错。此外，定价权代表了消费主权，可创造并引领新的消费需求。在苹果手机推出之前，没有人想过原来手机屏幕可以只保留一个home按键；在戴森电吹风出现之前，没有人想过原来吹风机也可以做得这么美观又不伤发;在帮宝适纸尿裤还没出来之前,奶爸奶妈们不敢想象每天在家带娃的工作量可以减少。一流的企业掌握定价权,引领并创造着新的消费需求。

4. 定价才是灵魂,营销只是手段

营销的核心在于塑造价值感,而价值感最直观的体现就是价格。华为手机为了进军高端市场,推出高端旗舰 mate 系列。而为了匹配高价,华为在研发上需要持续投入巨额费用以保证产品在性能上的领先;在营销上,需要捆绑莱卡、保时捷等高端、专业品牌以提升产品的档次感和专业性;而在运营管理上,更要提升整体效率,包括供应链的管理、产品的品控、售后服务以及体验店的经营管理。价格不再是传统 4Ps 里的单一要素,而是企业经营的灵魂。否则,一切的定价都是无源之水、无本之木,企业应该围绕价格策略来开展营销及运营管理工作。试想那些在高端市场屡败屡战、屡战屡败的品牌,他们难道只是输在了定价上?卖得贵仅仅是表象,消费者只看到了价格贵,而没感受到贵得有道理,这才是失败的真相。

(资料来源:市场营销网《定价是最大战略,一流企业都是这样定价的》,http://www.hizcn.com/yxsz/aritcle5871.html)

项目十　分销渠道策略

任务一　分销渠道的模式

【学习目标】　通过学习分销渠道的含义、功能与分类以及渠道成员构成等内容,理解分销渠道的基本模式。

【知识点】　分销渠道的含义、功能与分类,分销渠道的基本模式,分销渠道的成员构成。

【技能点】　通过对分销渠道类型的学习,能够选择适合本企业要求的渠道模式。

DY 电子有限责任公司生产的小家电该如何分销？小家电的销售渠道该如何构建？小家电的分销网络又该如何管理？这是每一个想进入小家电市场的企业都必须面对的根本问题。作为一家正在小家电行业夺食的企业,DY 电子有限责任公司将寻找此问题解决方法的任务交给了营销部门,张明等人又一次面临着考验。

张明等人经过分析后认为,作为小家电产品生产商,DY 电子有限责任公司的小家电销售要求渠道必须能实现以下功能:一是要贴近市场,二是要实现密集销售,三是渠道长度要短,四是要加强终端控制。

相关知识

一、分销渠道概述

(一)分销渠道的含义

分销渠道,也称营销渠道或配销通路,是指产品从制造商手中转移至最终消费者所经历的一系列流通环节连接起来形成的通道。它由位于起点的制造商和位于终点的消费者(包括产业市场的用户),以及位于二者之间的中间商组成。

(二)分销渠道的分类

(1)按渠道中有无中间商参与,可分为直接分销渠道和间接分销渠道。直接分销渠道是指生产企业不经过中间商把产品直接销售给最终消费者或用户的分销渠道。间接分销渠道是指生产企业通过各种不同的中间商把产品销售给最终消费者或用户的分销渠道。

(2)按渠道中间环节的多少,可分为短分销渠道和长分销渠道。短分销渠道是指制造商只通过一个中间环节(如零售商),产品只是在较小的地区范围内销售的分销渠道。长分销渠道是指制造商通过两个以上中间环节,让产品在比较大的范围内销售,且销售量较大的分销渠道。

(3)按渠道中某一个特定环节里中间商数量的多少,可分为窄分销渠道和宽分销渠道。窄分销渠道是指在一个中间环节(如批发商或零售商)或某一个地区范围内只使用一家或少数几家经销商或代理商。典型的窄渠道就是在一个中间环节或一个地区只使用一家经销商或代理商,即独家经营。宽分销渠道是指在一个中间环节或某一个地区范围内同时使用很多家批发商或零售商。

(4)按渠道中各种中间商的功能与作用,可以分为经销渠道(包括批发、零售)和代理渠道。

(三)分销渠道的功能

在产品的整个销售过程中,即产品从制造商转移至最终消费者的各个环节,都离不开分销渠道成员的参与。在这一过程中分销渠道成员要执行许多重要的功能,这些功能包括:

(1)信息提供。制造商需要对市场的供求状况、动态变化情况进行仔细分析,对潜在的和现有的消费者进行分析和预测,以及对竞争对手的多寡和力量进行分析,以成功地完成分销渠道每一过程,正是分销渠道成员为上述工作提供了充分的信息资料。

(2)促销。通过传播有关制造商及其产品的富有说服力的,能够吸引消费者的信息与材料,促进消费者了解、信赖并购买产品,以达到扩大销售的目的。

(3)沟通。分销渠道成员输送产品的第一步便是寻找客户和潜在的购买者,并与他们沟通,这是分销渠道顺畅运行的关键。

(4)谈判。分销渠道成员与客户进行谈判,尽力达成有关产品的价格和其他条件的最终协议,以便最终实现产品所有权的转移。

(5)订货。分销渠道成员按照客户的意愿和要求,与制造商进行反向沟通,解决生产、装配和包装等方面的问题,以满足想要购买产品的客户的要求。

(6)实物占有。分销渠道成员通过一系列的储存、运输过程将产品传输到最终用户手里,才能使得消费者最终占有该物质产品。分销渠道在一定程度上降低了生产企业的库存成本,使制造企业有更多的资金可用在产品生产和基地建设方面。

(7)融资。即收集和分散资金,以负担分销工作所需的部分费用或全部费用。

(8)风险承担。从事任何活动都面临一定的风险。分销渠道成员在执行渠道任务的过程中要承担各种各样的相关风险。

【营销视角】

合作拓展提高渠道整体效能

在武汉举行的"金蝶渠道合作伙伴大会",在众多的与会核心企业中,不乏北大纵横、汉哲、立信等国内领先咨询企业的身影。

金蝶董事局主席兼CEO徐少春先生在大会上宣布了金蝶新年度战略:"双核驱动,加速向移动互联网转型。"所谓双核驱动,一核是ERP(企业资源计划),另一核是移动互联网时代的用户体验。他表示,"金蝶的移动互联网转型战略需要携手更多优秀的合作伙伴,打造一个开放的平台,一同分享移动互联网转型的丰厚成果。"

近年来,金蝶与合作伙伴共同为客户提供咨询业务,发展迅速。金蝶的优势在于,针对不同发展阶段的企业有较为全面、完善的信息化解决方案;在建筑房地产、汽车、制造等行业领域有着深厚的经验积累;在移动互联网转型领域也有成功经验。金蝶期望与更多的咨询伙伴合作,一起为客户提供整合解决方案的高价值服务。

二、分销渠道结构的基本模式

任何分销渠道都包含各种不同的、相互联系的机构,因其组织方式的不同,这些机构可以形成不同的分销渠道结构形式。同时,一个企业面对不同或相同的细分市场,也可能同时使用几种不同组织形式或不同结构的分销渠道。通常,分销渠道结构的基本模式有以下四种:

(一)传统分销渠道(单一渠道分销)

传统分销渠道是指"生产者—批发商—零售商—消费者"这样的渠道组织,渠道中各成员都是独立的机构,相互之间不受其他机构的控制。传统分销渠道可以利用批发商和零售商的仓储条件,减少企业在建立分销渠道时的投资。不利的方面主要表现在批发商和零售商往往是以自己的利益最大化为原则进行决策的,企业难以对自己的营销活动进行有效控制,同时还可能因机构间的利益冲突导致企业分销渠道无法正常运行。

(二)水平分销渠道

水平分销渠道是指由同一渠道层次上的两个或两个以上的成员联合起来,共同开拓一个新的市场机会的一种分销渠道结构。采取水平式联合,可以使各方互相取长补短,取得综合竞争优势。建立水平分销渠道组织,可以通过资产合并的形式,也可以通过签订短期或长期协议的形式。

(三)多渠道分销

多渠道分销是指企业使用两种或两种以上的分销渠道将其产品销售给消费者的一种分销渠道。企业在使用多渠道形式时,可以使用多渠道供应同一细分市场的消费者,也可以使用不同类型的分销渠道供应不同细分市场的消费者。在使用多渠道分销时,企业常用的做法是通过不同的分销渠道服务不同的目标消费者,以尽量减少渠道之间的冲突。

（四）垂直分销渠道结构

垂直分销渠道结构是指由生产者、批发商、零售商作为一个统一体而组成的一种分销渠道结构。在这种结构中，整个渠道由其中的一个成员（可以是生产者，也可以是批发商或零售商）拥有、控制或管理，使得分销渠道中的每个成员都为一个统一的目标而共同努力。相对于传统的分销渠道结构，垂直分销渠道结构由于是以一个渠道成员为主，所以便于渠道中各成员在利益一致的基础上团结合作。同时根据其组合方式的不同，可分为合同式垂直分销渠道组织、管理式垂直分销组织和综合式垂直分销组织三类。

1. 合同式垂直分销渠道结构

合同式垂直分销渠道结构是指渠道各成员之间通过合同的方式协调其营销活动，以保证分销渠道有效运行的一种组织形式。在合同式垂直分销渠道结构中，渠道系统中各成员的责任、义务都是以合同形式进行明确规定的。

2. 管理式垂直分销渠道结构

管理式垂直分销渠道结构是指渠道内各成员以协调的方式而不是以所有权为纽带对分销渠道进行组织管理的分销渠道。通过相互协调，可以使渠道内各成员共同努力，通过实现整个渠道的效益最大化来实现各个成员的效益最大化。在管理式垂直分销渠道组织中，能够承担起协调工作的往往是那些势力较强的，特别是能为其他渠道成员提供某些特定服务的、能受到其他渠道成员拥戴的渠道成员。

3. 综合式垂直分销渠道结构

综合式垂直分销渠道结构是指分销渠道的所有部分都为一个渠道成员所有，且渠道管理工作由一个渠道成员负责的一种形式。这个渠道成员可以是生产者，也可以是批发商或零售商。通常把由生产者所建立的垂直分销渠道组织称为前向一体化垂直分销渠道组织，而把由零售商所建立的垂直分销渠道组织称为后向一体化垂直分销渠道组织。

综合式垂直分销渠道结构的主体可以对渠道实现最大限度的控制，也便于企业营销策略的实施。其缺点是渠道的所有者必须具有强大的经济势力，一般只有一些大的企业可以使用。

【营销视角】

渠道结构扁平化

五粮液集团公司宣布推出"五粮头曲""五粮特曲"和"特曲精品"三个新的中档价位产品。此次，五粮液集团公司推出新产品，一个显著的不同是抛弃了以往的总代理模式，转而寻求直接在地市级市场招商，意图实现渠道上的完全扁平化。

五粮液集团公司前任董事长唐桥表示："此次公司推出五粮头曲、五粮特曲和特曲精品，将采取小区域平台商运营模式，以地级行政区域为招商单元，更加贴近一线市场和消费者，有效实施渠道扁平化。"渠道的扁平化，意味着五粮液将能对营销生产上的任何"风吹草动"产生更快的反应速度。

三、分销渠道的流程

分销渠道的流程是指渠道成员一次执行的一系列功能，一般由五个流程构成，即实体流程、所有权流程、付款流程、信息流程和促销流程。

（一）实体流程

实体流程是指实体原料及产品实体从制造商转移到最终消费者的过程。例如，原材料由供应商送抵运输机构，然后由运输机构送至制造商工厂，制造商生产出成品后将其运送至经销商处，再由经销商发货给消费者，这样便完成了从原材料、零配件直至消费的实体转移（见图10.1）。

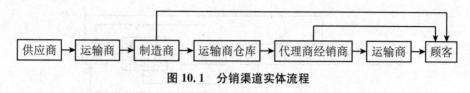

图 10.1　分销渠道实体流程

（二）所有权流程

所有权流程是指商品所有权从一个营销机构到另一个营销机构的转移过程。例如，原材料或零配件的所有权由供应商流向制造商，产成品的所有权从制造商流向经销商，再流至消费者，或直接由制造商流至消费者（见图10.2）。

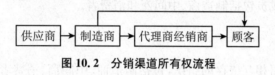

图 10.2　分销渠道所有权流程

（三）付款流程

付款流程是指货币在各中介机构中完成款项支付的流动情况。例如，消费者付款给经销商，经销商扣除一定比例的佣金后，付款给制造商，或由消费者直接付款给制造商，再由制造商付款给各原材料、零配件供应商（见图10.3）。

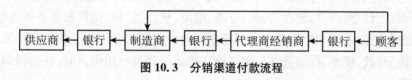

图 10.3　分销渠道付款流程

（四）信息流程

信息流程是指在分销渠道中，各营销机构相互传送市场信息和交易信息的流程。通常，渠道中每一相邻机构间会进行双向的信息交流，而不相邻的机构间也会有某种信息流存在（见图10.4）。

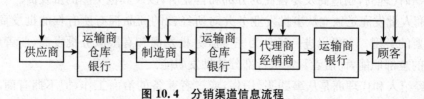

图 10.4　分销渠道信息流程

（五）促销流程

促销流程是指广告、人员推销、公共关系、营业推广等活动,由一个渠道机构向另一个渠道机构施加实现本机构营销目标的影响或刺激的功能(见图 10.5)。例如,制造商既可向销售商推销其"品牌"或"产品",也可向终端消费者推销自己的名称及产品,通过最终购买者增加的购买要求使销售商增加向制造商的进货数量。促销流既可以从制造商流向代理商(贸易促销),也可以流向最终消费者(最终使用者促销)。

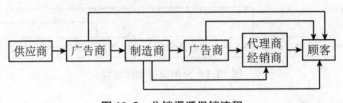

图 10.5　分销渠道促销流程

四、分销渠道的基本成员

分销渠道的基本成员包括制造商、中间商和消费者。

（一）制造商

分销渠道一般是由相互依存的组织,包括制造商、中间商、消费者(用户)以及相关辅助机构组成的。其中,制造商在渠道中占有举足轻重的地位。

（二）中间商

中间商是指在分销渠道系统中,介于制造商和消费者之间的经营者,作为分销渠道的重要成员,中间商的主要职能便是组织商品运行。中间商在买进卖出商品的过程中要根据市场需要做好调研、订货、购进、储存、转运、分类、编配、包装、定价、销售和服务等各项业务,正是这些基本业务把制造商和消费者连结了起来。而中间商的专门化经营又往往使这种连结变得更为简便、有效、成本更低。所以,制造商在构建与管理分销渠道时,往往特别重视发挥中间商的作用。

按其直接销售(服务)对象的性质,可以将中间商划分为批发商和零售商。

1. 批发商

批发是指将产品或服务销售给因要转卖或者商业用途而进行购买的个人或组织。批发商则是指那些主要从事批发业务的商业机构和个人。批发商主要有四种类型,即商人批发商,经纪人和代理商,制造商及零售商的分部和营业所,以及其他类型的批发商。

（1）商人批发商是独立从事批发业务并对所经营的商品拥有所有权的批发商,是批发商的最主要的类型。它可以进一步分为完全服务批发商和有限服务批发商,前者所要执行的是批发的全部职能,而后者只需执行部分的批发职能。

（2）经纪人和代理商是从事购买、销售,或二者兼备的洽商工作,但不拥有商品所有权的营销中间人。他们通常只执行有限的批发职能,其最主要的职能是促成交易,从中获取一定的佣金。

经纪人通常具有广泛的商业关系,掌握较多的市场上买卖双方的购销需求信息,通过他们的沟通和协助谈判,促成买卖双方达成交易。成交后,由卖方将商品直接发给买方、经纪人向委托方收取佣金。他们不涉及存货、财务、风险等问题,经纪人多见于房地产业、证券交易和保险业务等领域。

代理商是指具有相对持久性委托关系、代表买方或卖方的营销中间人。较常见的代理商类型包括制造代理商、销售代理商、采购代理商和佣金商等。

（3）制造商的销售机构和销售办事处包括两种类型：制造商的销售机构,是指制造商所设立的专门从事批发业务、执行批发职能的机构,仍属于批发商的范围；制造商销售办事处,也是从事产品的批发业务的机构,与制造商销售机构不同的是其不持有存货。

2. 零售商

零售商的主要业务是把产品或服务直接出售给作为终端消费者的商业机构或个人。零售是产品流通的最后一个环节、产品分销渠道的出口,其基本任务是直接为个人消费者提供便利的购买服务。零售商的经营业态是多种多样、千变万化的,而且新形式层出不穷。通常情况下,人们可根据其有无店面将其分为店铺零售和无店铺零售。

（1）店铺零售。店铺零售有许多形式,而且还不断出现新的形式以满足不同消费者的购物需要。店铺零售的具体形式主要包括专业商店、便利商店、百货商店、超级市场、折扣商店、仓储式商店等。

（2）无店铺零售。常见的无店铺零售的形式包括上门推销、直接邮购营销、邮购目录营销、电话营销、大众媒介直复营销、自动售货、网络营销、购物服务等。

【营销视角】

美菱电器旗舰店是合肥美菱股份有限公司开设运营的在线店铺。主要提供美菱洗衣机、冰箱、冰柜、小家电等产品的网上销售服务。品种齐全,价格实惠,时时惊喜,优惠不断,厂家直接发货,正品保障,所有展示商品与实物完全相符,商品售后七天内可无理由退换、全国联保等相关极具竞争力的售后服务。

（三）消费者

消费者是整个分销渠道的终点。满足消费者的需要、顺利实现商品销售是所有分销管理、渠道管理的终极目的。为了更好地满足消费者的需要,首先必须对消费者有充分的了解。

按购买动机和购买行为的不同,消费者可分为个人消费者和组织购买者两大类。

1. 个人消费者

个人消费者是指那些为满足自身及家庭成员的生活需要而购买商品和服务的人们。在社会再生产的循环中,个人消费者的购买是通向最终消费的购买,是所有社会生产的终极目标所在。

2. 组织购买者

组织购买者是指所有非个人消费者的团体组织,包括工业企业、商业企业、服务企业、政府机构、民间团体及各种非营利组织。它们通常是为了从事企业经营活动、加工制造产品、转售产品或向社会提供服务而购买商品或服务。

【延伸阅读】

天堂与地狱

一名诈骗供货商货款的罪犯死后,上帝为了教育他,请他去参观两个地方。上帝的使者来接他,问他愿意进天堂还是地狱。他大胆地请求:"先让我看看,再做决定可以吗?""当然可以。"使者先让他参观了地狱。进了地狱之门,他看到一间宽敞明亮的大房间,空气中飘溢着诱人的食物的香味,他循着香味搜寻了一下,原来在房间中间放着一口很大的锅,锅里正煮着肉粥。但是粥锅的周围却围着许多面黄肌瘦的人,有些甚至已经饿得奄奄一息。"这是为什么?他们为什么守着肉粥不吃,却宁可挨饿呢?"他不解地问道。"你再仔细看看,他们每人手里拿着什么?"使者指点他。他这才看到他们每人手里拿着一个勺,但这个勺的柄很长,甚至长过他们的身高。"这里规定必须用勺吃粥。但他们每个人都无法把粥送到嘴里,所以只好挨饿!"使者解释到。

他们又到了天堂。天堂和地狱的环境完全一样,但这里的人个个面色红润、健康愉快。"他们也必须用长柄勺来吃粥吗?""是的,你看!"他看到这里的人们在相互喂食,你给我一勺,我给你一勺,人人都吃得饱饱的,他们谈笑着、嬉闹着。

使者说:"这就是天堂,天堂与地狱的唯一区别就是是否懂得合作。"

启示:中间商是企业开拓市场的重要力量,也是企业搏击市场的合作伙伴。

【任务实施】

张明等人提出,作为小家电生产企业,DY 电子有限责任公司要建立"多、快、省、好"的分销模式。

多——把产品卖到更多的、有销量的地方去,达到基本覆盖有效市场;快——尽可能快地推广小家电品牌;省——注重控制分销成本;好——更好地服务于最终消费者。

【思考题】

1. 试述水平分销渠道、多渠道分销、传统分销渠道、垂直分销渠道系统各自的优缺点。
2. 简述分销渠道的五个流程。

任务二 分销渠道的设计与管理

【学习目标】 通过学习渠道设计的步骤、渠道冲突的处理、渠道评估与改进等内容,掌握渠道设计和管理的能力。

【知识点】 渠道设计的步骤,渠道管理的实施,渠道评估与改进。

【技能点】 渠道冲突的处理。

任务描述

DY电子有限责任公司作为小家电行业的一家中小型企业,由于资源限制等现实原因,DY电子有限责任公司提出要建立"多、快、省、好"的分销模式,先在一些区域进行试点,待取得良好的业绩增长和经营效益后再进行推广。面对这一决定,张明等人开始着手进行渠道设计。但该如何进行渠道设计?渠道设计中又要具体关注哪些问题呢?

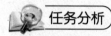

任务分析

在渠道设计中要关注目标市场因素、商品因素以及企业自身的条件。企业要在确定目标市场后,对分销渠道决策相关因素进行分析,在此基础上,再进行具体的渠道模式设计。

相关知识

一、渠道设计的基本要求

（一）以消费者为导向

在设计分销渠道时,首先要考虑的便是消费者的需求,应对其进行认真的分析,建立以消费者为导向的经营思想。进行周密细致的市场调查研究,不仅要提供符合消费者需求的产品,同时还必须使分销渠道满足消费者在购买时间、购买地点以及售前、售中、售后服务上的需求,从而提高消费者的满意度,促进企业产品的销售。

（二）发挥企业优势

企业在选择分销渠道时,应注意选择那些能够发挥自身优势的渠道模式,以维持自身在市场中的优势地位。如今的市场竞争不再是过去单纯的渠道、价格、促销或产品上的竞争。企业要根据自己的特长,选择合适的渠道网络模式,以达到最佳的成本经济并取得良好的消费者反应。企业还可以通过发挥自身优势来促进渠道成员间的合作,以保证企业的战略与政策的顺利贯彻与实施。

（三）实现利益最大化

渠道管理者在设计分销渠道时,应认识到不同的分销渠道结构面对同种产品所产生的分销效率存在差异。企业如果选择了较为合适的渠道模式,便能够提高产品的流通速度,不断降低流通费用,使分销网络的各个阶段、各个环节、各个流程的费用趋于合理化。总之,所设计出的分销渠道应该能够降低产品的分销成本,使企业能够在获得竞争优势的同时获取最大化的利益。

（四）注重协调与合作

各渠道成员之间的密切协调与合作对渠道的顺利畅通、高效运行起着至关重要的作用。

然而,渠道成员间常常会产生一些利益或决策方面的分歧、冲突与摩擦,也不可避免地存在着竞争。企业在设计分销渠道时,应充分考虑到这些不良因素,在鼓励渠道成员间进行有益竞争的同时,创造一个良好的合作氛围,以加深各成员之间的理解与沟通,从而确保各分销渠道的高效运行。分销渠道的协调与合作更多的会反映在合理分配利益上。

二、渠道设计的步骤

(一)确定渠道目标

在分析消费者服务要求的前提下,决定达到什么目标(即确定要达到的消费者服务水平,中间商应发挥的职能等),进入哪一个市场。渠道目标往往寄托着渠道设计者对分销渠道功能的预期,同时也体现了渠道设计者的战略意图,通常因产品的特性不同而有所不同。渠道设计的目标主要有以下几种,如表10.1所示。

表10.1 常见的渠道设计目标

具体目标	相关举措
顺畅	顺畅是分销渠道设计最基本的要求,为了达到这一目标,一般可采用直销或短分销渠道
增大流量	通过广泛布局、提高铺货率,可以增大流量
便利	为了方便消费者,企业应使市场分散化,在节约消费者运输成本的同时,提供完善的售后服务,及时为消费者解决问题
开拓市场	一般情况下,在进行市场开拓时,大部分厂家更侧重于在拥有一定的市场份额和自己的消费者群后,再建立自己的分销网
提高市场占有率	在建立起合适的分销渠道后,应特别注重分销渠道的维护与保养。从而逐步扩大市场份额
扩大品牌知名度	在维护老客户对品牌的忠诚度的同时,进一步争取新消费者
经济性	在设计与选择分销渠道时,要考虑到渠道的建设成本、维护成本、改进成本及最终收益
提高市场覆盖面积和密度	厂家为了实现这一目标,大多采用多家分销和密集分销形式
控制渠道	制造商可以通过提高自身的管理能力、融资能力,掌握一定的销售经验,建立品牌优势,以掌握渠道主动权
服务上的改进创新	如延长营业时间,提供送货上门服务,开展网上分销等

(二)设计渠道长度

产品在从制造商流向最终消费者的过程中,经过的每一个对产品拥有所有权或负有销售责任的机构,均为一个"层次"。经过的层次越多,分销渠道就越长;反之,分销渠道就越短。企业管理人员在确定渠道长度时,需要考虑多种因素。

1. 产品因素

对那些保鲜、装运以及储存等有特殊要求的商品，以及一些笨重易损、装运困难、仓储费用高的商品，应尽量选择短渠道，以便加速流通过程，减少流通费用；时尚性商品大都应采用短渠道进行分销，以便降低因时尚、款式和季节变化所带来的风险；定制品、特种工艺品以及技术性强的工业用品在交易洽谈、商品验收及售前售后服务方面都需要买卖双方直接接触，就不宜有中间商，应选择短渠道；农矿初级产品和大宗工业原料一般都已有专门商家或批发商经营，其分销渠道不可能很短；需要维修的商品，如汽车、电冰箱、电视机及其他电气产品都会面临售后问题，出售点不能太少，不宜采用过短的分销渠道；标准化商品分销渠道可长可短，若用户比较分散，如量具刀具、通用机械等，宜采用间接渠道；对于新产品，制造商一般直接向消费者推介产品，如果能取得中间商的良好合作，也可考虑利用间接分销渠道。

2. 企业自身因素

（1）企业的规模和财力。规模较大、财力雄厚，且具备经营管理的经验和能力的企业，在选择中间商方面拥有较大的主动权，甚至可以建立起自己的销售系统，因此其分销渠道通常较短；而规模小、财力薄弱的小企业则往往只能利用较长的分销渠道。

（2）企业的产品组合。产品组合越丰富，公司直接向消费者出售的能力就越强。产品组合越深，采用独家经销或少量有选择的中间商就越易受益。公司产品组合的关联性越强，其所采用的分销渠道也就越相似。

（3）企业销售能力。企业的销售能力是指企业整个现有销售能力的大小，包括企业的销售机构、销售人员的配备，以及是否具有销售的组织和经验。销售能力强的企业可以依靠自己的销售力量，少用或不用中间商，所以较宜使用短分销渠道。而那些销售能力差的企业，就需要依靠经验丰富的中间商的帮助打开市场。

（4）企业的人员条件。如果制造企业自身拥有从事销售业务的专业人员，而且这些业务人员具备广泛的专业知识、娴熟的技能、丰富的谈判经验，那么企业便可以采用直接销售的方式。若不具备这些条件，最好还是通过中间商来进行产品分销。

（5）企业控制渠道的需要。如果企业为了自己的战略目标，出于控制市场零售价格或保持商品新鲜的原因，需要控制分销渠道和市场，就要加强销售力量，进行直接销售或采用较短的分销渠道。

3. 市场状况

（1）市场潜力。面对消费者数量多、购买频率高的市场，企业在选择渠道体制时要考虑到商品的销售面铺得够不够广，便于消费者购买，因而需要使用较长的渠道，通过若干中间商将产品转卖给最终用户。反之，面对消费者数量少、地理上较为集中、购买数量大的市场，可用较少的中间商，即采用较短的分销渠道。

（2）消费者购买习惯。对各种日用消费品而言，消费者希望能在最方便的零售店随时买到，因此需要采用较长的分销渠道，经过批发商和大量的中小零售商将产品转卖给消费者。而一些耐用品或特种制品，由于消费者购买较少，且习惯于选择专门商店或规模较大、服务较好的商店购买，则可少设网点。

（3）市场竞争性。对于同类产品企业，可采用与竞争者相同的分销渠道与竞争者竞争，也可选择并开辟新渠道推销产品。主要应依据竞争需要，分析对于实力，灵活选择分销流通渠道,或针锋相对,或避其锋芒。

4. 环境因素

(1) 政治经济状况。在经济萧条时,制造企业的策略重点只能是控制和降低产品的最终价格,因此必须尽量减少流通环节,取消不必要的加价。此外,当将企业的产品销往国际市场时,还需考虑到产品欲销往国家的政治状况。如果企业欲将其产品销往与本国有良好关系的国家,可以与该国的进口商或消费者直接接洽,故渠道较短;反之,若销往与本国关系紧张或尚无邦交的国家时,就必须通过第三国的中间商,故渠道较长。

(2) 当地的法律或行政规定。不同的国家或地区对市场分销渠道通常有特殊的法律或行政规定,如限制某些渠道安排,或规定某些商品只允许国营企业经营等,企业在设计分销时,必须详细了解并遵守目标市场上的有关规定。

(3) 地理位置。一般来说,在向邻近地区销售产品时,由于交通和联系方便,则更多地采用短分销渠道。

(三) 设计渠道宽度

渠道中每个层次上使用的中间商数目的多少决定了渠道宽度。企业在制定渠道宽度决策时面临着三种选择:密集分销、选择性分销或独家分销。

1. 密集分销

密集分销是指在分销产品的过程中,制造商在同一渠道层次上使用尽可能多的批发商、零售商为其推销产品,使渠道尽可能拓宽。这一策略的关键在于扩大市场覆盖面或加快进入一个新市场的速度,使众多的消费者能够随时随地买到企业的产品。密集分销较适用于价格低、购买频率高、购买数量少的日用消费品、工业品中的标准件、通用小工具等产品。密集分销是最宽的一种渠道模式,其市场覆盖面较广。

2. 选择性分销

选择性分销是指在产品分销过程中,制造商在某一地区仅使用几个经过精挑细选的中间商经销其产品。选择性分销模式多适用于消费品中的选购品、特殊品和工业品中的零部件。这些商品的消费者往往比较注重品牌。这种分销模式有利于稳固企业的市场竞争地位,维护企业产品在该地区的良好信誉。但在选择分销商时,一定要制定合适的标准,以便选出分销能力强且信誉好的中间商。

3. 独家分销

独家分销是指企业在目标市场上或一定地区内只选择一家中间商经营其产品,是渠道最窄的一种模式。通常,双方经过协商、签订独家经销合同,规定双方的权利和义务,在货源、价格、独家经营等方面各有约束。生产和经营名牌、高档消费品和技术性强、价格较高的工业品的企业多采用这一分销模式。这种模式能提高中间商的积极性和推销效率,做好售后服务工作;易于控制产品的零售价格;促销工作易获得独家经销商的合作。但这种方式市场覆盖面相对较窄,制造商如果不能合理地运用这一分销模式,将会面临较大的风险。

在设计渠道宽度时,应注意以下两点:第一,如果企业是刚进入某一市场,对该市场缺乏一定的了解时,万不可过早地采用独家分销模式,可以选用几家较有经验的当地分销商进行分销。待企业有了一定的经验,或对该地市场有了一定的了解后,方可考虑采用独家分销模式。第二,在选择渠道模式时,企业要充分考虑到不同消费者行为的差异性,因地制宜。

(四)分配渠道任务

1. 明确渠道成员的职责

渠道任务主要包括推销、渠道支持、物流、产品修正、售后服务以及风险承担。这些渠道任务必须被合理地分配给各渠道成员。

2. 分配渠道任务

渠道管理者要将每一项渠道任务分配给渠道成员来完成。例如,制造商可直接为最终用户提供运输服务,可以要求批发商自己来提货,可以让消费者自己来挑选并运走产品,也可以负责将货物运到批发商那里,再由批发商负责将其转送至零售商。从制造商的角度出发,在渠道成员中分配任务的主要标准是:

降低分销成本;增加市场份额、销售额和利润;使分销投资的风险最低化和收益最优化;满足消费者对产品技术信息、产品分布、产品调整以及售后服务的要求,从而在竞争中取得优势;保持对市场信息的了解。

总之,明确渠道成员的职责,使各成员所应承担的任务清晰化,是渠道顺畅运行的基本前提。渠道任务的分配,应在渠道成员相互协商与协调的基础上进行,力求做到扬长避短,发挥渠道的整体优势。

(五)选择最佳方案

针对各种分销渠道的设计方案,可使用以下三种方法进行选择。

1. 财务法

财务法的基本观点是,财务变量是影响渠道结构选择的一个最重要因素。因此,选择一个合适的渠道结构类似于选择资本预算的一种投资决策。这种决策主要是根据不同渠道结构所要求的资本成本的不同,在对之加以比较的基础上评估出可获得利润最大的分销渠道结构。

2. 交易成本分析法

这一方法在进行分销渠道的选择时,将传统的经济分析与行为科学概念以及由组织行为产生的结果有效地结合了起来,主要考虑在以下情况中进行取舍:制造商是通过垂直一体化系统来完成所有的分销任务,还是通过独立中间商来完成一些或者大部分的分销任务。

3. 经验法

经验法是指依靠对管理上的判断和过去的经验来选择分销渠道结构的方法。经验法主要包括权重因素记分法、直接定性判定法和成本收益比较法。经验法可以将分销渠道的选择与一些非财务标准有效地结合起来。

二、渠道管理

渠道管理的一般步骤主要包括选择渠道成员、激励渠道成员、评估渠道成员、渠道的协调与控制和处理渠道冲突。

（一）选择渠道成员

渠道成员的选择标准主要有以下几个方面：

1. 财务状况

资金雄厚、财务状况良好的分销商能够保证及时付款，还可以向制造商提供一些帮助，如分担一定的促销费用，扩大广告促销规模；提供部分预付款或者直接向消费者提供某些资金融通，如允许消费者分期付款等，从而吸引更多的消费者，使产品的分销更加顺利。反之，如果分销商的财务状况不佳，则会经常拖欠货款，影响企业的资金周转。

2. 销售能力

最常用的检测中间商销售能力的指标包括销售人员的素质和实际雇佣的销售人员的数量。而对生产技术产品的制造商来说，通常比较注重中间商销售人员的技术能力。

3. 经营历史和联系能力

经营历史长的中间商有着丰富的经验，广泛的社会关系和商业联系，有利于产品的分销；也有一些中间商有着极强的联系能力，拥有联系紧密的销售网络，能够有效地把产品销售给潜在消费者。

4. 声誉

企业应避免选择有经营劣迹、信誉不好的中间商作为渠道成员。一些企业在选择中间商时认为，中间商的品质是绝对重要的和不容商量的，而其经验和财务能力等因素则是可退而求其次的。

5. 市场覆盖范围

市场覆盖范围是指中间商覆盖制造商预期的地理范围。中间商覆盖的市场范围要足够广，但若其销售覆盖面太大，则可能会与目前的范围产生重叠。

6. 未来销售增长潜力

制造商可以通过观察中间商目前的销经营状况和销售情况，分析其未来的发展潜力。对于那些有较大发展潜力的中间商，可以作为备选渠道成员。

7. 人员、装备和设施

对中间商所雇用的人员、装备和设施也应当予以考察。从事分销活动的人员的数量和质量如何，是否具有良好的公共关系，分销商的设施与装备安置的是否适当，都能够直接反映出中间商的经营能力。

8. 提供信息的能力

中间商比企业能更直接地接触终端市场，更了解市场需求的变化和发展趋势，能够为企业提供更多的市场供求信息与竞争者的经营状况。一般来讲，规模大、实力强、人员素质高的中间商在这方面的能力也强一些。

9. 合作意愿和态度

中间商的合作意愿和态度直接关系着分销渠道的效率，进而影响到企业开拓市场的成效。如果中间商努力经营、友好合作，企业收效就可能很大；反之，企业可能会蒙受巨大损失。

10. 规模

通常认为，若中间商的组织越大和其销售的产品数量越多，就越有可能销售更多的制造商的产品。大型的中间商往往更有可能取得成功,盈利的可能性更大,具有更好的经营基础,能代理更好的产品线。另外,相对比较小型的中间商而言,大型的中间商通常拥有更多的销售人员、更好的办公条件和人员配备能力。所以,有时候选择中间商纯粹是根据其规模大小进行判断。

(二)激励渠道成员

中间商有决定自己政策的权利和能力。中间商通常首先是客户的采购代理人,其次才是供应商的销售代理人。企业给予渠道中间商适当的鼓励,可以促使双方更好地合作,加深理解,融洽感情,在互惠互利中实现各自的目标。具体的激励措施主要有以下几种:

1. 降低价格

该措施可以使中间商获得更大的利润空间,措施成效显著,但有时也会给企业带来后患,因为一旦降低价格,再抬高就比较困难了。另外,如果渠道成员是代理商,降低价格可能有利于代理商的推销,但会减少代理商的收益,因为代理商的佣金一般按照销售价格的一定比例提取。价格降低,意味着代理商所得佣金将减少,所以通过降低价格对代理商进行激励,效果可能不是太好。

2. 授予中间商以独家经营权

该措施能够调动中间商的经营积极性。被授予独家经营权的中间商更愿意支付广告宣传的费用,因为它能够由此独享广告宣传与增加销售所得到的一切利益。而且,通过独家经销某一企业的产品,特别是大型企业的或具有较高知名度的名牌产品,将有助于中间商树立起良好的形象和声誉。

3. 为中间商提供推销人员和服务人员培训

对于一些技术性较强的产品,推销和服务都需要一定的专业知识,这时培训就显得尤为重要。培训可以采用多种方式,如直接派人到目标市场就地培训或请中间商派人到企业所在地接受培训。中间商的推销人员和服务人员经过培训,可以更有效地推销本企业的产品,同时也可以获取更多的佣金或报酬。

4. 提供广告支持

企业可以出资在目标市场上做广告,这将促进中间商的销售,也可以与中间商就发布广告进行合作,即请中间商在当地做广告,由企业提供部分甚至全部资助。

5. 提供经营咨询

企业在市场调研和经营管理方面一般有比较丰富的经验,可以给中间商提供帮助。

6. 沟通

企业可以通过定期向中间商发送信函、企业简报、期刊等方式与中间商进行不断的沟通,这对于中间商来说也是一种激励。一项有关企业的调查表明,企业与中间商的联系越密切,中间商销售该企业产品的业绩就越好。这是因为,通过双方更多、更好的接触与了解,两者之间的分歧大大减少了,工作关系得到了很大改善。

7. 提供信贷援助

当中间商规模较小或出现暂时财务困难时,企业如能向其提供信贷支持,对这些中间商来说也是一种很有效的激励措施。

8. 组织中间商进行推销竞赛

企业可以定期或不定期地举行一些中间商推销竞赛,对推销绩效显著的优胜者应给予适当奖励,如免费旅游等。需要注意的是,企业在采用这些方法之前,必须进行调查研究,了解中间商的经营能力和经营现状,预测市场潜量,并对这一活动的成本和效益进行结算。

企业在进行激励时,要权衡各种激励方法的效果与付出的关系,并考虑中间商的具体情况来选择激励效果最佳的激励法,从而提高中间商的积极性。

【营销视角】

树立典型予以奖励

在以"深化改革、坚定信心、拥抱新常态,厂商同心、精耕市场、再创辉煌"为主题的茅台年度全国经销商联谊会上,1000多名来自全国各地的经销商参加了此次年会。大会由贵州茅台酒股份有限公司副总经理杜光义主持,贵州茅台集团党委书记陈敏致辞。大会现场颁出了诸多优秀、先进经销商奖项,包括"先进经销商"44个、"优秀营业员"20人、"先进专卖店"49个、"优秀经销商"11个和"优秀专卖店"30个。经销商在会上表示,现在的经济环境与市场环境对白酒销售影响不容乐观,希望这次大会能超到凝心聚力的作用。随后,全体起立,经销商代表进行了宣誓。

(三)评估渠道成员

1. 制定评估标准

企业所采用的标准往往因具体情况不同而会有所不同。大多数制造商所采用的标准组合包括渠道成员的销售绩效、渠道成员的维持库存、渠道成员的销售能力等。通常情况下还有一些其他的较为重要的评估标准,如渠道成员的态度、渠道成员所面临的竞争、渠道成员的财务状况、渠道成员的声誉以及渠道成员为消费者所提供的服务的质量等,企业可以根据评估需要进行有效的选择。

2. 进行评估

在制定出评估标准后,渠道管理者便可以采用这些标准来对渠道成员的绩效进行评估了。评估方法主要包括独立的绩效评估、非正式的多重标准组合评估和正式的多重标准组合评估。

(四)渠道的协调与控制

1. 分销渠道的协调

(1)产品实体方面的协调。这主要体现在正确处理制造商与中间商的关系上,制造商在向中间商供货之前,双方应该就产品的规格、式样、性能、花色、包装品牌和数量等方面达成一致意见,并签署相关合同或协议,以确保双方能够顺利合作。

(2)产品转手方面的协调。这主要是指对制造商和中间商双方在交货地点、交货期限以及支付方式等方面的协调。

(3)产品价格方面的协调。这既包括制造商与中间商在价格方面的协调,还包括中间商之间对转手价格的协调以及彼此对终端消费者价格的协调。

(4) 产品促销方面的协调。这里应具体明确制造商和中间商在广告宣传、产品展示、售后服务和技术支持等方面应承担的责任与义务,以确保产品促销工作的开展。

渠道管理者进行渠道协调的方式有很多,既可以通过当事双方签订书面协议来明确彼此间的权利与责任,使双方在意见一致的基础上严格遵守协议规定,还可以通过召开经销商会议、建立信息网络等非书面的沟通方式,来实现彼此之间的沟通与合作。

2. 分销渠道的控制

把产品委托给中间商后,制造商还应当进行适当的跟踪与控制。中间商作为独立的商业机构,往往同时经营多家企业的产品,他们所关心的可能只是高利润,加快资金的周转,而不是对企业产品的推广和销售,这会使得企业丧失很好的市场机会。

分销渠道控制的目的在于更好地使渠道成员的行为与制造商所期望的行为相一致,双方相互协调与发展,从而实现彼此的最大效益。通常情况下,企业可以从分销成本、渠道覆盖率、持续性三个方面对分销渠道进行控制。

(五) 处理渠道冲突

处理渠道冲突的一般方法包括以下几种:

1. 劝说

劝说实际上就是利用领导力来解决冲突。从本质上来说,劝说是为存在冲突的分销渠道成员提供沟通机会,强调通过劝说来影响其行为而非信息共享,也是为了减少有关职能分工引起的冲突。既然大家已结成利益共同体,劝说可帮助成员解决有关各自的领域、功能和对消费者的不同理解的问题。

2. 谈判

谈判的目的在于阻止渠道成员间的冲突。妥协也许能避免冲突的爆发,但不能解决引发冲突的根本原因。只要压力继续存在,终究会导致冲突的产生。其实,谈判是分销渠道成员讨价还价的一个方法。在谈判过程中,每个成员都会放弃一些东西,以避免冲突发生,但谈判的效果还得看对方的合作意向。事实上,用谈判方法解决冲突时,需要每一位成员形成一个独立的战略方法,以确保能解决问题。

3. 仲裁

当渠道冲突通过劝说或谈判均未得以解决,而又不愿诉诸法律时,则可采用仲裁的方法。仲裁的优势在于其程序简便、结案较快、费用开支较少,能独立、公正和迅速地解决冲突,给予当事人以充分的自治权,还具有灵活性、保密性、终局性和裁决易于得以执行等优点。因此,仲裁为越来越多的当事人所选择并采用,尤其是在国际营销的过程中,更是被广泛采用。

4. 法律手段

当分销渠道中的领导力不起作用,即通过谈判、劝说等途径已无法解决问题时,冲突便要通过司法部门来解决。诉诸法律也是借助外力来解决问题的方法。

5. 退出

退出某一分销渠道是解决冲突的最终方法。当企业准备退出时,应考虑好下一步计划,一个公司若想继续从事原行业,必须有其他可供选择的产品分销渠道。对该公司而言,可供选择的分销渠道所需要成本至少不应比现在大,除非其愿意花费更高的成本回避现有矛盾。当水平性或垂直性冲突处在不可调和的情况下时,退出是一种可取的办法。从现有分销渠道中退出可能意味着中断与某个或某些渠道成员的合作关系。

三、渠道改进

(一)分销渠道改进的信号

一般来说,当出现下列情况中的一种或几种时,企业就应该考虑是否需要改进分销渠道了。

1. 不满意的最终用户

近年来,由于同类产品及替代品不断增多,消费者在购买商品时具有更大的挑选余地,这将导致他们对分销系统所提供的产品和服务的要求越来越高。分销渠道也由过去的重视厂家、经销商阶段,进入了重视消费者阶段,即企业围绕消费者来组织各种经营活动,让最终用户满意是对企业营销的基本要求。

2. 新兴渠道的出现

新的分销渠道能为企业带来更多的机会与全新的消费者期望值,并且可以重新定义分销成本或服务标准。在今天,企业的产品生产日趋多样化。为了让产品迅速打入市场并占领市场,扩大并维护市场,仅靠单一的分销渠道策略很难实现理想的效果。

3. 不断增加的渠道成本费用

目前,许多企业仅仅通过压缩企业内部的成本费用来进行成本控制,而不是通过降低渠道费用来提高自身的经济效益。分销渠道成本在一个行业商品和服务的整体成本中通常占有很大的比重,因此通过改善分销渠道来提高企业竞争力和利润率是一个较为明智的选择。通过科学的设计、别出心裁的管理与改进分销渠道为企业所带来的回报通常要远远大于削减或压缩企业内部成本所带来的好处。

4. 不思进取的分销商

如果制造商面对强有力的竞争对手,竭尽全力地扩大市场份额以提高企业竞争力,而分销商们却贪图安逸、不思进取,企业应积极采取相应措施,以提高各个分销商的素质。

5. 落后的管理方法

目前,迅猛发展的电子信息技术和网络技术,使众多商家在购、销、调、存等方面实行科学与自动化管理成为可能。例如,在库存方面,电子信息交换系统和消费者反馈系统的应用,大大降低了企业的库存成本,提高了管理效率;在物流方面,许多高新技术的产品,如高效可靠的隔夜快递、即时跟踪分销商库存状况的信息系统等,不仅大大提高了物流效率,而且还为分销渠道的再造提供了可能。

(二)分销渠道改进策略

1. 提高消费者满意度

只有消费者满意,企业才能取得良好的业绩,这是每个企业都应明白的简单道理。企业应将消费者的需求置于第一位,积极寻找提升消费者满意度的关键因素,以提高消费者的满意度和忠诚度,并尽量增加对那些能给消费者带来实在效益,且成本较低的渠道的投资。

2. 开发新的分销渠道

新兴的分销渠道不仅能够给企业带来全新的消费者期望值和更多的机会,而且可以重新定义分销成本或服务标准。企业应不断地或定期地对现有和可替换的渠道加以评估,开发新的分销渠道,服务新的细分市场。不同的分销渠道是服务于不同的细分市场的,如果企业放弃了某一条分销渠道,便有可能错过整个细分市场,从而造成市场覆盖面中存在空白。例如,如果计算机设备公司忽略了系统集成商,便有可能失去巨大的潜在市场。因此企业应在完善其原有的关键分销渠道的基础上,引进新的分销渠道,填补某个细分市场上的空白。

3. 重新组合调整分销渠道

企业不仅仅要加强内部管理,还应采取积极有效的措施来维护与改进整个分销系统,从而提高整个系统的竞争力。由于渠道成本受规模成本影响,企业可通过促进分销商整合来加强其网络系统,从而获取成本优势。同时,企业要提高整个分销渠道的经济性,还可以通过向业绩突出的分销商提供相应的优惠政策的渠道优化重组法来实现。例如,通用公司电气用具部通过引进消费者化库存,不仅加快了库存周转,降低了运输成本,而且为外部分销商提供了强有力的支持,使各分销商在激烈的市场竞争中立于不败之地。

【延伸阅读】

小家电销售量电商渠道占比达七成以上

我国的小家电行业始于20世纪80年代,虽较欧美日等发达国家和地区滞后近30年,但是发展后劲很足。具体表现在:发展之初产品单一,市场规模小;20世纪90年代后,小家电种类迅速增多;进入21世纪后,各种高新技术和新材料被广泛运用于小家电设计、生产,产品多功能化、智能化的趋势非常明显。这个阶段还出现了一些将中国传统文化和烹饪习惯与现代电器制造技术相结合,主要面向国内消费者的创新型产品。

在小家电销售量中,电商市场这几年的份额在逐年加码。2012年,全国家电市场的电商份额仅占6%。到2017上半年,家电电商的份额已经扩张至整体市场的25%,快速布局电商渠道是家电企业发展的重中之重。小家电由于体积小、单价低等特点更受电商的青睐,尤其像搅拌机、吸尘器、电咖啡壶、面包机等这样的新式小家电,电商渠道的销售比重更是达到70%以上。以吸尘器行业为例,截至2017年10月,小狗吸尘器电商销售额同比增长超过50%,年销售量同比增速甚至达到了75.2%。

(数据来源:前瞻产业研究院发布的《2018~2023年中国小家电行业产销需求与投资预测分析报告》)

任务实施

张明等人在设计公司的分销渠道时提出,作为小家电生产企业,DY电子有限责任公司要建立"多、快、省、好"的分销模式,应重点关注以下问题:

(1) 多——多网点。一是增加网点数量,二是提升单点的有效性。

(2) 快——短渠道。对短渠道来说,核心就在一个字——快。

(3) 省——近距离。所谓近距离,包括拉近厂家与商家的距离,厂家与消费者的距离,商家与消费者的距离,厂家与竞争对手的距离。

(4) 好——强化终端。

1. 渠道设计的基本要求有哪些?渠道设计中有哪些影响因素?
2. 如何进行渠道设计?

渠道设计分析业务胜任力训练

实训目标:

引导学生参加"渠道设计分析"业务胜任力训练的实践活动;切实体验影响渠道设计的因素,培养相应专业能力与职业核心能力;通过践行职业道德规范,促进健全职业人格的塑造。

实训内容:

(1) 在学校所在地选择一种日常用品与一种价值较高的专业产品,了解两种产品分销渠道类型、结构,分析其渠道结构上的差异;

(2) 相关职业能力和职业道德规范的认同践行。

实训时间:

在讲授本训练时选择周末进行。

操作步骤:

(1) 将班级按每6~8位同学一组分成若干组,每组确定1~2人负责;

(2) 每组确定选择两种产品作为调研的对象;

(3) 学生以小组为单位调查,将调查情况详细记录;

(4) 对调查的资料进行整理分析;

(5) 根据影响渠道设计的主要因素,找出两种产品渠道设计的差异;

(6) 提交小组分析报告;

(7) 各组在班级实训课上交流、讨论。

成果形式:

撰写两种产品渠道设计差异的对比报告。

如何处理多家代理商所引起的渠道冲突

1. 背景资料

张胜是著名M品牌主板西南大区的总经理。这段时间四川市场的同类销量很大,但M品牌只有2300片/月的销量,这使得张胜面临很大的压力。其实张胜很清楚问题的关键所在。公司在成都有三家分销商,A公司目前一个月出1000多片,B公司一个月出600多片,C公司一个月出500多片,按三家公司的能力,销量都能翻一番。但由于存在恶性竞争,没有什么利润可言,大家都不愿意加大投入。三家公司都在观望,维持现有销量。张胜知道如果不采取措施,市场份额不仅无法提高,还可能被竞争对手抢夺。

2. 分销商各怀心事

张胜积极与三家代理商进行紧急磋商。他了解到,三家分销商在心里早已有了四种对策。第一种选择,也是他们真正的想法:自己做M品牌主板在四川市场的独家代理商;第二种选择是,厂商把市场秩序维护好,自己保持目前的投入或者稍微增加一些投入,使自己的销量有所上升,且利润合理;第三种选择是保持目前的状态等待机会,如厂商政策调整;而第四种,也是最差的选择,就是退出,三家也各自准备好了退路。

如果是第一种选择,公司的目标是4000片/月,三家都不具备这样的资金和实力,资源都不够;第三种选择是维持现状,显然不行;至于最后一种选择,如果让三家退出,公司在四川市场的投入将前功尽弃,公司要重新招商铺设四川市场,这显然太不现实。如今之计,按现行的市场网络,重新理清渠道间的利益关系是最为实际的选择。

3. 渠道冲突分析

张胜分析,目前渠道冲突表面上的原因大致有三个:一是代理商之间彼此不信任,都想着利益独享;二是次级经销商在三者之间进行挑拨;三是三家代理商的业务员在暗地里私自降价。三种原因均不是现在渠道冲突的根源。M品牌主板渠道冲突的根源是价格体系设置不完善以及渠道维护失控。

张胜又仔细分析了三家代理商的网络覆盖状况和分销能力。从三家销售保有量平均状况来看,A公司目前在总体销量上几乎等于B和C两者之和,一股独大。由于代理商月销货一般有着与自己资源能力相匹配的销货保有量,因此在渠道推力和拉力均有所不足的情况下,代理商为得到约定的返利点,往往只应付性地完成既定的销货保有量。从三家代理商目前的月出货数量来估算,基本可以推测出A、B、C三家代理商所具有的资源实力。

张胜还发觉A、B、C三家的M品牌主板市场重叠部分设置过大,三家代理商业务员在开展业务的过程中极易发生冲突。而三家代理商的非重叠市场都不足以完成目标销量,这样你争我夺,价格体系就岌岌可危了。另外,市场重叠度过大也导致了网络的延展度不够,M品牌主板的市场占有率长期徘徊不前即有此因。因此,现在首当其冲的就是要重新分割市场,将重叠度降低,同时要求总部在促销上给予支持,帮助A、B、C三家代理商对新的市场版图进行开拓。

(资料来源:钟超军,如何处理多家代理商所引起的渠道冲突?,《河北企业》,2004年第1期)

【案例问题】

1. 面对如此乱局,张胜到底该如何是好?
2. 问题到底出在哪里?张胜又该如何着手解决?
3. 生产商应当如何对经销商进行管理?

项目十一　促　销　策　略

任务一　人员推销策略

【学习目标】　了解促销组合的内容,掌握人员推销的特点与程序,并能在实践中加以运用。

【知识点】　人员推销的目标和任务,推销人员应具备的素质。

【技能点】　掌握人员推销的工作程序,在推销的实际工作中精心准备每一个环节,提高推销的成功率。

小王是 DY 电子科技有限责任公司销售部门的一位推销员。通过几年的工作,他拥有了相对固定的客户,销售业绩一直名列前茅。在保持与老客户的关系上他很有成就,但在新客户的开发上,他却觉得心有余而力不足,这影响了他的工作积极性。

任务分析

作为一名业绩很好的老推销员,小王拥有非常丰富的经验,但可能由于工作时间长了,原有的热情慢慢减退。另外,他在开发新客户的工作上缺少挑战自我的精神,不能很好地利用网络工具寻找客户,业绩下滑,导致他没有自信。

一、促销

促销是企业整体营销活动中的关键环节。企业在生产出质量优良的产品后,制定合适的价格,选择有效的分销渠道,并不意味着企业的产品就是"皇帝的女儿不愁嫁"。面对竞争日益激烈的市场,企业还必须组织一系列的活动,引起消费者对产品的注意和兴趣,激发他们的购买欲望,促使消费者采取相应的购买行为,进而达到促进销售的目的。

（一）促销的概念及作用

1. 促销的含义

促销，是促进销售的简称，是指企业通过人员或非人员的推销方式，向消费者传递产品和企业信息，实现双向沟通，促使消费者熟悉企业的某种商品或劳务，并对此产生好感和信任，最终使其购买产品的一种市场营销活动。

促销具有三个方面特点，如表11.1所示。

表11.1 促销的特点

实质	沟通、刺激活动，通过声音、图像、文字或实物传播的方式传递给消费者，增进了解，激发欲望
目的	吸引消费者对产品或劳务的注意和兴趣，激发消费者的购买欲望，促进消费者的购买行为
方式	人员和非人员两种

2. 促销的作用

促销的作用如表11.2所示。

表11.2 促销的作用

沟通信息	介绍商品的性能、用途、价格及企业所提供的服务等
诱导激发需求	消费者的购买行为具有可引导性，促销活动的成功可能使消费者产生新的需求
强调产品特点	让消费者了解某一产品与其它产品相比的独特之处，从而引起消费者有区别的注意
稳定市场，扩大销售	引起消费者持续的关注，增强消费者对企业的信任与好感，在给消费者带来实惠的同时，使销售量得到提高，实现消费者与企业的互利
提高企业的市场竞争能力	独具创意的促销活动更容易获得消费者的认可与赞赏

（二）促销组合

1. 促销组合的概念

促销组合就是有目的、有计划地把人员推销、广告宣传、营业推广和公共关系四种形式进行有机组合，综合运用，进而形成一个整体的促销策略。促销方式的优劣势如表11.3所示。

表11.3 促销方式的优劣势

促销方式	优 势	劣 势
人员推销	形式灵活、针对性强、信息反馈及时	费用高，对推销人员素质、能力要求高
广告宣传	速度快、范围大、形式多样、吸引消费者	成本高、信息反馈慢
营业推广	刺激大，激发购买欲望、促成即时购买	有效时间短、不宜经常使用、自贬身价
公共关系	影响面大、信任度高、提升知名度和美誉度	进程缓慢、时间长

2. 影响促销组合的因素

促销方式的组合及其是否能够获得预期的效果,有一些因素是企业在选择促销方式时必须考虑的,这些因素包括以下几点:

(1) 产品的性质特点与生命周期

在产品的导入期,企业的主要目标是让消费者认识和了解产品,因此借助大众传播媒体进行广泛宣传,同时以人员推销、营业推广为辅助手段,在较短时间内达到所要的效果。

在产品的成长期,由于竞争者开始出现,促销的重点应放在宣传产品的特点和优势上,逐渐培养消费者对企业产品的好感与认同,提高企业的声誉。

在产品的成熟期,广告是进行促销的主要形式,广告内容侧重于宣传产品与其他产品的不同之处,强调产品的附加值,给消费者带来的好处。

在产品的衰退期,企业需要保持住老消费者对产品的信任,促使他们继续购买企业的产品,这时应以营业推广为主,配之以揭示性的广告宣传。

(2) 消费者的认识与购买阶段

企业在进行促销活动的过程中,需要考虑潜在消费者的年龄、性别、价值观念、受教育程度、消费方式与消费习惯等因素。如果目标市场上的消费者文化水平较低,经济收入状况较差,那么选择促销方式时,人员推销与营业推广应是作为最佳的组合形式。

各种促销方式在消费者不同的购买阶段所起的作用是不同的。在认知阶段,广告起着极其重要的作用,它比人员上门推销或营业推广更加有效;在了解和购买阶段,人员推销及营业推广会发挥更大的效用。至于消费者的再次购买,受营业推广和人员推销的影响较大。

(3) 经济状况

一是企业的经济实力。企业要进行相对准确的促销费用预算,以资金能否支持某项促销活动顺利进行为决策标准。同时还要兼顾效益原则,即投入与回报应是对等的,每一次的促销活动都应保证达到预期目标,以尽可能低的成本获得尽可能高的促销效益。

二是经济环境的变化。企业应随着经济环境的变化,及时调整促销组合方式。例如,在经济发展出现危机时,消费者的购买力下降,这时营业推广的效果最为显著。政府的经济政策调整,也会对企业的促销产生影响。例如,各地出台限制购房政策后,房地产开发商推出"以老带新"的活动,带动房产的销售。

二、人员推销策略

人员推销是企业促销的重要方式之一,是促销组合中最古老、最传统、最富有技巧性的促销方式,也是最不可缺少的方式,在现代市场营销中依然占据着相当重要的地位。因此,我们有必要对它进行全面认识。

(一) 人员推销的内涵及特点

1. 内涵

所谓人员推销是指企业通过推销员或委托其它销售代理机构运用各种推销技巧和手段直接向消费者推销产品和服务,从而既能满足消费者的需要,又能扩大企业产品和服务销售的范围。人员推销的关键及核心是说服消费者接受和购买其推销的产品或服务。

2. 特点

人员推销是一种十分有效的促销方式,是其他促销手段所不能替代的。它的主要特点有以下几个方面:

(1) 双向沟通,反馈及时;

(2) 针对性强,无效劳动少;

(3) 密切买卖双方的关系,实现"关系营销";

(4) 及时为消费者提供服务。

(二) 人员推销的目标与任务

1. 人员推销的目标

传统观点认为,推销的目标是追求最大产品销售额,因此要求推销员有较高的推销技巧,而对推销员工作业绩情况的衡量也是以推销商品的多少为标准。但是现代市场营销观念则认为,人员推销的最高目标是为企业带来长期、稳定的利润和有利的市场地位。

2. 人员推销的任务

关于推销人员的任务,传统的观点是想方设法地将产品卖出去,但只限于销售。随着商品经济的发展,企业之间的竞争加剧,使得买卖双方的关系对于企业的发展产生重要的影响,这要求推销人员不仅要完成销售的任务,还需要完成其他方面的工作。其主要的任务包括以下几个方面:

(1) 寻找消费者。对于那些隐性的消费者,推销人员不但要认识到他们的存在,还要争取将他们从隐性的状态变成显性的,使之成为实际的消费者。推销人员要在市场中寻找机会,挖掘新消费者,开拓新市场。

(2) 与消费者沟通。推销人员是企业与消费者之间信息沟通的桥梁,要经常、有效地与消费者保持密切联系。通过与消费者的直接接触,及时发现他们的需求,并将这种信息反馈给企业,促进企业与消费者之间的交流,对从生产到销售各个环节进行调整,以适应消费者的要求。同时,推销人员也会将企业的一些信息,如新有产品、新服务等传递给消费者,激发消费者的新需求。

(3) 推销产品或服务。这要求推销人员掌握并能灵活运用推销技巧,将产品或服务推销给消费者。推销人员并不是硬性推销,必须要明确消费者是否有需求,产品或服务能否满足消费者的需求。因此,推销人员要选择适合进行人员推销的产品,掌握产品的性能特点,详细地向消费者介绍商品,解决消费者提出的问题和异议,最终达成交易。

(4) 为消费者提供优质的服务。在整个推销过程中,推销人员要随时地为消费者提供全面的服务,包括提供必要咨询、技术支持与帮助、商品的交付和解决使用过程中碰到的问题等。

(5) 收集信息。推销人员不仅要负责推销商品,还要进行市场调查和分析,搜集与企业有关的信息,并定期向企业进行汇报,为企业决策提供参考依据。

(6) 合理地分配商品。当企业的商品出现短缺时,推销人员要进行先期的情况调查,向企业提出合理的分配方案,安抚消费者的情绪,获得消费者的理解,使之继续与企业保持买卖联系。

（三）人员推销的程序

人员推销的进程有各种不同的划分方法,但从总体上来说,一个有效的人员推销程序应包括寻找消费者、进行推销和售后跟踪,如图11.1所示。

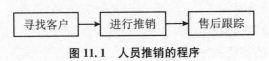

图 11.1　人员推销的程序

具体可以分为以下六个步骤:

1. 推销准备

为了顺利地完成推销任务,推销人员必须要进行充分的准备,主要包括知识方面和思想方面的准备。

（1）知识准备工作。主要包括商品知识、市场知识、竞争知识和企业知识。

（2）思想准备工作。推销是一项非常艰苦的工作,也是一项富有创造性的工作,推销人员必须要认识到这两个方面,做好充分的思想准备,要做到有信心、有耐心、能专心。

2. 寻找消费者

寻找消费者的方法和途径主要有以下几个方面:

（1）逐户访问。这种方法可以在很短的时间内访问较多的消费者,也可以对推销人员的能力进行考验,但这种访问容易遭到被访问者的拒绝,成功的机率较小。

（2）查阅资料。查阅现有的资料,如电话簿、工商企业名录、统计资料及有关的信息书报杂志等。

（3）他人介绍。推销人员可以借助自身的社会交际网、家庭成员及现有的消费者关系,推荐或介绍新的、潜在的消费者。

（4）广告拓展。利用广告的效应直接寻找潜在的消费者,通过如邮寄广告、电视广告、报纸广告等方式,吸引消费者。

（5）电话或网络访问。通过拨打消费者的电话或利用移动客户端、微信朋友圈等进行潜在消费者的发掘。

3. 接近消费者

接近消费者是指推销人员与消费者发生直接接触,为进入面谈做好准备。接近消费者的要点之一是选择好接近的时机,消除消费者的疑虑;二是注意选择适合的接近策略,不管是通过朋友或自我介绍接近,还是利用消费者的虚荣心和求得利益的心理特点接近,都要注意用诚信打动消费者,不可采用欺骗的方式。

4. 推销洽谈

策略一般有两种:一是提示说服,即通过直接或间接的提示,将商品的特性与消费者的购买需求和购买欲望结合起来,促使消费者做出购买决策和采取购买行动;二是演示说服,即通过产品样品展示、文字图片资料等非语言手段向消费者介绍商品,引导消费者进行购买。

洽谈是推销人员与消费者进行直接交流的重要阶段,因此在洽谈的过程中,推销人员应注意语言表达流畅、表述清晰,着重介绍商品与消费者需求的联系,但不可"一言堂",要给消费者发言的机会,耐心听取消费者的意见,从中分析判断出消费者的真实意图。

5. 促成购买

推销人员通过面谈,在认为时机成熟时,可以促成消费者购买,达成交易。促成购买的常用策略主要有:① 优惠成交。即利用消费者求实惠的心理特点,通过提供优惠条件,促成消费者立即购买;② 保证成交。通过提供成交保证,如包修、定期服务、售后服务等多种保证,消除消费者的疑虑,促使消费者放心购买;③ 优点汇集法。将商品的优点或消费者从商品中获得的利益与满足,在推销工作结束前进行集中介绍,打动消费者,刺激消费者的购买欲望,促成购买。

6. 售后跟踪服务

商品售出并不意味着推销活动的结束,推销人员还应与消费者保持联系,及时了解他们对商品的使用感受和处理消费者提出的关于商品保养与维修的问题,提高消费者的满意度,提升商品再次销售的可能性。

【营销视角】

电话销售,是以电话为主要沟通媒介,进行主动销售的模式。销售人员借助网络、传真、短信、邮寄递送等辅助方式,通过专用电话营销号码,以公司名义与客户直接联系,并运用公司自动化信息管理技术和专业化运行平台,完成公司产品的推介、咨询、报价以及产品成交条件确认等主要营销过程的业务。

电话销售要求销售员具有良好的交流技巧、清晰的表达能力和一定的产品知识。电话作为一种方便、快捷、经济的现代化通信工具,已经得到普及,当前中国城市电话普及率已超过98%。最新调查表明,居民家庭电话除了用于和亲朋好友及同事间的一般联系外,也越来越多地被应用在咨询和购物方面,有65%的居民使用过电话查询和咨询业务,有20%的居民使用过电话预订和电话购物。现代生活追求快节奏、高效率,电话销售作为一种新时尚正走进千家万户。

(资料来源:https://baike.baidu.com/item/%E7%94%B5%E8%AF%9D%E9%94%80%E5%94%AE/85435?fr=aladdin)

(四) 推销人员的管理

推销人员是推销工作的核心和关键。拥有一支优秀的推销人员队伍,是企业成功实行人员推销的极其重要的前提条件,对推销人员的管理是企业整体管理中的一个重要环节。对推销人员进行管理,企业需从以下几个方面着手:

1. 推销人员的选拔

招聘推销人员的首要工作是确定条件与标准。对于一名优秀的推销员到底要具备哪些能力与素质,一直都没有统一的观点。但综合各种说法,以下的几个方面是必需的:

(1)思想政治素质。推销人员要有强烈的事业心,不畏艰难,有耐心,有恒心,有坚韧不拔的毅力,真心实意地为消费者服务,通过推销商品帮助消费者解决困难,有着良好的职业道德,时时刻刻以消费者为中心,为消费者谋利益。

(2)身体素质。推销是一项非常艰苦的工作,推销人员要在不同的消费者之间来回奔波,需要消耗大量的精力和体力。如果身体素质不好,是不能够胜任这份工作的。

(3) 个性素质。推销工作的特殊性对推销人员的性格有着特殊的要求。性格外向、热情开朗、善于交谈的人比较适宜担任推销工作,而性格内敛、沉默寡言的人则不太适合做推销工作。

(4) 知识素质。推销人员需要具备较广的知识面。知识面的宽与窄在一定程度上制约着推销人员的推销能力,因此推销人员要有终身学习的意识,不断补充自身的知识量,开拓知识面。一般来说,一名推销员至少应具备政治法律知识、社会学心理学知识、业务技术知识等。

2. 推销人员的培训

推销人员的培训方式有两种:一是采用培训班的形式,聘请专家或企业的优秀推销人员给新推销人员面授讲课,也可以让有经验的推销员"传、帮、带",进行实践培训,这种方式的培训成本相对较低,新员工也可以迅速熟悉企业环境;二是委托社会培训机构进行培训,专业的培训机构拥有较强的专业知识队伍,有一整套的培训系统,系统化、整体性较强,但培训成本较高。

3. 推销人员的激励与考核

企业推销人员对于企业的重要性是众所周知的。培养一名合格的、优秀的推销员是非常不容易的,因此企业的领导者要经常激励推销人员,以调动他们的工作积极性。激励的方式主要包括几种:

(1) 报酬。它是按推销人员劳动的数量和质量来发放的,要遵循按劳分配的原则,避免因报酬不当而打击推销员的积极性。

(2) 福利制度。企业的福利政策是对推销人员的人性化关怀,是关系到推销员能否安心工作的重要因素。企业的领导要认识到员工是企业的重要力量,除了国家规定的节假日、保险等之外,企业自行制定的福利措施也应实施到位。

(3) 上下紧密联系。作为企业的领导者,要经常走入基层员工中间,与他们进行面对面的交流,了解他们的真实想法,倾听他们对企业管理的意见和建议,让他们感受到作为企业主人翁的地位和作用。

(4) 树立榜样。在整个的推销队伍中定期选出一名或多名工作业绩突出的人员,予以奖励和表彰,号召员工向他们学习,从而提高员工的积极性。

【延伸阅读】

网上标价仅为几十元的假货,在经过一番"包装"后可摇身变为"正牌"保健品,通过电话推销,然后邮寄卖出,甚至牟利310余万元。2017年8月21日,湖北省武汉市武昌区检察院以涉嫌销售伪劣产品罪批捕犯罪嫌疑人杨某某。其余三名嫌疑人是因受杨春超指使做事,证明其主观明知销售的产品系伪劣产品的证据不足,遂未予批捕。

6月22日,公安机关接到武汉市九生堂生物科技股份有限公司报案,称有人假冒该公司产品"三九蛋白肽口服液"进行销售,并接到不少客户的投诉电话,要求退货,但在收到客户邮寄过来的货品后,发现并非其生产的产品。公安机关当日立案。次日,在位于武汉市武昌区的一个小区内,将杨某某等四人抓获。

经查,2016年12月,杨某某注册了武汉超然盛杰生物科技有限公司,主要业务即通过电话销售保健品,但其公司根本没有有关保健食品的经营许可证。其销售的假冒口服液系杨某某从网上以每盒 20~50 元不等的价格进货所得。然后,杨某某等人通过拨打电话、邮寄更改过厂家联系电话的保健品宣传册、冒充保健专家及正牌厂家武汉九生堂公司客服人员的方式,以 100~300 元一盒的价格向他人推销假冒的口服液,并通过快递邮寄给受骗对象。截至案发,杨某某等人已骗得全国各地被害人共计 310 余万元。

(资料来源:http://www.legaldaily.cn/legal_case/content/2017-08/21/content_7288755.htm?node=81780)

在分析和找出原因之后,小王一方面向其他年轻的推销员学习,为自己制定了完成目标,促使自己在规定的时间内完成任务。工作有了压力,积极性便得到提高。另一方面,小王通过自己的老客户,接触了很多可能成为新客户的人员,也发展了一些新客户,推销业绩得到了公司的认可,他的自信心也得到提高。

【思考题】

1. 什么是促销?它有哪些作用?
2. 什么是促销组合?影响促销组合的因素有哪些?
3. 什么类型的产品适合进行人员推销?
4. 你是如何看待电话销售的?你会相信吗?

任务二 广告策略

【学习目标】 通过学习,了解广告的含义及特点,掌握广告媒体的优缺点,根据产品及市场的需求进行选择。

【知识点】 广告的特点与作用,广告媒体的选择。

【技能点】 调查不同生产者在同一类商品上的广告,找出各自的侧重点。

【任务描述】

DY 电子科技有限责任公司近几年来在广告上的投入占企业收入的比例逐年增长,广告费用成为企业的一笔巨大支出,如果再这样下去,企业可能将不堪重负。

【任务分析】

广告不能不做,但如何做、怎么做是需要深入考虑的。做广告既要衡量企业自身的经济实力,又要集中力量于某一个媒体或几个媒体,要有重点,要强调广告的设计与创意,以取得较好的广告效果。

相关知识

在现代社会中,广告无时不在、无处不在,广告的影响力随着商品经济的发展也越来越大,广告已成为企业普遍重视和广泛运用的一种重要的促销方式,也是改革开放以来在我国发展速度最快的促销方式。

一、广告的含义与特点

(一)广告的含义

广告一词,顾名思义,是广而告之的意思,即利用制定传播媒介向社会公众表达广告主意愿的活动。狭义的广告指商业广告,即广告主将商品、劳务或观念等,采用付费的方式,借助大众传播媒体向公众传播信息的一种宣传方式,它以盈利为主要目的。

从商业广告的定义我们可以得出广告的主要构成要素,即广告主体、广告媒体和广告信息,如图 11.2 所示。

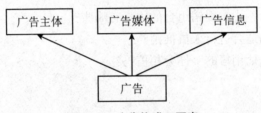

图 11.2 广告构成三要素

广告主体是指从事广告活动的当事人,包括广告主、广告经营者、广告发布者等。广告媒体是广告发布的途径、载体、手段,多种媒体共同存在,各有所长,选择时要慎重。广告信息即广告的内容,这是广告赖以生存的基础,没有信息,广告就失去了它的实际意义。

(二)广告的特点

商业广告作为一种经济活动,它的特点主要包括以下几点:

1. 以盈利为目的

以最低的广告投入获得尽可能高的广告效益是商业广告的最终要求。广告的价值在于通过广告策划完成对商品价值的再次创造,赋予商品新的市场价值,塑造商品的个性和品牌形象,开发商品的潜在功能,提升商品在市场竞争中的地位。

2. 以传媒为手段

大众传播媒体是指面向社会公众进行信息传播的物质或工具。商业广告通常是通过大众传播媒体进行传播的。电视、广播、报纸和杂志被称传统的四大传播媒体,随着科学技术的发展,网络也成为企业广告宣传的重要方式。此外,凡是能够向公众传递信息的都可以成为传播媒介,如车身、路牌等。

3. 传播的可控制性

商业广告中的双方,即广告主与广告经营者之间一旦签订了广告传播的合同,则广告发布的时间、内容、版面、地点都应根据广告主的要求来确定。在这个过程中,广告主是主动控制方,可以控制广告的内容、形式、推出的时间和方式。当然,这种控制权是通过支付一定的费用而获得的。

4. 对象的特定性

商业广告的性质决定了它只对一些特定的公众传达广告信息。在媒体的选择、广告主题的确定、广告创作形式等方面都要迎合其特定的受众对象的心理,而不能是盲目、泛滥的。

5. 说服的艺术性

商业广告的目的是为了促进销售、获得利润,这就要求广告能够刺激受众的购买欲望并付诸行动。要达到这一目的,广告必须要有很好的创意和表现形式,既能准确地传达信息,又能获得消费者的喜爱。

二、广告的作用

在市场经济日益发达的今天,广告已经成为企业生存发展和参与市场竞争的重要手段。从市场营销的实践来看,广告的作用主要表现在以下几个方面,如表11.4所示。

表11.4　广告的作用

企　业	消费者
搭建信息沟通的桥梁	收集信息
强化人员推销的效果	改变消费观念、消费习惯和消费方式
塑造企业形象	刺激消费,创造需求
提升市场占有率	货比三家

【营销视角】

猴年央视春晚刚刚落幕时,伴随着收视高潮和网友热议,春晚再度成为春节最受关注的话题。其中最被网友推崇的当属小品《快递小乔》,微信朋友圈流传的一篇"春晚吐槽大全"里提到,"唯一好看的小品就是《快递小乔》,唯一靠谱的红包也是乔杉替某电商发的千元红包。"

《快递小乔》不仅令人捧腹,还诞生了"说话要严谨"等不少走红的经典台词。伴随着春晚,在支付宝、微信、微博等渠道发出的各种红包也因为各种问题而深受网友吐槽,"求送敬业福就集齐五福卡了""咻了一晚上么有咻到一个红包"……而当晚乔杉替"某电商"在微博、微信大派红包,有的甚至高达千元,获得了不少网友点赞。

(资料来源:http://xj.cnr.cn/2014xjfw/2014xjfwws/20160210/t20160210_521362865.shtml)

三、广告的目标与广告媒体的选择

(一)广告的目标

广告目标是广告主运用特定媒体,在特定时间和空间内,对特定广告对象所要完成的信息沟通事务及其所要达到的程度。不同的企业在不同的发展阶段,针对产品的不同特点,其广告的具体目标会有所不同。企业通常有以下三种目标:

1. 信息告知

在商品的市场开拓阶段,为了给商品建立基本的市场需求,通过广告向公众传递该商品上市的信息,希望能引起消费者的注意与需求。例如,新产品、产品的新用途、价格的变化、改正错误等内容。

2. 说服购买

即通过广告说服消费者购买商品。这类目标一般注重宣传产品的特色,使消费者相信该产品优于其他同类产品,如电视购物广告等。这类目标一般多见于产品成长期或市场竞争激烈时期。

3. 提醒记忆

它主要在商品成熟期使用。这一类广告的目的在于时时提醒消费者不要淡忘本企业的产品,维持产品较高的知名度和信誉度,树立企业的形象。

(二)广告媒体

广告媒体是指能够实现广告主与广告对象之间信息沟通的媒介。广告媒体是随着商品经济、科学技术的发展而不断发展的,越来越多的物质工具被开发和利用,成为现代的广告传播媒体。报纸、杂志、广播、电视和互联网络并称为现代五大广告传播媒体。

五大广告媒体的特点如表11.5所示。

表11.5 五大广告媒体的特点分析

名称	优点	缺点
报纸	传播范围广、传播速度快、内容真实详尽、便于保存、成本低	时效短、印刷效果差、不够形象生动
杂志	针对性强、持续时间长、连续阅读、印刷效果好	制作时间长、灵活性较差、传播面相对狭窄、影响较小
广播	传播速度快、范围大、便于安装携带、灵活性强、费用低	无法进行产品展示、形象性差
电视	形象生动、辐射面广、信息传递迅速、不受时空限制	信息无法保存、信息量小、针对性较差、费用较高
互联网	形式多样、信息量大、传播范围广泛、消费者的主动性增强	对硬件及消费者的素质要求较高、画面活动性较差、获得信息的费用较高

除上述五种媒体以外,还有户外媒体,如霓虹灯、电子显示屏、灯箱、路牌等;交通媒体,

如交通工具、交通设施、广告宣传车等;直邮广告媒体,如明信片、企业刊物、说明书、广告信函等;售点广告媒体(POP),如柜台、橱窗、墙面等;礼品广告媒体,如广告赠品、日历、商业礼品、微信推送等。这些新兴的广告媒体在广告的传播中也起到了越来越重要的作用。

【延伸阅读】

在所有植入营销中,古装剧的植入广告一直是观众吐槽的焦点之一。一方面,现代与古代元素的强烈反差会造成违和感,对观众的感受造成一定冲击;另一方面,多年的市场教育也让观众们的要求越来越严苛,观众对广告植入越来越敏感,这就要求品牌方和剧方不断创造新玩法来满足市场和消费者。近日,IP大剧《三生三世十里桃花》热播,在获得超高收视率的同时,百草味等品牌在其中的教科书级别的植入玩法,也引起了全民讨论和行业关注。

品牌显性+隐性植入,无缝融入古装场景

品牌商标的露出是品牌商进行植入的基本诉求,在电视剧《三生三世十里桃花》中,百草味充分发挥零食品牌的能动性,上演了花式logo露出法。在电视剧中,白浅、夜华带阿离在生辰这天游人间的重要情节之中,百草味更称得上是"万众瞩目",男女主角反而成为百草味抛砖引玉的"道具"。

市集之中,一个高喊"百草味坚果"的小贩引起了小天孙阿离的注意,三人在百草味坚果铺前流连许久。这一幕中不仅有百草味专属食盒的镜头,在背景中更有商标的明显露出。

显然,这一幕情景中最大的受益者是百草味,相信看过这集的观众都对百草味留有非常深刻的印象。其实在此前播出的剧集中,百草味坚果一直都有着很高的存在感,同时并不违和。

除了这种显性的植入方式,还有隐性的植入方式,即以百草味产品作为道具,将其融入背景之中,甚至起到了举重若轻、推动情节的作用。例如,通过女主角白浅购买坚果的情景对话提升了坚果的存在感;离镜和玄女交谈时,桌子上的点心就是百草味为电视剧《三生三世十里桃花》限量定制的产品"桃花心·糯米团子"。

(资料来源:http://news.163.com/17/0220/21/CDOGU3JS000187VG.html)

任务实施

在详细分析了广告支出的分布情况后,公司发现在广告费用中,电视广告的支出占了将近一半,数额巨大,因此削减了部分电视广告的经费,将这一部分经费用于当地电子显示屏广告、车身广告、路牌广告等相对费用较低,且广告效果也非常不错的媒体,同时也在某一门户网站上投放了广告。结果,企业总体广告支出比原先的少,但效果却好很多。

思考题

1. 广告的含义与特点各是什么?它有哪些作用?
2. 简述主要广告媒体的优势与不足,哪些因素会影响广告媒体的选择?
3. 广告新媒体有哪些?分析其作用与特点。

任务三 营业推广策略

【学习目标】 通过学习,了解营业推广的特点与作用,掌握每种营业推广方式的长处和不足,并能在实践中加以分析与运用。

【知识点】 营业推广的特点与作用,营业推广的方式。

【技能点】 分析每一种营业推广方式的优点和缺点,根据需要进行选择。

DY电子科技有限责任公司借公司成立二十周年的机会推出自己新研发的产品,公司并没有以低价去吸引消费者注意,进入市场,而是采取了在展销会上演示新产品的方式,但结果并不很令人满意。公司领导让销售部的小王去调查这种情况出现的原因。调查的结果显示,消费者对于新产品的功能、质量存有疑虑,并认为展销会上的商品往往存在价格虚高的现象,一般不在展销会上买东西。

营业推广的方式有很多,每一种都有它的优势和劣势,可能在这样的环境中,消费者并不喜欢这样的方式,所以效果并不理想。

【相关知识】

营业推广策略是现代企业促销组合中的策略之一,对加快产品销售、扩大市场份额等具有十分重要的作用。

一、营业推广的含义、特点及作用

(一)营业推广的含义

营业推广又称销售促进、销售推广,是指企业运用各种短期诱因刺激消费者和经销商迅速或大量购买企业产品或服务的促销活动。它是直接围绕着营业额而进行的促销活动,利用刺激性的方式来吸引新的试用者和补偿忠诚的消费者,以及提高偶然性用户的重复购买率。

(二)营业推广的特点及作用

营业推广作为企业重要的一种促销方式,具有自身独具的特色,对于企业的销售和发展有着积极的作用,主要表现在以下几个方面,如表11.6所示。

表 11.6　营业推广的特点和作用

营业推广的特点	营业推广的作用
针对性:在产品销售现场上与促销对象直接接触,可以区别应对	刺激购买欲望,增加销售量,将潜在的消费者转变为现实的购买者
短期性:短期内实行的,时间有限,因此给消费者的利益也是短暂的,这更让消费者产生了"过了这个村就没有这个店"的紧迫感	提高新商品进入市场的速度,试用商品的方式从一定程度上提高了消费者对新商品的认识程度
方式多样:对消费者产生了较强的吸引力	积极有效地参与市场竞争,短期内取得突出的效果
娱乐性:轻松的气氛、活泼的形式,会让参与者的心情得到放松	提高销售人员的积极性,运用销售奖励、奖金、销售竞赛等

二、营业推广对象

(一)消费者

消费者是产品或服务的最终购买者,人数众多,影响面大。其中大部分人对于利益是十分敏感的,因此提供额外利益的营业推广策略的实施效果通常非常明显。抓住他们的消费需求和心理需求特点,不断创新和变化营业推广的方式,是针对他们进行促销时应重视的问题。

(二)中间商

大部分企业都是通过中间商将商品卖给消费者的,中间商包括批发商、代理商和零售商,他们购买力强、购买频率高、购买量大,其主要目的是赚取转售之间的差价,因此对于企业来说中间商是非常重要的促销对象。

(三)推销员

企业内部人员的销售工作也是不能忽视的,企业可以通过营业推广的方式充分调动他们的销售积极性和创造性,提高销售效率,增强其工作的信心和技巧,为企业带来更多的经济效益。

【营销视角】

2017年3月16日,拉夏贝尔发布2016年业绩报告,在众多休闲服饰品牌集体"风凉水冷"的一年,拉夏贝尔的营业收入反而增长了12.5%,达到历史峰值的102亿元,可谓是业内的一股清流。但令人不解的是其股价却坐了趟过山车,业绩发布的前三个交易日累计上涨11%,业绩公布当天上涨2.16%,并出现了此前少有的大额成交,之后又以7.21%的大跌结束这场过山车之旅。

细看业绩可以发现,与近日刚刚发布业绩的361度(01361)有着情况类似,拉夏贝尔去年营业收入虽然增长,净利润却是减少的。361度的情况是因财务杠杆过高,高昂的财务费用摊薄了利润,但本身行业向好,且销售有所回暖。具体可参考智通财经撰文《是否可以给多一度热爱? 361度(01361)营业收入大增净利却跌22.2%》。那么拉夏贝尔的情况也是如此吗?

营业收入破百,利润下跌

首先,对拉夏贝尔的业绩进行宏观分析,营业收入从2015年的90.96亿元增长到102.33亿元,首次破百,增幅达到12.5%。营业收入的增加直接导致毛利润上涨,68.13亿元的毛利润同比增长9.9%。但毛利率却从2015年的68.1%下降到66.6%。

与毛利率一同下跌的还有经营利润。根据公司年报数据,2016年的经营利润并没有随着营业收入的增长而增长,下跌了9.18%,仅有7.52亿元。究其原因就是存在高额的销售费用和行政开支,这两项费用去年合计增加7.07亿元,这直接影响了最终的净利润,其股东应占净利润2016年下跌至5.32亿元,跌幅13.5%。

营业收入逆势靠的是打折与新店?

那么究竟是什么催动了拉夏贝尔营业收入逆势增长呢?

(1) 公司的市场推广及促销开支增加了43%,从费用一项里可以看到,2016年的市场推广及促销开支为1.85亿元,比前值增长了43%。

智通财经从拉夏贝尔的官方旗舰店和天猫商城中发现,公司确实采用许多像折扣抵用券、打折促销、免运费这类的促销措施。值得注意的是,促销手段的使用虽然提升了总体的销售额,但同时也降低了产品的毛利率。根据wind资讯数据,拉夏贝尔从2012年有71%的毛利率,下降到现在的66%。折扣使得衣服卖得更多了,可是单件衣服的利润却变少了。

(2) 经营租赁租金同比上涨13.7%,拉夏贝尔年报数据显示,2016年经营租赁租金费用为27.72亿元,比2015年多支出了3.35亿元。租金费用上涨无非两个原因,要么租金涨价,要么新增门店。

2016年的数据显示,拉夏贝尔去年一共新增1014家门店,大幅增长的门店数量在拉动了整体的销售业绩的同时,也加大了租金成本压力。

拉夏贝尔的门店扩张不仅仅是限于2016年。服装行业从2012年开始进入行业整合阶段,随着国外品牌的争相涌入,本土品牌大受冲击。而电商的野蛮生长也给了服装实体店当头一棒,加上前期跑马圈地式的扩张,服装行业迎来一波史上最汹涌的"关店潮"。

而拉夏贝尔似乎并未受到"关店潮"的影响,智通财经通过收集该公司过往数据发现,其门店数量自2011年起就持续保持大规模增长。从当初的1841家增长至今日8907家,复合增长率高达37%。

拉夏贝尔的电商渠道成为了一大亮点,2016年其在线平台的销售收入达到了10.03亿元,同比增长70.41%。要知道在2011年时,该公司的电商业务占比仅有0.3%,426万元的销售收入更是可有可无。如今"新零售"概念备受资本市场追捧,而线上线下互相融合的方式也被认为是"新零售"的发展思路。拉夏贝尔是否能通过整合自身线上线下的资源,用线上的高增速带动线下门店的发展,这值得关注。

(资料来源:http://finance.eastmoney.com/news/1354,20170320721707445.html)

三、营业推广的方式

营业推广的方式是多种多样的。随着时间的推移和企业创新的发展,营业推广的方式也在不断发生变化。企业可以根据自己的活动目标、活动对象和社会环境的特点,选择适合

的形式,以取得预期的活动效果。目前,市场中主要的营业推广方式主要有以下几种:

(一) 赠送样品

向消费者或中间商赠送样品,让他们免费试用。尤其是针对企业新推出的商品,这种方式可以让他们更加直接地体验商品,从而接受和认可该商品。赠送的形式可以采用上门分送、邮寄、商场提供或与其他产品捆绑赠送等形式,如买百雀羚推出的小袋试用装在进行新产品推广时就起到了很大的作用。

(二) 附送赠品

当购买某一指定商品时,可以以较低的价格购买或免费赠送另一种商品,赠品可放在包装内,也可放在包装外,赠品上印有企业的标志或图案,也可起到广告宣传的作用,如雀巢奶粉赠送口杯、毛巾等。随着购买额的增加,所赠送的物品的价值也随之增加,当消费者在生活中使用这些赠品时,就会联想到购买的商品,好感就会油然而生。

(三) 优惠券

优惠券是一种可以用来以较低的价格购买指定产品的凭证。优惠券一般通过街头随机发放、商场现场发放或刊印于发行量大的报纸上等方式,以较大的优惠幅度吸引消费者前来购买。例如,当市场上的鸡蛋价格上涨时,许多超市在宣传单的角落上印上了购买鸡蛋的优惠凭证,并在街头发放,致使在当天的优惠时间段,超市里排起了长龙,在带动这种商品销售的同时,也带动了其它商品的销售。

(四) 有奖销售

这是近几年兴起的促销方式,通常是随着商品的销售发放奖券,并在一定时间后进行抽奖,奖励的形式有旅游、现金、物品等。例如,"幸运时间段,购物不花钱"就是指在某一特定时间段内进行消费的消费者如果被抽中的话,可以得到全额返还的购物券,这种方式很有创意,也带动了其他额外的消费。

(五) 差价赔偿

这种方式在超市中比较常见,主要利用了消费者"货比三家"的心理特点,如果消费者在其他商家那里发现了同类商品的价格更为低廉的情况,反映给经营者并得到证实后,消费者可以得到相应的差价补偿。当然,用于比较的地理范围是有一定限制的,所以即便有价格差距,也是非常小的,消费者的惰性使得他们在绝大多数时候并不是很热衷于向商家要求补偿,所以这种方式一方面体现了经营者对消费者负责的态度,又准确地把握了消费者的心态,即希望有利可图。

(六) 产品的现场演示

在商场内向消费者演示产品的使用效果,让他们相信一旦自己使用也会达到同样的效果,进而产生购买欲望和购买行动。例如,某品牌豆浆机通过推销员的现场操作让消费者品尝到新鲜的豆浆,某品牌拖把让消费者在现场亲身感受使用后的效果等都起到了很好的促销效果。

(七)销售竞赛

这种方式既可以在消费者中开展,也可以在中间商之间展开。在面向消费者时,可以组织一些有趣味的比赛或游戏,吸引消费者积极参与并向获奖者颁发奖品。例如,某一品牌咖啡组织了一次喝咖啡比赛,并向第一名发放以这个品牌咖啡为主要组成部分的节日大礼包;在面向中间商时,可让推销人员和中间商展开产品的销售竞赛,按销售额进行物质和精神奖励,激励他们更加努力地销售企业的产品。

(八)商品展销会

商品展销会大都是由当地的政府机构或相关团体组织的,规模大,吸引力强,参展的企业可以利用这个平台向消费者充分介绍和展示商品,结识新客户,开拓新市场。

(九)价格折扣

企业可以利用特殊的节假日或开业、庆典等时机,对产品价格进行幅度不等的打折,这种方式既可以面向消费者,也可以面向中间商。

上述的九种营业推广方式并不能涵盖所有,企业在竞争发展的过程中不断会有新的、富有创意的促销方式出现,但无论是什么方式,都以扩大销售量、增加销售额为主要目标。企业在实际操作的实践中,对于方式的选择应依据一定的标准,不能一味地跟从,从而缺少创意。

【延伸阅读】

2017年9月13日,"掌握世界"——360移动推广沙龙在北京举办。沙龙上,360应用产品战略分析部总监刘丹青、360手机助手商务总监骆媛和360手机卫士商业化产品运营负责人侯键元都来到了现场,并分别从移动应用趋势、如何与360手机助手亲密接触、360手机卫士及清理大师商业化分享三方面做了演讲,旨在为众多中小开发者量身打造全新的移动营销推广之道。

此外,360手机助手事业部掌门人孟齐源、360公司商业市场策划部高级总监关静、360全国渠道中心渠道总监周鹏、360全国渠道中心大区渠道经理谭增权、360全国渠道中心渠道经理戴军等均出席了活动。现场参与的移动开发者热情高昂,座无虚席。

从报告中可看出,在2017年上半年,内容和社交成为应用开发者抢占用户使用时长的有效手段;90后特别是95后的年轻一代,成为尝鲜新应用的主力,并使二次元文化渐成主流;同时陌生人社交、在线教育、共享经济、相机拍摄(包括短视频)等细分领域,也都是开发者可以尝试的机会点;国内的传统行业已经全面"移动互联网化"。

此外,360手机助手商务总监骆媛也为众多开发者带来了更多的合作机会以及资源。在沙龙上,她不仅着重分享了首发和特权福利,还表示360手机助手将为开发者带来更多的品牌资源置换合作,如美的、创维等很多企业已经与360手机助手进行了很好的品牌资源合作。当然,开发者如果有良好的品牌合作资源,也可与360手机助手进行资源置换,通过在

360手机助手上以H5的展现形式获取更多精准用户。在演讲中,骆媛还重点解读了360手机助手此前与优酷《军师联盟》、易车6.6购物的合作案例,以供参考。

除了360手机助手的商业合作资源外,在推广沙龙上,360手机卫士商业化产品运营负责人侯键元也带来了360手机卫士的推广资源。侯键元表示手机安全形势日益严峻,尤其是移动支付的发展,使得手机安全愈加重要。面对新的手机安全趋势,360手机卫士及360清理大师提供多重防护,成为不少用户首选。也因此,360手机卫士CPT、CPM资源等核心资源,能够为APP带来高强度曝光,并实现高转行率。在演讲中,侯键元还重点介绍了360手机卫士的合作方式,如开屏、来电秀、充电保护等。

这不是360举办的第一场移动推广沙龙,360此前在全国多个城市中都曾举办过此类活动。而正是360通过这一场场与开发者面对面接触的沙龙,为中小开发者带来曙光。让开发者能够通过更精准、更安全、更程序化的分发合作模式,紧跟时代步伐,做好移动端产品的营销与推广,在移动应用行业占据一席之地!

(资料来源:http://tech.china.com/article/20170913/2017091358898.html)

根据小王反映的情况,DY电子有限责任公司及时调整了推广措施,让消费者免费试用并进行跟踪调查和服务,及时向生产部门反馈消费者在使用过程提出的意见,进行技术和功能上的调整,获得了消费者的认可,赢得了很高的市场评价,产品销售量出现了增长。

1. 营业推广的特点和作用是什么?
2. 营业推广的主要形式有哪些?

任务四 公共关系策略

【学习目标】 通过学习,了解公共关系的特点及组织公共关系营销活动时应遵循的原则,掌握几种公共关系营销常用的方式,能够组织适合本企业的公共关系营销活动。

【知识点】 公共关系促销的特点和原则,公共关系促销的方式。

【技能点】 组织一项公共关系活动并分析活动的要点与注意事项。

DY电子科技有限责任公司所在城市要举办一次为灾区捐款的活动,公司内部就是否参与这次活动出现了两种不同的意见,市场部的经理认为应该积极参加,而销售部的经理则认为这样做没有多大的意义,公关部的负责人对此进行了分析与说明。

 **任务分析**

企业不是独立的存在,不能仅关注赚取利润,还应该承担相应的社会责任。这是一次公益活动,有助于树立良好的企业形象,获得公众的好评,对本公司的产品销售能起到很大的促进作用。

 **相关知识**

公共关系是企业的形象和声誉,是一种无形资产,这种声誉和形象不是由企业自己主观认定的,而是由公众来认可和评价的,因此企业要与公众保持良好的沟通,赢得公众的理解与信任。公共关系可以帮助企业了解消费者的需求并予以满足,还可以对消费者的行为迅速做出反应。作为促销的手段之一,公关促销这一全新概念正在被企业用于指导营销实践工作。

一、公共关系促销的概念及特点

(一) 公共关系促销的含义

公共关系促销是企业将公关与促销有机结合成一个整体,通过传播媒介沟通企业与社会公众和消费者之间的相互联系,增进相互的了解和信任,为企业商品创造一个良好的外部环境,从而实现商品的销售,获得良好的经济效益。

任何一个企业都不可避免地要与社会各界发生各种各样的交往关系,如政府机构、社会团体、金融部门、传播机构、经销商、代理商、消费者、企业员工等,企业要想在这样复杂的关系网中生存与发展,就要采取行动,处理好关系,赢得好感,创造最佳的社会关系环境。这是企业成功必不可少的条件,也是处理企业公共关系的根本任务之所在。

(二) 公共关系促销的特点

与其它促销手段相比,公共关系促销具有六个方面的特点,如表11.7所示。

表11.7 公共关系促销的特点

双向沟通	企业通过各种渠道和传播方式,保证与公众之间信息交流的畅通,为企业营造良好的内外部发展环境
信息传递全面	企业所传递的信息是大量而全面的,在公众面前塑造了一个极具立体感的企业形象
促销效果的间接性	不能够实现直接地销售商品,可扩大企业的知名度和美誉度,加深社会公众对企业的认识
目标的长期性	需要企业长期、坚持不懈地努力才能实现,对于每一次活动的效果要进行及时检测
手段多样性	通过新闻媒介进行,也可以通过人际交往来进行宣传
节约成本	企业的良好形象一旦在公众心中形成,在相当长的时期内,这样的形象是相对固定、稳定的,企业只需要花费很少的资金就可以维持这种积极的形象

【营销视角】

海底捞摊上大事了！有媒体记者在卧底两家北京的海底捞门店4个月后，曝出其堪忧的卫生状况：老鼠在后厨地上乱窜、打扫卫生的簸箕和餐具同池混洗、用消费者使用的火锅漏勺掏下水道……报道引发了轩然大波，公众连呼"不敢相信"和"原来你是这样的海底捞"。

海底捞官方在2017年8月25日下午也迅速对此做出回应，称问题属实、十分愧疚，已经部署全部门店的整改计划。

这几年，网络上流传着很多海底捞"服务好到变态"的哏儿：为食客免费美甲、水果供应不限量、下雨了帮忙打车、给用餐的孩子送礼物等。甚至还有这种"人类已经无法阻止海底捞"的段子：等餐的时间，聊两句企划方案还没做，吃完饭海底捞就送上了做好的PPT。

然而，想不到神奇的海底捞的后厨，卫生状况却不达标。"服务好到变态""就差为消费者买单了"等吹捧之词营造的良心餐饮的人设崩塌了。

在消费者看来，"神话"般的海底捞，本该和那些出现在黑作坊、无证餐饮店的"易粪相食"般的卫生乱象绝缘。在食品卫生安全问题上，必须排除"监督盲区""监控死角"，而不应相信"神话"。

移动互联网时代的到来推动着传播路径的变革，很多饭店通过自媒体营销，成为了"网红店"。一时间，"人类已经无法阻止海底捞"、排4个小时队喝一杯奶茶等成为了朋友圈的乐事。而网红店频频爆出太多的丑闻：有雇人来排队的；有找自媒体炒作的；有的被曝光属于违法经营，甚至后厨卫生条件恶劣，遭到勒令停业。商业噱头可以搞，人气可以飙升，但底线不能丢。

海底捞的神话破灭了。网红店的经营者应该扪心自问一下：这些年来，你们除了在网络上传播自家"神话"，在后厨安全卫生、服务标准化等切实有关消费者利益的地方，到底做了哪些工作？老鼠乱窜、簸箕和餐具同池混洗，足以说明这是服务体系的整体崩坏，而不是偶然性事件。

互联网改变了很多，可守法经营、后厨卫生依旧是餐饮企业的底线。以为靠几个不靠谱的网络段子就能够包打天下，就能永远蒙蔽消费者，这是打错了算盘。中国饭店不需要什么"神话"，需要的是守住合法卫生的底线。

(http://news.ifeng.com/a/20170826/51765302_0.shtml)

二、公共关系的原则

（一）真实性原则

企业开展公共关系工作，要以事实为基础，客观、公正、全面地传播信息。对于信息的来源和内容，企业要严格把关，未经证实的信息不可随意传播。

（二）互利互惠原则

企业与公众要平等相处，共同发展，利益兼顾。企业切不可为保证自身的利益而损害公众的利益。否则从短期来看,利益是得到了保护;但从长期来看,公众对企业是反感、排斥的,企业会因小失大、得不偿失。

(三) 全员公关原则

树立企业形象不是哪一个部门的事,也不是哪一位员工的责任。企业形象是通过企业所有人员的集体行为表现出来的,他们一言一行、一举一动都代表着企业的整体形象,每一个员工在和外界交往时,都是企业的形象代言人,因此都要注意自己的形象,从而维护企业的整体形象。

(四) 整体一致原则

一个企业要保证自身的稳定发展,就不能忽视社会的整体利益,企业的发展不能以牺牲社会利益为代价。例如,若一家化工企业造成巨大的污染,公众对它怎么会有好印象?注重社会利益,也是公共关系职业道德的基本要求。

三、公共关系的活动方式

公共关系是一项综合性极强的应用科学,企业要想实现公关目标,就必须要善于运用各种公共关系活动方式。常见的公关活动方式主要有以下几种:

(一) 新闻报道

这是企业最重要的活动方式。通过新闻媒体向外界宣传企业及企业商品信息,既能节约广告成本,又能借助传播媒体的权威性,取得更好的宣传效果,赢得公众的认可和信任。其主要形式有撰写新闻稿件,召开新闻发布会或记者招待会,组织新闻界人士参观访问等。

(二) 公益活动

参与社会公益事业,可以扩大企业的知名度,提高企业的美誉度,改善企业形象,如赞助希望工程、残疾人事业、捐助灾区、扶助困难群体等。这些活动体现了企业的社会责任意识,极易赢得公众的好感。例如,DY电子有限责任公司为农村留守儿童送去新文具、冬天给福利院的老人送取暖器等。

(三) 企业形象识别系统

即CIS,通过统一的视觉符号达到创造和强化企业形象的目的。这些符号包括企业的标准色彩、字体,企业标识、商品商标等,将它们印制在企业的办公用品、交通车辆、宣传材料等上面,既能够与其他企业区别开来,极富新意的设计又能够给公众留下深刻的印象。例如,DY电器公司的员工统一着装、公司网站的及时更新、接送员工上下班印有公司名称与标志的专用车等,都是宣传公司形象的方式。

(四)企业庆典活动

成立庆典、周年庆典、新建筑落成或新生产线投产等活动都可成为企业开展公关活动的舞台。在举行庆典活动时,可以邀请政府领导、新闻媒体、社会名流参加,以扩大社会影响,树立企业形象。例如,波司登集团与央视著名的"同一首歌"节目组合作,举办企业庆典等。

(五)文娱公关

企业可以借助公众喜闻乐见的文体、娱乐活动,在公众中建立良好的社会形象。在选择赞助对象时,企业要慎重考虑公众的喜好和活动的内容与形式,使得投入与回报相匹配。例如,洋河蓝色经典赞助2013年央视春晚、脑白金冠名中央电视台模特大赛等。

(六)危机事件

企业在发展过程中有时也会遇到危机,但如果处理得及时与得体,危机反而可以成为机会。企业可以从中发现问题进而改进企业的管理,在解决危机的同时获得公众的理解与谅解,展现企业诚信、诚实可靠的形象。例如,"酒鬼"酒塑化剂事件、"毒胶囊"事件等,对企业及其所在行业都产生了不利的影响。

促销方式多种多样。企业在促销过程中只采用单一的促销方式是不现实的,也是不科学的,应根据需要进行有机的组合,以求取得最佳的促销效果,获得更大的经济利益。

【延伸阅读】

2017年8月16日晚19时,"东方有大美"百雀羚86周年品牌盛典在上海梅赛德斯奔驰文化中心拉开序幕。这次百雀羚玩起了时尚跨界,四大代言人携群星来助阵,魅力十足,引爆全场。这可谓是一场中国传统文化的时尚大秀,一展东方之美。现场,百雀羚集团宣布向四川九寨沟地震灾区捐款500万元,并号召全场万名合作商伙伴,共同履行社会责任,传递东方大爱。

百雀羚高层表示:"作为美妆行业的民族品牌,百雀羚始终心系国家,心系国人。在四川九寨沟地区发生地震之后,百雀羚集团第一时间决定捐款500万元人民币,帮助安置灾民,支持灾后重建。"会上,百雀羚高层还发布了三生花品牌即将全面进入CS渠道的大战略。

(资料来源:http://www.haibao.com/notes/article/2471279.htm)

在公关部经理进行详细解释后,销售部的经理也不再坚持自己的观点。公司决定根据自身的能力,向灾区捐款二十万元,并因此获得了政府颁发的荣誉证书。同时,媒体也报道了公司的这一行为,赢得了公众的良好评价,企业的形象得到提升,当地的广大消费者对此也给予了很高的评价。

思考题

1. 公共关系促销的特点是什么？
2. 公共关系促销的方式有哪些？

实训题

调查节假日期间某一商场的促销活动

实训目标：

通过实际调查，对商场促销活动的形式进行准确判断与分析，提高理论学习与实践体验相结合的学习能力。

实训内容：

利用假期的商场促销活动比较集中的特点，选择一家商场作为主要的调查对象，统计促销活动的数量与形式，分析每一项活动创意与不足之处。

实训时间：

选择学习任务完成后，在最近的一个节假日进行。

操作步骤：

1. 以小组为单位，集体完成。
2. 选择各自要调查的商场、超市，也可以选择电子商务网络平台。
3. 统计促销活动的形式及内容，进行同类型比较。
4. 分析优点和不足，提出自己的意见。

成果形式：

提交电子版报告，进行集体汇报。

案例讨论

2017年9月2日，在工人体育馆里，黑豹乐队举办三十周年的演唱会，门票早已售罄。但这场演唱会里混进了一些与摇滚不搭边的东西。

场外，黑人小哥摆摊卖着"黑豹同款"保温杯，甘肃景泰副县长拉起了横幅、发起了枸杞券。场内，当黑豹乐队时隔19年再次回到工人体育馆唱起《无地自容》时，全场起立，兴奋的年轻人举着的不再是荧光棒，而是保温杯。

场外，互联网的声量显得更加喧嚣，从8月17日"保温杯照片"在朋友圈的意外走红，围绕保温杯和中年危机的话题在微博网友的再创作和各大公号媒体的跟进下，持续传播了半个多月。8月23日，人民日报发表社评后，事件的关注度达到顶峰，大众情绪迅速发酵，保温杯和因保温杯衍生的中年危机俨然成为了一场大众狂欢。于是，一张照片引燃了中年人和提前看到中年焦虑的网友的情绪，有些人在保温杯里看到了自己的影子，有些则是单纯觉得有趣，人们乐于在社交媒体上分享自己的焦虑，并以自我解嘲的方式打发这一焦虑，而所有情绪在后现代的互联网社会，最终都指向了消费。

8月29日，阿里大文娱授权宝宣布，撮合虎牌保温杯与黑豹乐队合作。虎牌成为演唱会的冠名赞助商,并获得黑豹乐队未来两年的巡回演唱会的衍生品开发权,有权联合第三方商家设计、生产、销售相关衍生品进行宣传推广。

从一张无意间引燃情绪的照片,到舆论的发酵,再到变现,只用了两周时间,黑豹的虎牌保温杯成了史上最快变现的营销事件。

(资料来源:http://tech.163.com/17/0909/08/CTSLLLV100097U7R.html)

分析:

(1) 这是一次偶然的成功营销案例吗?分析其成功的原因。

(2) 保温杯与乐队的联系点是什么?

(3) 保温杯的使用群体中的主体是谁?

项目十二 数字传播营销

任务一 直复营销

【学习目标】 通过直复营销相关内容的学习,了解直复营销的概念,体会直复营销的特点,熟悉直复营销的基本类型,了解网络营销的概念和产生基础,体会网络营销的特点及应用。

【知识点】 直复营销的概念、特征和类型,网络营销的概念和特征,网络营销的应用。

【技能点】 通过对直复营销类型的把握,能够根据企业自身的特点选择适当的直复营销手段以加强企业的营销宣传。

DY电子有限责任公司成立于1997年,虽然只是一家中小型企业,但是公司制造技术较为先进,而且具有较为强大的传统品牌销售网络。2014年,企业开始涉足移动电源市场,2016开始进入手机制造行业。面对日新月异的市场竞争环境,企业当下的传统营销模式也面临着较大的成长压力。企业管理层也越来越强烈地意识到互联网等新的营销方式对传统销售渠道的冲击和对消费者的吸引力。公司决定顺应时代潮流,进入网络销售领域,委托市场营销总监张华负责为公司制定传统线下销售以外的新营销传播策略。

任务分析

随着互联网的普及以及电子商务行业的不断发展和完善,通过传统的批发商和零售终端进行销售的传统营销渠道的优势不再,消费者也越来倾向于通过网络等多种新的渠道进行消费。DY电子有限责任公司作为一家以电子类产品为主导的生产销售一体性的企业,面对新营销方式的变革,不能置身事外,应该积极地迎合时代潮流,在继续强化传统营销渠道网络优势的基础上,积极运用新型的营销传播方式,以增强对企业的宣传和产品的销售。

随着时代的不断进步,通过传统的批发商和零售商进行产品宣传和销售的线下营销渠道的优势逐渐开始受到新的营销环境变化带来的冲击。例如,消费者在参与线下消费时需要面对休闲时间越来越少、奔波劳累、交通堵塞、停车难等种种困难。而免费电话订购、24小时营业的网站、次日送达的承诺服务等多种形式的直复营销手段开始逐步被人们所接受和喜爱。作为新时代环境下的企业应该积极地接纳并运用这些新的营销方式。

一、直复营销

（一）直复营销的概念和种类

直复营销(direct marketing)是一种直接面向消费者的销售渠道，没有中间人，企业直接接触消费者并向其交付产品的营销方式。营销人员通过直接订单营销寻求可测量的消费者反应。

由此可见，直复营销是指企业与目标消费者之间直接沟通以产生反应或交易的一种营销形式；是一种不通过中间人而使用直接渠道来接触消费者并向消费者传递产品或服务的营销方式。

（二）直复营销的种类

随着信用手段和信息技术的快速发展，直复营销作为一种促销方式，其做法早已不再局限于传统的邮购活动。伴随着电话、电视以及互联网等的广泛普及与应用，直复营销的形式越来越丰富，主要包括以下几种：

（1）直接邮寄。营销人员把信函、样品或者广告直接寄给目标消费者，以吸引消费者回复或购买的营销活动。直邮营销是直复营销的最早形式。

（2）目录营销。营销人员给目标消费者邮寄目录，或者备有目录随时供消费者索取。

（3）电话营销。营销人员通过电话(呼叫中心)向目标消费者介绍商品及服务等，以促成最终的购买行为。这种方式在目前的保险产品销售和信用卡服务推广等行业的运用极为广泛。

（4）电视营销。营销人员通过在电视上介绍产品，或赞助某个推销商品的专门节目，开展营销活动。当前各地开通的专门的购物电视频道即属于该营销模式。

（5）直接反应广播营销。广播既可作为直接反应的主导媒体，也可以与其他媒体配合使用，使消费者对广播内容进行反馈和沟通，甚至直接产生购买活动。

案例讨论

安徽音乐广播的嘻哈搜货

嘻哈搜货是由安徽广播电视台与芜湖光荣网络科技有限公司联合打造的广播电商购物网站、跨境购物平台。项目依托安徽广播电视台在广播节目中对平台的植入宣传(安徽音乐广播频率17:00～19:00《嘻哈二人行》、安徽音乐广播频率7:00～9:00《音乐晨飞扬》、安徽生活广播频率15:00～17:00《我们约吧》)，加上芜湖光荣网络科技有限公司的电商技术保障和支持，"嘻哈搜货"成为了广播电商界一股不可小觑的力量。

其经营口号是："世界那么大，不如把好东西送到面前。安徽广播电视台，给你一个全新的跨境购物平台。嘻哈搜货，专业买手全球选货，跨境商品质优价廉，每天还有特卖会，又好又便宜。"

消费者可以在收听广播主持人的产品或服务介绍后，根据相关提示在嘻哈搜货的微信公众号进行特定操作,如获取相关信息或者是下单购买。

（资料来源：整理自百度百科"嘻哈搜货"）

6. 直接反应印刷媒介营销。通常是指在杂志、报纸和其他印刷媒介上做直接反应广告,鼓励目标消费者通过电话或回函订购,从而达到提高销售的目的。

7. 网络营销。网络营销就是以互联网为主要平台进行的,为达到一定目的而进行的全部营销活动的总称,它是直复营销目前发展的最高级形式。

需说明的是,以上直复营销方式可以单独使用,也可以组合运用。

（三）直复营销的优缺点

直复营销的优点主要表现在：一是营销宣传的针对性强,二是市场细分与目标消费者选择的精准性,三是个性化,四是及时性,五是灵活性,六是重复使用率高,七是成本低,八是易于测量结果。

直复营销的缺点主要表现在两方面：从消费者的角度而言,一是在一定程度上会侵犯到消费者隐私。消费者每次通过邮件、电话或者是网络等途径购买产品,申请信用卡或订阅杂志时,他们的姓名、地址和购买行为都有可能被添加进这些公司的数据库,这些信息在将来有可能被企业在不同的场合加以运用。二是面临欺诈的风险,一些直复营销人员设计的邮件或者撰写的文案会误导消费者,如夸大产品的尺寸、性能或"零价格"等。三是后续服务无法兑现。这些都会引发消费者的愤怒或反感,也会在相当程度上破坏社会诚信体系。

从营销企业角度而言,直复营销的缺点主要体现在：一是因涉嫌侵犯消费者隐私、可能或现实的欺诈等导致的企业或品牌形象恶化；二是因消费者信息的变化导致针对性营销的准确性降低；三是费用增加、成本上升；四是消费者或潜在消费者产生逆反心理而产生拒绝企业的营销宣传等活动的行为,如设置拒绝来电、随手扔掉信函或设为垃圾邮件等。

（四）直复营销的策略

直复营销策略有两种,即一步到位法和两步到位法。前者使用电视、杂志、手机等媒体的目的是为了直接获得订单,如当您在电视或手机中看到了健身器材、扳手套件等产品广告,催促您拨打电视或手机提供的免费电话下订单。后者的两步法意味着使用不止一次媒体,首先通过使用电话等媒体筛选和锁定潜在购买者；第二步再借助媒体对前一步筛选出的有兴趣的潜在消费者发给更多的信息跟进以获得订单,或通过人员推销达到销售目的。

在直复营销实践中,它可以与传统促销手段中的广告、与公共关系、与人员推销、与销售促进等手段结合并用。

二、网络营销

互联网的迅速发展使人类进入数字化、信息化时代,网络营销就是以互联网为载体以符合网络传播的方式、方法和理念实施营销活动,以实现组织目标或社会价值的一种新型营销手段。

（一）网络营销产生的条件

网络营销的产生,是科技进步、消费者价值观变革、商业竞争等综合因素所促成的,网络营销的产生有其技术基础、观念基础和现实基础。

1. 网络营销产生的技术基础

现代电子技术和通信技术的应用和发展是网络营销产生的技术基础。国际互联网是一种集通信技术、信息技术、计算机技术为一体的网络系统。它将入网的不同类型的网络和不同类型的计算机联系在一起,构成一个整体,从而实现网上资源和网络信息的共享。由于互联网突破了时间和空间的限制,使企业与消费者之间的沟通交流有别于传统的营销模式。

2. 网络营销产生的观念基础

市场营销的核心是满足消费者需求,当今企业正面临着前所未有的激烈竞争,消费者主导的营销时代已经来临。而消费者价值观念的变化正是网络营销产生的基础,主要体现在以下四个方面:① 消费需求个性化的回归。随着市场经济的发展,如今的消费者能够以个人的心理愿望为基础挑选和购买商品或服务,消费者不仅能够自主选择,而且有自己的准则,并向商家不断提出新的需求和挑战。② 消费者的主动性增强。消费者可以通过网络按照自己的意愿搜寻自己中意的产品,并与不同的商家进行实时的沟通和讨价还价,购买的主动性极大加强。③ 消费者对购买方便性与乐趣的追求越来越多。对那些平时工作压力大、没有闲暇时间逛街的消费者来说,通过网络购物不仅节省了购物时间,而且还满足了基本生活需求。另外,有些消费者通过网络消费新鲜、有趣的产品,满足心理需求。④ 价格仍然是影响消费心理的重要因素。消费者通过网络不仅可以轻松实现"货比三家",甚至可以做到"货比万家",而且可以选到更加称心如意产品或服务。

3. 网络营销产生的现实基础

商业竞争的日益激烈化是网络营销产生的现实基础。对企业来说,通过网络营销不仅可以节约店面租金,还可以减少产品的库存资金占用,使企业的经营规模不受场地的限制,而且可以更为便捷地采集消费者信息等。这些都使得企业的经营成本大大降低,从根本上增强了企业的竞争优势,这对那些中小企业来说是极大的好消息。

(二)网络营销的特点

随着互联网技术发展的成熟以及联网成本的降低,使得互联网能够轻松地将企业、团体、组织以及个人跨越时空联结在一起,使得它们之间信息的交换变得简单、高效。与传统营销相比,网络营销具有如下特点:

1. 跨越时空限制

互联网具有超越时间约束和空间限制进行信息交换的特点,使得企业能有更多的时间和更大的空间进行营销,可以每天24小时随时随地为全球消费者提供服务。

2. 多媒体综合运用

通过互联网络可以传输多种媒体的信息,如文字、声音、图像等信息,尤其是VR技术的运用使得信息交换的形式更加多样,沟通效率更高,也可以更加充分地发挥营销人员的创造性和能动性。

3. 信息沟通的交互性

通过互联网平台企业可以展示商品目录,连接资料库,提供有关商品信息的查询,可以通过各种实时沟通工具与消费者做互动沟通,收集市场情报,并进行产品测试与消费者满意度调查等多种营销职能。

4. 理性化和人性化

互联网络上的促销是消费者主导性的、一对一的、理性的、非强迫性的、循序渐进式的，而且是一种低成本与人性化的促销，避免推销员强势推销的干扰，并通过信息提供和交互式交谈与消费者建立长期良好的关系。

5. 全程性和整合性

通过网络营销可以实现产品信息发布、买卖双方信息沟通交流、收款交易、发货配送直至售后服务等各环节一气呵成。因此，可以说网络营销也是一种全程性的营销渠道。

6. 成本的经济性和传播的高效性

通过互联网进行信息交换，一方面可以减少印刷与邮递成本，可以无店面销售，免交租金，节约水电与人工成本；另一方面可以减少由于迂回多次交换带来的损耗。

通过互联网，企业将大量的企业和产品的相关信息放到网上以供消费者查询，可传达的信息量与精确度远超过其他媒体，并能通过及时调整价格等策略适应不同的市场需求。因此，网络营销的传播效率更加高效，并且更能及时有效地了解并满足消费者的需求。

（三）网络营销的运用

公司通过选择成本效益更好的营销方式实现传播和销售目标的最大化，从而追求更好的营销效果。常见的网络营销传播方式包括企业网站、搜索广告、展示广告、电子邮件和在线销售等。

1. 企业网站

通过设计官方网站将企业的宗旨、发展历史、企业愿景、产品介绍等内容放入网站，以吸引消费者初次访问，并且以足够有趣的内容和设置吸引消费者重复浏览。最近几年，不少企业还在逐步建立微站点、个人主页、网络社群、微信公众号等新平台，作为企业官方网站的补充。

2. 搜索引擎

网络营销的一个重要组成部分是付费搜索或点击付费广告。付费搜索是指营销人员通过对检索项进行竞价，将消费者感兴趣的企业产品或相关信息植入专业搜索引擎的数据库以供网民检索，最终达到宣传企业和产品的目的。当消费者用百度、谷歌或必应等搜索相关检索项目时，付费企业的广告就会出现在搜索结果的上方或附近，只要访问者点击了广告，广告主就必须为此付费。

3. 展示广告

展示广告或者横幅广告是企业付费放置在相关网站上的包含文字或图片的小方框广告。一般而言，浏览量越大的网站广告价格越高。此外，部分企业还通过一种在网站内或不同网站间切换时自动弹出的插页式广告来进行企业宣传。

4. 电子邮件

营销人员通过电子邮件为消费者提供信息、进行交流沟通。据相关统计显示，通过电子邮件提高销售的成功率至少是社会化媒体广告效果的三倍，而所花成本仅仅是直邮花费的很小一部分。但是当消费者被大量电子邮件包围时，很多人会使用垃圾邮件过滤器来对企业的宣传性邮件进行拦截。

5. 在线销售

随着电子商务的不断发展完善,尤其是智能手机等移动终端的不断普及,网上购物已经逐步成为人们熟知的新型购物方式。在此背景下,越来越多的企业通过在企业网站设置在线销售模块、在电商平台开设官方旗舰店或者与电商平台的其他商家进行合作等多种形式进行在线销售,这些都极大地提高了企业产品的销量。

任务实施

DY电子有限责任公司经过分析和考察,决策层研究决定在原有的传统分销渠道的基础上积极运用各种直复营销手段进行营销宣传和产品销售。首先,在公司网站首页上开设"在线销售"模块;其次,在淘宝、京东等大型电商平台开设DY电子有限责任公司官方旗舰店进行网络直销,同时与各电商平台的商家开展合作,大力推进线上销售渠道;第三,积极运用公司官方电子邮箱与现有客户保持联系,推送公司产品信息和促销政策;第四,在电子类专业门户网站投放横幅广告。下一步公司营销策略会根据前期企业直复营销运行效果逐步加以完善和改进。

思考题

1. 阐述直复营销的优点和缺点。
2. 网络营销传播的特点有哪些?

任务二　社会化媒体营销

【学习目标】　通过对社会化媒体营销任务的学习,了解社会化媒体传播的发展趋势;了解社会化媒体营销的概念;掌握社会化媒体的基本类型。

【知识点】　社会化媒体概念和类型,社会化媒体营销的应用。

【技能点】　通过对社会化媒体类型的把握,根据企业的自身情况和产品特点选用合适的社会化媒体进行企业产品的宣传。

任务描述

随着社会化媒体的影响力逐步增强,DY电子有限责任公司计划通过使用这些新型社会化媒体来加强对公司和产品的宣传,但是采用哪些新媒体暂时无法确定。公司委托市场营销部宣传科李丽对不同的社会化媒体的优缺点进行甄别,并为公司制定社会化媒体宣传方案。

任务分析

DY电子有限责任公司属于生产销售一体化的电子企业,主要生产领域集中在电子设备、移动电源和刚刚进入的手机制造行业。在选择社会化媒体宣传方面公司需要首先分析自己所生产的不同种类产品客户群体的媒体接受习惯,然后结合不同社会化媒体的自身特点,最终选定最为适合企业的社会化营销传播方式。

相关知识

社会化媒体(social media)是消费者之间、消费者与企业之间相互分享文字、图片、音频、视频信息的各种媒体工具的总称。通过社会化媒体,企业能够在网络上公开发声,建立网络形象,可以经济有效地强化其他传播活动的效果。社会化媒体每日变化的即时性,也能够激励企业保持创新。在当前的时代背景下,企业也越来越关注对这些社会化媒体传播手段的运用。

一、社会化媒体营销的概念

(一)社会化媒体营销的定义

社会化媒体营销(social media marketing),是指企业运用允许人们撰写、分享、评价、讨论、相互沟通的网站和技术,通过社会化媒体平台将自己的产品、服务或企业信息向客户进行传递,以实现产品销售等目标的各类营销活动。企业网站、开心网、拉手网、人人网、饭否、优酷、土豆、微博、QQ空间、微信公众号或朋友圈等,这些都属于社会化媒体的范畴。

(二)社会化媒体发展的新趋势

以信息技术为基础的移动互联网模式下的新媒体对传统媒体产生了越来越深刻的影响,尤其是对企业营销传播方式的影响。社会化媒体传播在新时期的发展趋势下有以下几个较为明显的特点:

1. 注意力经济时代来临

随着信息技术的广泛运用,人类的阅读习惯发生了翻天覆地的变化,人们的阅读逐步由书籍报刊逐步转向各种屏幕,而且屏幕越来越小、越来越便携,人们的阅读时间也变得越来越短,越来越"碎片化"。

2. 移动场景阅读时代来临

智能手机普及以后,人们的阅读逐步开始进入移动场景下的碎片化时间阅读阶段,在公交车、地铁、餐馆、会议厅、课堂、甚至是卫生间等场合,只要有一点点的时间,大家就会掏出手机浏览信息。所以,现在越来越多的人变成了"低头族"。

3. 参与感时代来临

因为可以在线评论、分享和点赞,并允许每个人都能发表自己的看法,所以越来越多的人开始喜欢在网络上观看综艺节目。尤其是在弹幕技术出现之后,每个在线观看节目的观众的弹幕发言都可以成为直播节目内容的一个部分,这使得普通观众的参与意识大大增强。

4. 社会化传播时代来临

在社会化传播时代,人人都是自媒体,人人都可以通过新媒体参与传播。在社会化网络媒体中,谁拥有更多的用户信任,谁就掌握网络流量的走向,谁就更有可能通过经营好这种"信任",以获得更多的商业回报。

二、社会化媒体平台

目前,比较流行的社会化媒体平台主要有以下几种形式:

(一)门户网站和微网站

1. 门户网站

通俗来说,门户网站就是进入互联网的一个入口,只要通过这个网站就可以获取你所需要的信息,或者到达任何你想要去的网站。门户网站在刚刚起步的时候,大多只提供简单的站内搜索和网站目录服务。后来,这些门户网站不断地拓展各种新的业务,如电子邮箱、新闻发布、在线调查、开通话题专栏、提供论坛、博客、页面导航等,功能越来越全面,并逐步发展成为综合型门户网站。目前,我国最为典型的综合型门户网站有新浪、搜狐、网易和腾讯四大网站。

根据内容和定位的不同,门户网站可以分为网站导航式门户网站、综合性门户网站、地方生活门户网站、垂直行业综合性门户网站以及公司组织门户网站。

绝大多数的门户网站都可以通过网络直接访问。但当门户网站信息过多,在一个页面放不下的时候,就需要通过设置页面导航,然后以文字链接或图片链接等形式让用户进入子栏目页面(见图12.1)。

图12.1 综合性门户网站——腾讯网首页

2. 微网站

随着智能手机的普及，移动互联网时代的到来，人们更喜欢通过移动终端获取信息，很多门户网站为了适应手机阅读，有针对性地设计了手机门户，由此也出现了微网站的概念，如图12.2所示。

企业通过门户网站和微网站进行信息传播，以及网民通过两者进行信息阅读的习惯和阅读体验也是不同的，所以企业在进行相关宣传和广告投放时就需要清楚地知道两者之间的区别。

图 12.2　几个典型的微网站

（二）论坛和网络社区

论坛（bulletin board system，BBS）又名网络社区。简而言之，就是一个以成熟社区为内容的大型局域网，往往涉及到金融经贸、大型会展、高档办公、企业管理、文体娱乐等综合信息服务功能，同时它们也会与所在地的信息平台在电子商务领域进行全面合作，如图 12.3 所示。

图 12.3　天涯社区首页

网络社区和论坛的形式与规模各异。许多社区和论坛是由消费者出于非商业性目的而自发创建的，与任何公司都没有关系。当然也有一些是由公司出资建立，其成员通过发帖、发送手机短信或在线聊天等形式，与公司或其他成员讨论关于公司产品和品牌的信息。这些在线社区和论坛对公司来说是宝贵的资源，它们可以实现多种功能，既能收集也能传递关键信息。

（三）博客和微博

1. 博客

博客（blog）一词来源于Weblog，指的是定期更新的网络日志或日记。它是以网络作为载体，由个人管理，张贴新的文章内容、图片或视频的网站或在线日记，用来记录、抒发情感或分享信息，传播个人思想，带有知识集合链接性的出版方式。博客已经成为一个重要的口碑出口，博客的吸引力在于把有着共同兴趣的人聚集到了一起。当下，很多大企业和具有社会影响力的公众人物也都创建了自己的博客。广受欢迎的博客往往会创造出具有社会影响力的意见领袖，因为许多消费者会关注博客中出现的产品信息和评价。当然还有另一个极端，就是有一些消费者会通过个人博客和视频传播，对某些企业的恶劣服务和劣质产品进行惩罚性宣传。更有甚者，某些网络大V借助自己博客积攒的人气，通过捏造负面评论来威胁他人或对企业进行敲诈勒索。

2. 微博

微博即微型博客（microblog）的简称，是一个基于用户社交关系的信息分享传播以及获取平台，用户通过微博平台可以发布140字左右的文字更新信息，并实现即时分享。2009年以来，随着推特（Twitter）、饭否等微博的兴起，以新浪微博为代表的国内的微博网站也迅速发展起来，吸引了大量博主的加入，还吸引了大量普通人群进入微博领域。微博的出现使得人人都可以成为自媒体，人人都可以通过自己的微博发表信息和评论。

（四）搜索引擎和知识问答服务

1. 搜索引擎

从20世纪90年代末开始，互联网上的网站与网页数量飞速增长，网民想单靠综合门户网站找到自己所需要的信息的难度越来越大。人工分类编辑网站目录的方法受到时效和收录量的限制，也无法继续满足人们对网上内容的检索需求。2000年后，专业的网络搜索引擎开始出现。搜索引擎通过特定的程序在互联网上自动抓取海量信息，并将其存储到自己庞大的数据库中，然后通过特殊算法将相关性最好的结果瞬间呈现给搜索者。

在全球范围内，谷歌是最有名的搜索引擎。而在我国，人们使用最多的搜索引擎则是百度。随着技术发展，搜索引擎已经不再简单支持关键词搜索，还支持很多高级搜索功能。企业可以通过关键词竞价的方式，将自己的企业和产品信息与相关词汇进行关联，以达到通过搜索引擎宣传企业的目的。

2. 知识问答服务

随着互联网的迅速发展，虽然搜索引擎也在逐代地更新和进步。相比以前，搜索变得更加快速，信息更加完善，内容也更加贴近用户的需求。可是，网络用户也逐步地发现搜索引擎所存在的问题。例如,虽然搜索引擎能够帮助搜索者在瞬间获得大量的搜索结果,但是这些结果往往质量都不是很高,很多搜索结果被植入了营销信息,从而使得可靠性下降。此外,当遇到复杂一点的问题或者是某些特定的个人问题时,搜索引擎也很难帮上忙。

有人发现了这个需求,于是在此基础上产生了问题论坛社区——知乎。2016年5月,果壳网旗下"在行"在微信公众号上推出一款付费语音回答服务——分答。与搜索引擎相比,像分答这样的新媒体平台提供给提问者的答案更加专业,而且更有亲和力。将来,这类网站无疑会逐步成为一种知识服务的零售平台。

(五)IM 即时通讯

即时通讯(Instant Messaging,IM),又称实时传信,是一种可以让使用者在网络上进行私人聊天交流的实时通信服务。通常IM服务会在使用者通话清单(类似电话薄)上的某人连上IM发出信息通知使用者,使用者便可据此与此人通过互联网进行实时通信。除了文字外,大部分IM服务现在也提供语音或视频通信的能力,其已经完全取代了传统电话功能,实时传信与电子邮件最大的不同在于不用等候,不需要每隔两分钟就按一次传送与接收,只要两个人同时在线,传送文字、档案、声音、影像给对方就都可以实时进行。

目前,在国内互联网上拥有一定规模用户的即时通信软件包括:移动飞信、SMN、腾讯QQ、微信、易信、钉钉、百度HI、阿里旺旺、京东咚咚、YY语音等。

(六)视频网站

视频网站是指可以让互联网用户在线流畅发布、浏览和分享视频作品的网络媒体。

2005年,YouTube视频网站在以其独特的分享模式取得成功后被Google以天价收购,这家网站的运营模式纷纷被人效仿。随后除了专业的视频网站(如优酷、土豆、56网、乐视等),一些门户网站(如搜狐、新浪、网易等)也开始进入该领域。这一时期,酷6、爆米花、六间房、暴风影音、pplive、PPS等数百家视频网站纷纷崛起,分别从自己的角度做起了网络视频业务。

视频网站早期的主要运营模式就是发动网友上传和分享视频,这样可以在短时间内聚集大量的人气和流量。但是随着视频行业的发展,视频网站以广告流量为主要收入的模式发展缓慢,远不足以支撑庞大的运营成本。为了实现盈利,国内的视频网站从免费分享视频模式走向了在视频前后或暂停期间插入广告的模式。最近几年,优酷、爱奇艺、暴风影音、乐视等视频网站纷纷采用购买影视剧版权甚至是自拍网剧等形式推出了大量爆款影视剧,使得大量流失的电视剧观众为了追剧而纷纷成为视频网站的用户,甚至成为付费用户。

除此之外,电子邮箱、手机报、新闻客户端、数字电视、网络直播平台,以及当下比较流行的秒拍、抖音等都是影响力不容小觑的新型社会化媒体。

三、社会化媒体营销的应用

社会化媒体使得消费者能够在前所未有的深度和广度上与企业进行互动。营销者应该尽力鼓励有意愿的消费者进行有效的反应。当然,社会化媒体也很少被作为品牌营销传播的唯一途径。

相关研究表明：第一，社会化媒体可能在吸引新用户和推进品牌渗透力方面也许并不那么有效。第二，不同的品牌和产品在网络上的社会化程度差异较大，消费者最可能参与有关媒体、慈善和时尚的话题活动，而最不可能关注就是消费品。最后，虽然消费者可能使用社会化媒体获取有用的信息或交易，或分享品牌创建内容，但是只有相当小比例的消费者会想参与和品牌的双向交流。

总之，营销人员必须认识到仅有部分消费者在部分时间段愿意通过社会化媒体与部分品牌建立联结。企业应该根据自己产品的特性和消费者的信息获取习惯选择最为有效的社会化媒体服务于自己的品牌宣传。

四、口碑和病毒营销

口碑信息，即口头传递信息，特别指推荐产品，也指由人与人之间一般的交流产生的信息，而不是通过大众媒体（广告、出版物、传统营销）传播的。口碑相传通常被认为是一种口头沟通。随着网络科技的发展，网络对话（如博客，论坛和电子邮件等）开始成为了口碑相传的新方式。

口碑营销能够吸引消费者参与到企业的营销宣传活动之中，因此他们愿意积极与他人讨论产品、服务和品牌。

"病毒营销"是在线口碑的一种形式，是指通过鼓励消费者在由用户发布内容的网站（如论坛、博客、播客、相册和视频分享网站等）上向他人宣传公司的产品和服务或者是音频、视频以及书写信息等，然后通过网络相互转发、分享、点赞和传播，最终达到可能会影响数百万人的传播效果的一种新型营销传播模式。例如，前两年风靡全国的拼多多就是通过用户发起和朋友、家人、邻居等的拼团，发动好友帮忙砍价等病毒营销模式聚敛人气，以期以更低的价格拼团购买商品的。

任务实施

宣传科李丽分析了 DY 电子有限责任公司的发展现状及其产品的优势，并结合不同社会化媒体的特点，经过仔细的分析比较后建议企业在新型社会化媒体宣传方面先做以下几点尝试：第一，进一步完善 DY 电子有限责任公司的官方网站建设，将企业的发展历史、远景、产品组合、销售网点、促销策略等信息在企业网站进行公布，同时通过网站及时向社会宣传企业的各种新闻；第二，着手开通企业官方微博和企业官方微信；第三，责成企业相关技术部分着手研究开发企业的手机 APP 客户端；第四，产品销售渠道逐步向京东、淘宝等电子商务平台扩展，组建企业官方旗舰店，加强产品的网络销售；第四，在电子类专业社区网站上进行产品的广告宣传，并尝试开通电子类产品专业知识问答有偿服务。

思考题

1. 简述社会化媒体平台的基本类型。
2. 试比较企业门户网站和微网站之间的区别。

任务三 移 动 营 销

【学习目标】 通过对移动营销的学习,了解移动营销的概念及范围,理解移动营销传播的特征,熟悉移动营销实施的注意事项。

【知识点】 移动营销的概念和范围,移动营销模式的特征,移动营销的实施。

【技能点】 通过对移动营销的了解,能够根据企业的实际情况结合移动营销实施途径为企业设计有效的移动营销传播内容。

DY 电子有限责任公司从 2016 年开始进入手机制造行业。作为手机行业的新面孔,在企业的宣传方面 DY 应该充分利用手机这一有效营销终端,总经理委托营销部宣传科李丽和技术部门负责人张强两人共同制定企业的移动终端宣传策略和相关技术研发方案。

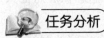

DY 电子有限责任公司的主要产品是传统电子类产品、移动电源和手机产品。在制定移动营销宣传策略时要分别分析不同产品的消费者群体的媒体接受习惯,适合应用移动营销的宣传手段以及所需要的技术支持,有针对性地开发相应的技术平台,设计传播内容。

随着人们生活水平的提高和无线网络的逐步普及,智能手机和平板电脑的使用范围越来越广泛,移动互联网技术发展促使互联网的应用逐步冲破个人电脑的限制,开始将网络营销从固定桌面位置转向不断移动的人本身。鉴于此,越来越多的企业开始根据不同移动终端用户的人口特征和其他特征来发布具有针对性的个性化信息,移动营销应运而生。

一、移动营销的概念及范围

移动营销指面向移动终端(智能手机或平板电脑)用户,在移动终端上直接向分众目标受众定向和精确地传递个性化即时信息,通过与消费者的信息互动实现营销目标的各种行为的总称。

移动营销早期又称手机互动营销或无线营销。移动营销是在强大的云端服务支持下,利用移动终端获取云端营销内容,实现把个性化即时信息精确有效地传递给单个消费者,达到"一对一"互动营销的目的。

移动营销的运用范围是基于定量的市场调研、深入地研究目标消费者,全面地制定营销战略,运用和整合多种营销手段,以实现企业产品在市场上的营销目标。移动营销提供的是一种整体解决方案,包括即时通讯、短信回执、短信网址、彩铃、彩信、声讯、流媒体、手机应用APP等多种形式。

移动营销的目的包括提升品牌知名度,收集客户资料数据库,加强客户参与活动或者拜访店面的机会,提高客户信任度和增加企业收入等。

二、移动营销模式的特征

移动营销的模式的特征可以用"4I模型"来概括,即分众识别、即时信息、互动沟通、我的个性化。

(一)分众识别

移动营销基于手机等移动终端进行一对一的沟通。由于手机及其使用者的身份都具有对应的关系,并且可以利用技术手段进行识别,所以能与消费者建立确切的互动关系,能够收集消费者是谁、在哪里等信息。

(二)即时信息

由于智能手机等移动终端通常会被随身携带且一直处于开机状态,这就使得企业可以通过移动营销真正做到即时传递信息,并为企业获得动态反馈和互动沟通提供了可能。当企业对消费者的消费习惯有所觉察时,可以在消费者最有可能产生购买行为的时间发布产品信息。

(三)互动沟通

移动营销"一对一"的互动特性,使企业可以与消费者形成一种互动、互求、互需的关系。这种互动特性可以甄别关系营销的深度和层次,区别出不同层次需求的消费者,从而制定不同的营销对策,使企业营销资源的投放更加有的放矢。

(四)我的个性化

手机是个性化、私人化、功能复合化和时尚化的,现在人们对于个性化的需求比以往任何时候都更加强烈。利用手机进行移动营销也具有强烈的个性化色彩,所传递的信息也极具针对性。

此外,移动营销模式还能实现即时消费。随着智能手机的普及和各种移动应用的下载和安装,现在移动终端已然成为了一种具有支付功能的营销渠道。消费者只要通过移动终端选中了一款心仪的商品,就能立刻完成消费购买过程。

【延伸阅读】
2017年我国移动应用市场发展现状

2017年,中国移动互联网月度活跃设备总数稳定在10亿元以上,而从2017年1月的10.24亿元到12月的10.85亿元,增长步伐逐渐放缓,同比增长率也呈逐月递减的趋势,移动互联网用户增长面临着巨大考验。中国市场上APP的数量已超过406万个。市场调研发现,从用户使用需求来看,35 个 APP 就基本能满足用户的电商、娱乐、工具等多样化需求。未来的每一款新 APP 都将面对较为恶劣的竞争环境,对用户的夺取也将愈加激烈。

(资料来源:快资讯/听云发布《2017 移动应用性能管理白皮书》)

三、移动营销的实施

尽管越来越多人的正在通过智能手机和平板电脑获取信息和进行网上消费,但是不同的人对移动技术的态度和体验存在较大的差异。相关专家在经过分析和研究后对企业的移动营销提出了以下几个方面的建议:

1. 企业网站应该设计简洁、清晰、整齐,注意用户体验和网站导航的设计;
2. 移动广告文案只能占据屏幕 50％的版面,应该避免使用较为复杂的版面风格;
3. 品牌应该将广告限制在只使用一对短语——产品和宣传语;
4. 商标应该放在版面的一角,号召口号应当用亮色突出。

虽然移动营销才刚刚起步,但随着企业对有效移动营销活动了解的加深,他们会逐步掌握如何调整企业的营销方案以适应自己的市场。毋庸置疑的是,将来会有越来越多的企业涉足移动营销领域。

DY 电子有限责任公司经过分析之后决定,目前公司在移动营销方面主要开展以下两个方面的工作:首先,加强移动客户端的公司官方微信公众号的建设和推送工作;其次,努力研发本企业的手机 APP,并将其预装至公司生产的手机上,同时将该 APP 推向手机应用市场,以供有需要的消费者下载安装,通过 APP 为消费者提供有关电子产品方面的技术服务,对公司及其产品进行宣传。

简述移动营销的特征。

任务四 大数据营销

【学习目标】 通过对大数据营销相关知识的学习,了解大数据营销的基本概念及应用,掌握大数据营销的特点。

【知识点】 大数据营销的概念,大数据营销的特点。

【技能点】 通过对大数据营销的了解,为企业在大数据营销应用方面提出建设性意见。

DY电子有限责任公司成立于1997年,是一家生产电子类、移动电源和手机产品的中小型企业。该企业之前的广告宣传主要是以报纸、专业杂志为投放平台,但是广告效果不是很理想。在新的时代背景下,大数据营销的应用领域越来越广泛,公司决策层也希望能通过这一技术的应用来提高公司广告宣传的效率。特委托营销部宣传科李丽负责与相关部门沟通公司产品广告的网络投放问题。

DY电子有限责任公司经过20多年经营,在这一过程中积累了大量的消费者数据,加之公司现在逐步进入各电商平台进行产品销售,在专业门户网站进行广告投放,因此通过多种手段获取公司潜在和现实消费者购买习惯的相关数据,并在此基础上运用大数据技术来提高企业网络广告的投放效率。

随着数字生活空间的普及,全球的信息总量正呈现爆炸式增长。通过互联网、移动互联网、广电网、智能电视以及户外智能屏等多种平台对个人数据进行采集,使得这些数据对网民购物等行为的刻画更加全面、准确。基于这一趋势,大数据、云计算等新概念和新范式广泛兴起,它们无疑将成为引领新一轮的互联网发展风潮的技术力量。大数据在企业营销中的应用也显得更有可行性和必要性。

一、大数据营销的概念

大数据营销是基于多平台的大量数据,以大数据技术为基础,应用于互联网广告行业的营销方式。大数据营销的核心在于让网络广告在合适的时间,通过合适的载体,以合适的方式,投放给目标人群。

大数据营销衍生于互联网行业,又作用于互联网行业。依托多平台的大数据采集,以及大数据技术的分析与预测能力,能够使广告投放更加精准有效,给品牌和企业带来更高的投资回报率。

二、大数据营销的特点

(一)强调时效性

在网络时代,网民的消费行为和购买方式极易在较短的时间内发生变化。在网民需求欲望最强烈时及时进行营销显得极为重要。运用大数据技术可以充分了解网民的需求,及时响应每一个网民的当前需求,并让他在进行购买的决策"黄金时间"内及时接收到相关商品的广告。

(二)个性化营销

在网络时代,广告主的营销理念已从"媒体导向"向"受众导向"转变。运用大数据技术可让他们知晓目标受众正身处何方,关注着什么位置的什么屏幕,甚至可以做到不同用户关注同一媒体的同一界面时,看到不一样的广告内容。通过大数据营销,企业可以实现对网民的个性化营销,广告主可以完全以受众为导向进行广告宣传。

(三)性价比高

和传统广告"一半的广告费被浪费掉"相比,大数据营销可以在最大程度上让广告主的广告投放做到有的放矢,并可根据实时性的效果进行及时反馈,使广告主可以对投放策略进行及时调整。

(四)关联性

大数据营销的一个重要特点在于网民关注的广告与广告之间的关联性。大数据在采集过程中可快速得知目标受众关注的内容,以及网民身在何处,这些有价值的信息让广告的投放过程产生前所未有的强关联性,即网民所看到的上一条广告可与下一条广告进行深度互动。

随着科技的不断进步以及社会上多种信息数据的不断收集和完善,大数据的运用领域将不断扩大,并更好地服务于人们的生活。

案例讨论

大数据在不同行业的应用

1. 制造行业

一台合格汽车需要的零件有很多种,其中一个是与引擎结合的引擎上盖。以前,宝马公司要等到引擎组装阶段,将引擎上盖组装上后才知道到这个零件能否使用,如果不能使用就只好将整个引擎报废。而通过大数据技术,宝马公司可以对引擎生产线进行即时的检测与分析。倘若零件品质检验没有发现问题则直接进到最后的组装程序,但若零件品质不好且无法修补则直接报废,或者零件品质不好但能通过其他方式修补,则在修补后再度进行品质测试,从而提高了生产效率并降低了报废率。通过大数据分析技术的运用,宝马公司在短短的12周时间内使零件报废率降低了80%。

2. 能源行业

丹麦的维斯塔斯风能系统(Vestas Wind Systems)使用 BigInsights 软件和 IBM 超级计算机,分析应该在哪里设置涡轮发电机,这是风能领域的重大挑战。在一个风电场20多年的运营过程中,准确的定位能帮助工厂实现能源产出的最大化。维斯塔斯风能系统分析了来自各方面的信息:风力和天气数据、湍流度、地形图、公司遍及全球的2.5万多个受控涡轮机组发回的传感器数据,并运用大数据分析和计算最终选定最为理想的装机位置。这样的一套信息处理体系赋予了公司独特的竞争优势,帮助其客户实现投资回报的最大化。

3. 交通运输行业

2014年,亚洲相互协作与信任措施会议(简称亚信)第四次峰会在上海举行。这是亚信历史上规模最大的一次盛会,46个国家和国际组织领导人、负责人或代表齐聚上海。

各国政要的交通安全警卫工作要精确到秒,同时要保证市民出行基本通畅。为破解这个难题,上海交警运用大数据分析制定了交通管制路段及时间表、市区分流引导图、入城分流引导图。通过这一张表和两幅图,使得交通管制线路状况、分流路段走向一目了然。看似简单的图表背后却有着多个复杂的数据系统作为支撑,如会算时间的智能红绿灯、随机应变的"潮汐车道"、道路交通事故分析预警系统、道口车驾查控系统等。

4. 警务行业

2013年4月15日,美国波士顿在举办马拉松比赛的过程中发生连续炸弹爆炸案,导致3人死亡,183人受伤。案件发生后,警方不仅走访事发地点附近12个街区的居民,收集可能存在的各种私人录像和照片,还大量收集网上信息,包括社交网站上出现的相关照片、录像等,并在这些网站上向公众提出收集相关信息的请求。通过对各方面数据进行比对、查找,警方从录像中截取出了嫌疑人照片并发出通缉令,从而为最终成功抓捕罪犯提供了可靠的依据。

DY电子有限责任公司委托广告部与某专业大数据应用公司签订委托服务协议,由该公司负责为该企业的网络广告投放提供大数据技术支持,以此提高广告投放的效率。

试述大数据营销的特点。

某品牌或产品数字媒体营销传播实训

实训目标:

引导学生选择某品牌或产品进行数字媒体营销传播实践活动,通过实训帮助同学们体验新数字媒体在现实生活中的运用,更加深入地了解不同数字媒体手段的特点,同时培养学生运用新数字媒体技术的能力,提高自身的文案撰写的能力和语言表达能力。

实训内容:

(1) 选择若干品牌或产品作为数字媒体营销传播的研究对象;

(2) 根据所选品牌或产品的特征和目标消费者的媒体习惯特征,选择合适的数字媒体平台(如微博、微信、QQ空间等)进行传播设计和宣传;

(3) 通过设计展示,从点击量、浏览量、转发量、点赞量等多角度对实训结果进行综合评价。

实训时间:

在本教学任务结束后,由学生在课余时间完成。

操作步骤：

（1）将班级按5～6位同学一组分成若干组，每组确定1～2人负责；

（2）每组选择一种品牌或产品进行数字媒体营销传播的设计和实施活动。也可以将全班分成2～3组，每组选择一个品牌或产品运用数字新媒体进行传播设计和实施；

（3）数字媒体营销传播实训实施时间为一周左右；

（4）实训结束后，提交小组分析报告；

（5）请各小组将本组的营销传播设计以及传播效果以PPT的形式在班级进行展示和交流。

成果形式：

撰写并提交小组XXX品牌/产品数字媒体传播实训报告和成果展示PPT。

案例讨论

陌陌的数字营销传播模式

2018年3月7日，移动社交网络平台陌陌公布了2017年第四季度财报：2017年第四季度陌陌净营业收入为24.5亿元，同比增长57%。2017年全年净营业收入达到83.6亿元，同比增长138%。

2017年"双十一"，天猫联合陌陌发起基于视频社交的电商营销。11月初，陌陌邀请平台上一些最受欢迎的主播进行特约直播，主题需与天猫"双十一"促销节相结合，如美妆主播分享抢购经验、时尚主播精选"双十一"潮流搭配等。陌陌还邀请粉丝量较大的视频红人拍摄天猫定制短视频。"双十一"当天，陌陌还为天猫推出了直播间定制虚拟礼物和主播比心特效，促进品牌转化。"直播营销＋短视频话题营销＋红人营销"的互动方式令人耳目一新，赢得了年轻受众的喜爱。第四季度，陌陌举办了多场移动营销活动，为众多知名企业服务。

陌陌新的移动营销互动方式为广告主提供了新选择。生成内容具备原生广告特点，可以产生长尾式传播。它依靠人际关系链扩散，网红达人对广告主来说多了一重背书作用。利用大数据挖掘用户标签，也使得广告投放更加精准。将广告化为直播内容不易引起受众反感，且边看边买的形式缩短了购买转化链条，提高了转化质量。

陌陌面对的是一个品牌广告需求持续增长的市场。根据CNNIC的最新报告，2017年中国网络广告市场规模达2957亿元，同比增长28.8%。移动化、智能化都是未来的发展方向，广告开支正在向移动、社交、视频等领域迁移。这恰好是陌陌作为"泛社交、泛娱乐"平台最为擅长的领域。陌陌紧紧围绕着娱乐化的用户诉求，以短视频、直播、游戏、社群活动等搭建娱乐化内容矩阵，使这些内容成为陌陌社区氛围的主要承载体。陌陌通过制定政策和激励机制逐步淘汰原来粗放的内容生产方式，推动内容转型升级。

陌陌最核心的能力是对产品持续不断的正向优化。从早期基于地理位置的匹配开始，到2014年3月推出短视频功能，再到2015年第四季度推出直播业务，一步步优化解决了用户内容消费黏性和平台收入问题。2016年3月推出的匿名点赞功能"点点"，更有效地促进关系链转化。在直播竞争白热化时，陌陌推出"附近主播"功能，将位置功能融入产品主场景。陌陌对产品快节奏的优化演进，拓宽社交软件的应用场景，这是陌陌在用户和营业收入上不断取得成功的重要原因之一。

在2017年第四季度通过用户反馈和AB版测试之后,陌陌对首页信息流式样的附近动态进行改版,用户点赞、评论等互动数量较9月上升超过20%。2017年12月,陌陌在电台里植入了新玩法,通过多路连麦技术将多位用户同时接入直播间,参与由主持人引导的各类小游戏。

陌陌的管理层表示,陌陌将努力改进推荐算法,有效利用大数据挖掘和机器学习,同时结合社交游戏、AR等新兴技术,为用户提供更多、全新的互动娱乐体验。

(资料来源:《陌陌2017年净营业收入83.6亿 移动营销或成下一爆发点》,http://www.woshiqian.com/post/3257.html)

结合材料和相关知识回答:

1. 陌陌为了提高营销宣传效果,都采用了哪些较为新颖的营销宣传手段?
2. 通过对陌陌的数字营销传播方式研究,你觉得对当前企业的宣传工作有哪些重要的启示?

附录　DY电子有限责任公司营销案例

摘　要

随着全球经济的快速发展,人们生活水平的不断提高,随身携带式的电子产品也越来越多,如手机、数码相机、摄像机等。这些设备都要用到电池,但它们的随机电池都会因为电池容量低而常常不能满足设备的正常使用需要。iPhone 的出现,让智能手机的概念走进了千家万户。谷歌 Android 的高速发展,又让智能手机迅速代替功能手机,成为市场上的销售主力。然而,智能手机的续航能力却成为了手机业的拦路虎。尤其是用户出差或旅游的时候,往往是这些设备的工作高峰期,容易出现正在使用手机打电话、拍照,电池却没电了的状况,让人感到无奈。该凸显的矛盾亟待解决,而移动电源技术的发展进步迎合了市场需求,并在近一两年内迅速发展,成为手机配件领域一片新的蓝海。

一、DY电子有限责任公司简介

DY 电子有限责任公司成立于 1997 年,是一家拥有独立强大品牌销售网络,具有较大制造规模的电子科技企业。DY 的宗旨是"共享、共赢、共建",与客户共享科技创新带来的生活体验,与供应商、代理商共同赢得利益,与股东、员工、社会大众共同建设和谐社会,为社会贡献自己的力量。DY 采用品牌战略,以充分利用自己在手机电子领域已有的品牌优势和渠道资源。DY 在中国各地核心城市均建有销售分公司,除销售自有产品外,还承担品牌宣传和形象建设。庞大的销售网络是 DY 最具价值的资产之一。DY 电子有限责任公司于 2014 年步入移动电源市场,并利用自身优势迅速发展,成为业界声誉较好、品牌知名度较高的专业供应商。

二、产品定位分析

（一）市场定位

1. 在产品前期推广阶段,要抓住两个重点,即以年轻人为主要目标人群、以网络营销为主要营销手段。同时,用线下实体店与联盟店辅以发展,在拥有稳定客户后,推动线上线下同步均衡发展。

2. 利用电子商务平台,抓住消费需求旺盛的年轻人市场,在淘宝、京东、亚马逊上开设自己的店铺,形成网络、实体终端和大型卖场"三位一体"的销售格局。

3. 坚持做国产手机及其他电子产品的电池供应商,与手机供应商、通讯运营商展开紧密合作,保持上游电源供应商地位。

4. 稳固国内市场,开拓国际市场。截至目前,企业销售网络已遍及全国各省、市、自治区,同时产品已达到发达国家的相关标准,移动电源等远销欧美日韩等十几个国家与地区。

5. 大力发展移动电源技术,紧跟时代潮流,与国内国际智能终端相关企业加强联系并展开合作,向国际化方向迈进。

(二)价格定位

针对我们首先开拓的年轻人、大学生市场,初步将价格定在80～120元。下面我们会介绍如何根据调查数据得出这一群体可以接受的合理营销价格。

DY 移动电源调查报告

本次我们随机发出100份问卷,其中回收有效问卷80份,统计得出以下数据。

1. 被调查人群的年龄为19～23岁,主要为在校大学生。接受问卷调查的同学年龄为19岁的占26.58%;20岁的占34.18%;21岁的占26.58%;22岁的占11.39%;23岁的占1.27%。

2. 使用智能机的同学占98.75%;使用非智能机的占1.25%(见表F.1)。

表 F.1 使用智能机的比例

选项	智能机	非智能机	总计
样本数	79	1	80
占比	98.75%	1.25%	100.00%

根据调查可知,拥有手机的被调查对象中有98.75%的同学使用的是智能机。我们所调查的移动电源正是智能机的衍生品。目前,智能机多为触屏机,大屏幕在带来好的视觉享受的同时也带来了耗电量大、待机时机短的问题,而移动电源可以有效、直接解决这一问题,所以这些使用智能手机的同学都可能是移动电源的潜在消费者。98.75%这样一个高比例反映了移动电源的潜在市场非常大,市场前景广阔。

3. 在同学们对手机电池续航能力的评价中:"很满意,足够几天使用"占1.27%;"基本满意,够我使用"占36.71%;"不满意,外出不够用"占40.51%;"很不满意,经常充电"占21.52%(见表F.2)。

表 F.2　对手机电池续航能力的评价

选项	很不满意	不满意,外出不够用	基本满意	很满意
样本数	17	32	29	2
占比	21.25%	40.00%	36.25%	2.50%

据调查,在大学生对手机电池续航能力的评价中,达到满意程度的占37.98%,62.02%的同学对手机电池的续航能力存在不同程度的不满。手机的电池续航能力往往是大家购买手机时考量的重要因素之一。通过这一单项调查,可以很直观地看出,有将近2/3的同学对自己手机的电池续航能力表示不满意,其中达到"很不满意"程度的同学占总调查人数的21.52%。对于手机的电池续航能力达不到自身要求的这一问题,大学生迫切希望能够得到解决,调查数据直接地反映了大学生对解决电池续航能力问题的强烈需求。

4. 对"如果您使用智能机,可能在未来多长时间内购买移动电源"的回答中,选择"一个月"占21.25%;"半年内"占18.75%;"一年内"占15.00%;"没考虑过"占45.00%(见图F.1)。

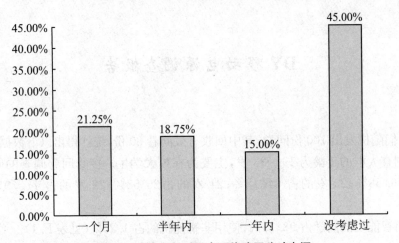

图 F.1　未来多长时间内可能购买移动电源

在调查"如果使用智能机,最近多长时间可能买移动电源"这一问题时,选择会购买的同学占55.00%,有45.00%的同学没有考虑过购买移动电源。会购买移动电源的同学占55.00%,这反映了大学生对移动电源这一产品的需求量很大,在一个月内可能购买移动电源的同学占21.52%,将近占到了总调查人数的1/4,反映了大学生购买移动电源的迫切性。此外,有45.00%的同学没考虑过购买移动电源,这部分同学是移动电源的深层潜在客户。对这一问题的调查能够反映出移动电源的消费需求旺盛。

5. 对"您听说过哪些移动电源品牌"的回答中,选择"DY"占20.00%;"爱国者"占38.50%;"品胜"占17.50%;"其他"占24.00%(见表F.3)。

表 F.3　您听说过哪些移动电源品牌

选项	DY	爱国者	品胜	其他	总计
样本数	16	31	14	19	80
占地	20.00%	38.50%	17.50%	24.00%	100.00%

6. 对"您能接受的移动电源的价格"回答中,选择"60元以下"占28.75%;"60～80元"占28.75%;"80～100元"占22.50%;"100～120元"占8.75%;"120元以上也可"占11.25%(见图F.2)。

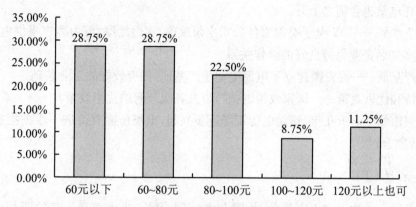

图 F.2 大学生能接受的移动电源的价格

通过调查发现,能接受的移动电源的价格为100元以下的大学生占调查总人数的80%。价格是人们购买产品时的一个重要考量因素,学生群体尚未经济独立,绝大多数的学生的生活开支来源于家长,价格对学生群体来说是不可忽略的因素。

通过分析调查数据、大学生消费能力水平及市场成本行情,我们将5000毫安的中等容量移动电源的价格定为80元左右,这是打开年轻人市场最合适的价格。

三、DY移动电源SWOT分析

(一)优势(S)

1. 追求质量——DY电子有限责任公司掌握高端电芯技术,产品质量一流。
2. 制造设施——拥有完整先进的配套设备。
3. 分销渠道——销售渠道发达,网络日趋完善。
4. 人力资源——拥有高素质的研发团队,不少员工拥有高学历及相关行业工作经历。
5. 渠道途径——移动电源与DY的传统项目供应链基本一致,拥有集中采购、出货量大等规模优势,使得其成本更为低廉。
6. 企业文化——追求产品和服务创新、技术创新,以"共享、共赢、共建"为宗旨。
7. 售后服务——DY电子有限责任公司拥有相对完善的营销网络和售后服务链条,可针对电池电源使用中的问题提供专业技术服务保障。

(二)劣势(W)

1. 产业竞争——移动电源产业竞争激烈,DY在移动电源的市场占有率不理想。
2. 创新技术——电池移动电源行业能够创新的领域较少,DY创新能力不够强。
3. 移动电源市场同质化现象严重,产品外观类似,设计上存在抄袭。

(三) 机会(O)

1. 趋势——未来的移动终端的发展呈现一体化和便携化的趋势,对移动终端的要求继而更高,其耗电量也会随之上升。

2. 竞争水平——DY电子有限责任公司定位准确、实力雄厚,可为客户提供电源解决方案,并与众多知名企业保持良好的合作关系。

3. 生产基地——在安徽建立了电源电池生产基地,拥有较好的工业基础。

4. 扶持和优惠政策——国家政策的扶持以及各级政府的优惠政策。

5. 新兴市场——近几年,移动电源市场逐步兴起,市场份额有待进一步挖掘扩大,市场有待进一步整合。

(四) 威胁(T)

1. 竞争——业内存在无序竞争,品牌杂多,虚表容量,小生产者生产的商品质量差,面临无行业标准及准入门槛多个严重问题。

2. 安全——所有电器类产品的关键问题。

3. 地位——移动电源作为移动终端互联网生态体系中的一个分支,其定位是附属与服务类产品。一旦失去创新能力,有遭到淘汰的危险。

4. 行业标准——行业标准缺失。

四、营销策略

(一) 广告宣传

1. 在广告宣传中应先树立品牌形象,让大家所熟知。

2. 可在传单、海报中将手机没电时的焦急状况和拥有移动电源的从容情形进行对比。

3. 广告应当具有符合大学生的观赏标准,包含潮流元素。

(二) 人员推销

1. 由于企业前期的市场定位首先是大学生,所以可以在各个大学招聘市场代理,如在每个大学招聘2~3名代理,并招聘市场营销等相关专业的推销人员进行轮班制柜台代理。由于柜台人员大多是年轻人,对主要消费群体更为了解,能够更好地跟踪大学生对移动电源的需求动态,以便我们更好地调整市场战略。

2. 实现柜台推销无店面化,一来可以减少租用店面的花费,二来对大学生来说也比较方便。

3. 定期向购买者进行产品的跟踪调查,通过问卷或者口头调查的形式收集一些建议等。

4. 做好产品的售后服务,在大学招聘一批兼职工作人员,负责产品的保修和维护。

5. 做好产品的包装,如将包装盒设计成卡通或是一些特殊形状,在一定程度上能吸引女大学生的眼球。

（三）公共关系

1. 赞助:考虑消费者担忧的多是产品质量是否过硬,品牌是否靠得住,是否为周围人所知晓,因此在校园中与各个学生组织之间形成赞助关系不可缺少,如各系的迎新、毕业、元旦晚会以及大型的校园赛事。

2. 征集:招聘拥有良好公共关系的校园代理,以社团干部、学生会干部、班级委员这些拥有较广人际网的人员为主,提供底薪及提成。

3. 以合肥、蚌埠为例,吸引本校的媒体、记者团、学院报、广播台等平台的关注,达到推广的目的。

（四）营业推广

1. 折扣。在固定日期开展打折活动,针对一些节假日,如国庆、元旦或"双十一"等,可以在原价的基础上进行打折。如果是在网站上做活动,可以采用包邮、返还购物券的形式,给予消费者一定的现金折扣、赠品。

2. 补助。为拥有店面的经销商免费提供在柜台中陈列的移动电源样品。

3. 奖励。建立健全激励体制,对销售成绩突出的店面、摊位进行奖励。

4. 团购。团购是现今热门的一种推广方式,可在高校开展活动,如五人团购、十人团购限时优惠等。还可在各大团购网站开展百人团购活动,如美团、大众点评等团购网站就从为全国所有具有能力的消费者为对象。

5. 联盟。与相关手机厂商、通信运营商及其下属手机卖场达成战略联盟,在实体店和网店举行购机优惠送移动电源活动,实现共赢。

（五）网络营销

1. 注册网站域名,树立品牌形象;合理策划网站结构,在官方页面中发布产品信息,方便让消费者了解产品。

2. 合作推广,如通过大学学院论坛,定期更新、刷帖并建立聊天交友群,宣传安全用电,传播相关知识,发展产品的潜在客户。

3. 加大网络新型传媒的宣传力度,如微信、微博。

4. 与360、百度等展开合作,在其贴吧、知道内开辟专题。

5. 在网络上开展一些推销大赛,征集营销建议,对提出良好建议并得到采纳的参赛者给予奖励;用赠送网络虚拟奖品等活动吸引大众尤其是年轻人的目光。

五、经费预算

该公司营销经费预算如表 F.4 所示。

表 F.4 经费预算

项 目	费 用	备 注
广告投入	线上 5 万元＋线下 5 万元	涉及的做广告部分
合作投入	线上 3 万元＋线下 3 万元	线上线下合作企业投入资金
冠名费投入	3 万元	"DY"杯冠名费
促销投入	2 万元	各种小型促销活动

参 考 文 献

[1] 菲利普·科特勒,凯文·莱恩·凯勒.营销管理[M].何佳讯,于洪彦,等,译.15版.上海:格致出版社,上海人民出版社,2016.

[2] 菲利普·科特勒,凯文·莱恩·凯勒.营销管理[M].王永贵,华迎,译.6版.北京:清华大学出版社,2017.

[3] 郭国庆,钱明辉.市场营销学通论[M].北京:中国人民大学出版社,2017.

[4] 克里斯托弗·洛夫洛克,约亨·沃茨.服务营销[M].北京:机械工业出版社,2017.

[5] 闻学.市场营销实务[M].合肥:中国科学技术大学出版社,2013.

[6] 潘金龙,任滨.市场营销学[M].北京:教育科学出版社,2013.

[7] 胡德华.市场营销实务[M].北京:人民邮电出版社,2012.

[8] 何云春,孙艳.市场营销基础[M].合肥:安徽教育出版社,2013.

[9] 迈克尔·所罗门.消费者行为学[M].12版.北京:中国人民大学出版社,2018.

[10] 张莹,白文周.市场营销学[M].北京:中国人民大学出版社,2013.

[11] 秋叶,刘勇.新媒体营销概论[M].北京:人民邮电出版社,2017.

[12] 冯志强.市场营销策划[M].北京:北京大学出版社,2013.

[13] 孟韬.市场营销策划[M].3版.大连:东北财经大学出版社,2014.

[14] 李建峰.消费者行为分析[M].北京:中国财政经济出版社,2010.

[15] 白云华.广告策划[M].北京:北京交通大学出版社,2015.

[16] 丁国颖,迟福峰,徐洁.促销理论与实务[M].北京:对外经贸大学出版社,2013.

[17] 柳彩莲.营销渠道管理[M].上海:上海财经大学出版社,2016.

[18] 杨小红.市场营销学[M].北京:中国纺织出版社,2016.

[19] 吴健安,聂元坤.市场营销学[M].5版.北京:高等教育出版社,2014.